Buchstäblich Wagenbach
50 Jahre: Der *unabhängige* Verlag für *wilde* Leser

Tiere, Signets und Gegenstände, die den Verlag begleitet haben

Buchstäblich Wagenbach

50 Jahre: Der *unabhängige* Verlag für *wilde* Leser

Mit einer Chronik, Textauszügen aus den Büchern, Photos,
Gedanken über die Zukunft und einer Liste aller erschienenen Titel

Verlag Klaus Wagenbach Berlin

Was vor Ihnen liegt

Dieses Büchlein erzählt nicht nur (obwohl hauptsächlich) die Geschichte eines Verlags, sondern auch die der politischen und literarischen Umstände, unter denen er arbeitete und arbeitet.

Wie schön wäre es, beispielsweise, gewesen, wenn der Verlag auch nach 1965 ein Verlag für ost- wie westdeutsche Literatur hätte bleiben dürfen, und wie nützlich hätte er dann 1989 sein können. Wieviel Glück und Überlebenswillen hat den Verlag in den siebziger Jahren davor bewahrt, dass ihm eine aufgehetzte Berliner Staatsanwalt- und Richterschaft den Beruf verbot. Oder wie wirkungsvoll hätten die politischen Bücher der neunziger Jahre sein können, wenn ihnen nicht schon in den achtziger Jahren so viele Leser davongelaufen wären (erst 2008 haben wir mit der Wiedererweckung der Politischen Reihe geantwortet). Ganz zu schweigen von den schwankenden Produktions- oder Rezeptionswellen für italienische, spanische, französische, ja selbst englische Bücher.

Da arbeiten immer zwei Dinge gegen- oder miteinander: der Geist der Zeiten und die bestimmten Absichten eines nicht nur unabhängigen, sondern von dieser Unabhängigkeit auch Gebrauch machenden Verlags. Der Überzeugungstäter im Gezeitenwechsel – ein immer aufregender, nie ganz gelingender Drahtseilakt.

Denn auch der Geist der Zeiten ist keineswegs ein Nachtgespenst: Da regierte, beispielsweise, noch in den sechziger Jahren die ›Aktion Saubere Leinwand‹ und das ›Kuratorium Unteilbares Deutschland‹, da wurden noch in den siebziger Jahren Studenten ins Gas gewünscht und in den achtziger Jahren eine moralische Wende herbeigeredet, die auch in den neunziger Jahren nicht kam, sondern im neuen Jahrtausend in der Fratze von Glaubenskriegen auftauchte, die endlich die willkommene Rechtfertigung lieferten, alles und jeden auszuspähen.

Um dieses Für und Wider deutlich zu machen, wurden die 50 Jahre des Verlags in neun sinnvolle Zeitabschnitte aufgeteilt, in denen jeweils zunächst die Verlagsgeschichte erzählt wird, danach folgen charakteristische Lesestücke aus in diesem Zeitraum veröffentlichten Büchern. Die Verlagsgeschichte der Jahre 1964 bis 2001 wurde von Klaus Wagenbach verfasst, die der Jahre 2002 bis 2013 von Susanne Schüssler.

Wie Geschichte geschrieben wird (WAT 326), ist eine Frage der Methode, des Standpunkts, auch des Gewissens (Lucien Febvre), und wie dieses Büchlein zeigt, auch eine Frage des Zeitpunkts: die erste Fassung erschien 1984 mit dem Titel *Fintentisch*, die zweite 1989 hieß *Das schwarze Brett*, es folgte 1994 *Wieso Bücher?* und zum 40. Jubiläum des Verlags schließlich kam 2004 *Warum* so *verlegen?* heraus.

»Alle Kürzungen im Text, Stilbrüche, Geschichtsfälschungen und Irrtümer sind dem Herausgeber [also Klaus Wagenbach] anzulasten«, hieß es 1984. Der kritische Historiker von 2014 könnte außerdem die ein oder andere Gewichtsverlagerung im Laufe der Jahre entdecken. Aus der Rückschau verliert manch aufgeregte Diskussion an Bedeutung.

Susanne Schüssler und Klaus Wagenbach

Inhaltsverzeichnis

1964–1966
Wie alles anfing 9

Kurt Wolff *Vom Büchermachen* 17
Ingeborg Bachmann *Berlin* 18
Johannes Bobrowski *Mäusefest* 19
Hedwig Rohde *Interview mit Klaus Wagenbach* 21
Erich Fried *17.–22. Mai 1966* 23

1967–1969
Überraschendes Verbreiten am notwendigen Ort 25

Erich Fried *Höre, Israel* 32
Günter Bruno Fuchs *Geschichte von der Ansprache* 32
Volker von Törne *An Attila Jozsef* 33
Giorgio Manganelli *Verschiedene Arten des Absteigens* 34
Aimé Césaire *Über den Kolonialismus* 35
Ernst Jandl *Drei Sprechgedichte* 36
Wolf Biermann *Drei Kugeln auf Rudi Dutschke* 37

1970–1973
Der Traum vom Kollektiv 39

Ulrike Marie Meinhof *Mädchen im Heim* 48
Peter Rühmkorf *Aus dem Kindermund gezogen* 49
Peter Schneider *Beat* 49
Kurt Bartsch *Sozialistischer Biedermeier* 50
RAF *Revolution und jugendliche Gesellschaft* 51
Klaus Wagenbach *Warum entstand die RAF?* 52
Volker Ludwig *Doof gebor'n ist keiner* 54
Walter Schmieding *Interview mit Klaus Wagenbach*
Die Verbreitung von Büchern und die Legalität 55

1974–1978
Zensur von außen und innen 59

Richard Schmid *Nicht Mord sagen* 68
Rudi Dutschke *Zusammenspiel* 69
Klaus Wagenbach *Grabrede für Ulrike Meinhof* 69
Pier Paolo Pasolini *Herz* 72
Eine Arbeitsbeschreibung 73

1979–1987
Verschwinden, Erscheinen – zwei Furien 75
Klaus Wagenbach *Über einige Absichten des Verlags* 84
Stephan Hermlin *Wie ich einen Freund verlor* 87
Peter Brückner *Über Zivilcourage am unsicheren Ort* 88
Erich Fried *Was es ist* 89
Peter Burke *Ein anderes Bild der Renaissance* 89
Alexander Kluge *Das Politische als Intensität alltäglicher Gefühle* 91
Barbara Sichtermann *Fetisch Verständlichkeit* 92
Carlo Ginzburg *Spurensicherung* 93
Gianni Celati *Vogelfrei* 94
Javier Tomeo *Ratschlag eines älteren Herrn* 95
Lothar Baier *Die neue Unschuld* 96
Edith Sitwell *Ein sportlicher Gentleman* 97

1988–1995
Vom Geist der Zeiten 99
W. Montgomery Watt *Die Araber, das Papier und die Kunst des angenehmen Lebens* 105
Luigi Malerba *Die Sünde der Wollust* 106
Norberto Bobbio *Rechts und Links* 107
Natalia Ginzburg *Mein Vater: Simpeleien* 108
Jurek Becker *Gedächtnis verloren – Verstand verloren* 110
Klaus Wagenbach *Meinung und Kontinuität* 112
Horst Bredekamp *Winckelmann* 114
Djuna Barnes *Gegen die Natur* 115
Michael Krüger *Flüchtig* 116
Dora Diamant *Kafka und die Puppe* 117

1996–2001
Unabhängig ins Jahrtausend 119
Andrea Camilleri *Die Hure von Sciacca* 123
Natalie Zemon Davis *Elternschaft* 124
Gianni Rodari *Die falsch erzählte Geschichte* 125
Michel Houellebecq *Beim Psychiater* 126
Totó *Die Instruktion* 127
André Schiffrin *Die Notwendigkeit der Bücher* 127
Wolfgang Ullrich *Deutsche Kunstbetrachtung* 128
Stefano Benni *Melinda, du diabolische Wespe* 130
Heinz Berggruen *Ein Fahrstuhl mit gepolsterten Türen* 131

2002–2007
Generationswechsel 133
A. L. Kennedy *Gespräch unter Liebenden* 142
Hans Aschenwald *Im Hochwald* 143
Ricardo Piglia *Die Geschichte von der Cabaret-Tänzerin Coca* 144
Sergio Pitol *Mordgedanken* 145
Ulrich K. Preuß *Der Krieg. Ein völkerrechtliches Institut* 146
Alan Bennett *Die Überraschung* 147
Tiziano Scarpa *Verliebte in Venedig* 148
George Tabori *Damenwahl* 149
Dieter Richter *Der Berg als* spectaculum 151

2008–2013
Groß und Klein 153
Daniel Alarcón *Norma* 162
Emmanuelle Pagano *Meine Nachbarin* 163
Lucía Puenzo *Die Puppe* 164
Richard Leising *Homo sapiens* 165
Vittorio Magnago Lampugnani *Die Stadt* 166
Michela Murgia *Maria* 168
Politik bei Wagenbach 170
Milena Michiko Flašar *Taguchi Hiro* 172
Andreas Tönnesmann *Die Stadt, das Kapital, das Glück* 173

Susanne Schüssler
Die Zukunft der Bücher 174

Verzeichnis aller im Verlag erschienenen Bücher 180

VERLEGER ZWISCHEN OST UND WEST (von links nach rechts): Johannes Bobrowski, Klaus Wagenbach und Günter Grass bei der Eröffnung des Wagenbach-Verlages, Jenaer Straße 6. (Zu unserem Artikel) Photo: Köster

Verleger zwischen Ost und West

Premiere bei Klaus Wagenbach

Sogenannte Buchpremieren, wie sie in New York, London oder Rom feierlich begangen werden (man erinnere sich an eine Szene des Films „La Notte"), sind bei uns zulande noch immer eine große Seltenheit. Kunststück: die deutsche Jahresproduktion an Büchern beläuft sich auf rund 25 000 Titel. Das wären etwa 680 Premieren am Tag; eine Feier ohne Ende.

Noch seltener sind darum Verlagspremieren, wie am Sonnabend in der Jenaer Straße 6 eine begangen wurde. Dr. Klaus Wagenbach, Verfasser einer Kafka-Monographie und auch sonst im literarischen Leben kein Unbekannter, einst Cheflektor bei S. Fischer, hat den tollkühnen Sprung in die Bücherflut gewagt, die er um zunächst sechs „Quarthefte" vermehrte. Zur Premiere bei Schnaps, Bier und einem Kuchenkranz in Form eines großen Q (= Quarthefte) fand sich viel Prominenz aus West und Ost ein: Grass, Höllerer, Hans Werner Richter, Uwe Johnson, Bobrowski, Hagelstange, Meckel, Röhler, Stephan Hermlin. Der Klaus Wagenbach Verlag ist ein Verlag der Autoren. Da ein (siehe oben) enormer „Ausstoß" an Büchern einen ebenso enormen Apparat voraussetzt mit viel Parkinson dabei, sehnen sich viele Autoren nach jenem guten, alten Verleger individueller Prägung zurück, wie es etwa Kurt Wolff war.

Seine Erinnerungen — der Tagesspiegel brachte kürzlich einen Auszug — machen dann auch den Auftakt jener aparten, billigen, schwarz-weiß eingebundenen Ausgaben, unter denen sich auch Ingeborg Bachmanns Berlin-Bericht „Ein Ort für Zufälle" befindet (illustriert von Günter Grass, der in dieser Reihe eine Neubearbeitung seines Stücks „Onkel, Onkel" vorlegt), ferner Bände von Richter, Bobrowski, Meckel. Sie alle kennt man bislang von anderen und größeren Verlagshäusern, bei denen sie — mit Ausnahme von Bobrowski — auch bleiben wollen. Eine sympathische Starthilfe, die es dem Ein-Mann-Verleger ermöglicht, sein Programm jetzt auszuweiten und auf individueller Basis fortzusetzen, unter anderem auch mit Übersetzungen und essayistischen Werken. „Der Verleger ist nicht anonym, sondern synonym mit seiner Tätigkeit", heißt es im Verlagsprospekt. Das klingt fast schon provokatorisch in unseren Ohren. Das Wagnis eines einzelnen im Massenzeitalter, noch dazu unsubventioniert: goldene sechziger Jahre! **H. O.**

Der Tagesspiegel, 6. 4. 1965

1964 – 1966

Wie alles anfing

Verleger fallen nicht vom Himmel, sondern bleiben besser auf der Erde, in meinem Fall war es ein Stück hessische Erde, auf das ich als Vierzehnjähriger in den Kriegswirren geraten war und das die amerikanischen Truppen im März 1945 befreiten. Ich empfand sie durchaus als Befreier, schon wegen des (von den Nazis so genannten) »Niggerjazz«, den sie mitbrachten, aber auch, weil man jetzt alles lesen konnte, was vorher verboten war: Das gab es nun, auf furchtbar schlechtem Papier gedruckt, aber spottbillig, bei Rowohlt (*Rowohlts Rotations-Romane*) und S. Fischer (*S. Fischer Bibliothek*). Ein schöner Beruf, so aufregende Inhalte auf diese Weise zu demokratisieren. Dachte ich, und bewarb mich als Lehrling im »Suhrkamp vorm. S. Fischer Verlag«, wurde angenommen, erlebte 1950 meine erste Verlagsspaltung (Suhrkamp / S. Fischer), blieb nach der Lehre und während des Studiums noch einige Jahre Hersteller bei S. Fischer.

Nach der Promotion 1957 war ich zwei Jahre Lektor im Modernen Buch-Club und kehrte danach als Lektor für deutsche Literatur zu S. Fischer zurück. Einige Jahre später wurde der S. Fischer Verlag von dem durchaus liberalen Ehepaar Bermann Fischer – die dem jungen linken Mann ziemlich freie Hand ließen (von Christa Reinig, Christoph Meckel oder Johannes Bobrowski bis zu zwei Anthologien zur jüngsten deutschen Literatur, *Das Atelier*, und zu einer eigenen Buchserie, *Fischer Doppelpunkt*) – verkauft an den durchaus konservativen Holtzbrinck-Konzern, der den jungen linken Mann ziemlich schnell feuerte, im Frühjahr 1964. So weit, so klar; wer libertäre Meinungen verbreitet in unserm Land, der muss mit ein paar Kurven in der Biographie rechnen, und die führen mit einer gewissen Logik zu einem Punkt, von dem an man solche Meinungen nur noch auf eigenes Risiko vertreten kann.

Viel später sah ich dann deutlicher, dass dieses inhaltliche Interesse oft begleitet war von einem technischen. Wie schön darf ein Buch sein, wie angemessen muss es sein, vor allem aber: Wie macht man es möglichst billig? Die List, die ältere Kollegen in dieser Hinsicht anwandten, hat mich selbst erst zum Leser (und später zum Verleger) gemacht – insbesondere die schon erwähnten *Rowohlts Rotations-Romane*, 1946, und die *S. Fischer*

Der Anfang: Klaus Wagenbach und Hans Werner Richter • Johannes Bobrowski, Walter Höllerer, Katharina Wagenbach • Ingeborg Bachmann, 1965

Bibliothek, 1948, ebenfalls im Rotationsdruck hergestellt, aber großformatig und gebunden, sowie natürlich der Geniestreich des jungen Kurt Wolff, die Broschürenreihe *Der jüngste Tag*, 1913.

Bis heute überrascht mich immer wieder, wie viele meiner Kollegen die Schrift, in der ein Buch gedruckt wird, für beiläufig, Format und Papier für eher nebensächlich halten. Womit ich nicht dem wieder aufkommenden pseudohandwerklichen Schnickschnack (Büttenpapier mit eingeschöpften Blüten der Provence in lassogejagtem Oasenziegenleder) das Wort reden, sondern aufmerksam machen will auf den Widerspruch zwischen der unser Metier bestimmenden industriellen Produktionsweise und der Individualität des Produkts, der oft nicht einmal gesehen, geschweige denn ausgehalten wird.

Bevor ich im September 1964 beim Gewerbeamt ein stehendes Gewerbe eintragen ließ, überlegte ich mit einigen Autoren (Ingeborg Bachmann, Johannes Bobrowski, Günter Grass, Hans Werner Richter), wie sich diese Absicht ausdrücken ließe. Der Verlag begann mit folgenden Arbeitspunkten:

- Alle Autoren erhalten innerhalb der Serie das gleiche Honorar, sind nicht mit Optionen gebunden, haben Einfluss auf Typographie und Informationstexte.
- Autorenverträge können nicht übertragen werden, die Honorare sind höher als üblich (letztere edle Idee musste freilich schon bald als zu kostenträchtig aufgegeben werden).
- Die Bücher müssen billig sein.
- Die Leser sollen nicht nur durch Texte über die Bücher, sondern auch durch Auszüge aus den Büchern informiert werden, mit einem kostenlosen jährlichen Almanach (*Das schwarze Brett*, heute *Zwiebel*).
- Die Arbeit des Verlags dient nicht dem Profit, sondern folgt den inhaltlichen Absichten.

Gute Vorsätze, fehlten noch das Geld und die Werbung. Ich hatte das Glück, dass ich eine Wiese, die mir mein Vater geschenkt hatte, günstig verkaufen konnte, samt einigen beweglichen Gütern eines Lektorenhaushalts; es kamen etwas mehr als hunderttausend Mark zusammen. Das reichte genau für die reinen Herstellungskosten der ersten elf Bücher und des kleinen Verlagsalmanachs. Miete und Gehälter, Vertriebs- und Vertreterkosten waren in der Gesamtrechnung nicht vorgesehen, so dass der Verlag Ende 1965 eigentlich hätte in Konkurs gehen müssen, wie es mir auch ein erfahrener Buchhändler vorgerechnet hatte. Meine Gegenrechnung war aber: Die Bücher erscheinen in einer Serie, die in Format und Farbe stark von anderen abweicht (so kam es zum Quartformat, aus dem der Reihentitel *Quarthefte* abgeleitet wurde, und zum schwarzen Umschlag), und die ersten Titel blieben den bekannteren Autoren vorbehalten, beginnend mit den Erinnerungen von Kurt Wolff, gefolgt von Prosabüchern Christoph Meckels und Johannes Bobrowskis und je einem Buch von Günter Grass, Hans Werner Richter und Ingeborg Bachmann, die sich gerne an diesem Projekt eines alternativen Verlags beteiligten.

Meine Rechnung, in die auch der Erscheinungstermin – März 1965 – gehörte, ging auf: Die großen schwarzen Bücher fielen auf, die Buchhändler mussten zumindest die Bücher von Ingeborg Bachmann und Günter Grass einkaufen, die aber Nummer 6 und 4 einer Serie waren, die man vielleicht doch besser komplett vorrätig hielt – worauf der Verleger dann im Herbst zurückgreifen konnte, mit Numero 7–9, drei Büchern von vollkommen oder fast unbekannten Autoren (F. C. Delius, Stephan Hermlin, Wolf Biermann), die wiederum mit dem Geld gedruckt wurden, das auf die

Das erste Quartheft

Kurt Wolff, 1952

KW auf der Buchmesse in Frankfurt, 1966

im März ausgestellten Rechnungen eingegangen war, dank der Nachsicht der meisten Buchhändler mit einem jungen Verlag. Zwar wurde dieses Verfahren schnell erkannt und auch öfters öffentlich gerügt, aber da waren die *Quarthefte* schon in den Regalen.

Sicherheitshalber haben Günter Grass und ich im März 1965 auf einer gemeinsamen Lesetournee noch einmal nachgeschaut – wo etwas fehlte, ergänzten wir aus dem Kofferraum. Wo immer wir erwünscht waren, hielten wir an und sangen: Grass für die SPD im Allgemeinen und den Verlag im Besonderen, ich für die Literatur und ihre Einbindung in schwarzen Karton.

Dafür habe ich dann, eingeladen von Günter Grass, im Sommer 1965 einige Wochen im ›Wahlkontor deutscher Schriftsteller‹ mitgearbeitet, als Schatzmeister (da Besitzer einer Rechenmaschine) und Redenschreiber.

Viele der weiteren politischen Auseinandersetzungen ergaben sich sozusagen von selbst, aus dem Zusammenstoß von editorischen Absichten und deutschen Zuständen. Den ersten Eindruck davon hatte ich schon 1961 erhalten, als mich der S. Fischer Verlag zwang, aus der Anthologie *Das Atelier* die Texte von DDR-Schriftstellern zu entfernen, die sich zur Berliner Mauer geäußert hatten. In diesen Jahren, in denen der Kontakt zur DDR absolut tabuiert war, habe ich viele Autoren der DDR kennengelernt: Manfred Bieler, Johannes Bobrowski, Franz Fühmann, Günter Kunert, Christa Reinig, Stephan Hermlin. Bobrowski und Hermlin wurden 1965 dann Autoren, Ratgeber, Freunde des Verlags.

Das erste gebundene Buch des Verlags, 1965

Johannes Bobrowski, dick und freundlich, mit großem Appetit, Durst und den furchterregendsten Literaturkenntnissen, ein Liebhaber bizarrer Späße und zärtlicher Freund des Volksmunds, hat mir (er war gleichzeitig Lektor in einem Ostberliner Verlag) auch manchen technischen Rat gegeben. Bobrowski machte gern Unbekannte miteinander bekannt, ein geselliger Gründer von Freundschaften, dessen überraschender Tod im Spätsommer 1965 viele dieser mühsamen Verbindungen zwischen Ost und West wieder abreißen ließ; der *Atlas*, das erste größere Buch des Verlags, ist ihm gewidmet.

Hatte Bobrowski viele Freunde, so hatte Stephan Hermlin stets viele Feinde; auch ich, als ich ihn zum ersten Mal sah, wunderte mich ein wenig über diesen gesitteten, seriösen Herrn mit den ironisch melancholischen Mundwinkeln und der ewigen Pfeife. Das soll ein Kommunist sein, fragte ich mich (selber schlecht frisiert und etwas abgerissen), und was tut der in diesem Langweilerstaat (vergessend, dass die Bundesrepublik nun auch nicht gerade zu den aufregendsten Staaten zählte)? Dieser Widerspruch zwischen politischen Überzeugungen und Bildungshorizont samt Auftreten war es wohl auch, der manche Leute über die Maßen skandalisierte. Ich gewöhnte mich schnell daran, weil sich dahinter Unabhängigkeit, Kunstverstand und Uneigennützigkeit verbargen – es gab kaum einen jüngeren Schriftsteller in der DDR, dem Hermlin nicht geholfen hat, von den vielen unbekannten, die er als Sekretär der Akademie der Künste öffentlich vorstellte (und dafür seinen Posten verlor), über sein Eintreten für Peter Huchel, die Erklärung zur Zwangsausbürgerung Wolf Biermanns bis zu seiner Rede *In den Kämpfen dieser Zeit*.

Hermlin spielte mir auch zum ersten Mal Tonbänder mit Liedern Wolf Biermanns vor, es wird 1962 gewesen sein, denn ich musste ihm gleich bekennen, dass mir solche Texte (wie auch die seinen) im S. Fischer Verlag gewiss nicht gestattet würden. 1964 erinnerte ich mich sofort dieser Lieder, besuchte Biermann und bot ihm eine Veröffentlichung an. Biermann saß maulfaul in seiner mit seltsamsten Musikinstrumenten vollgestopften

Der erste Stand auf der Buchmesse, 1965

Wohnung, redete druckreif und bedeutend und spielte das düstere Genie. Ich kann nicht sagen, dass er begeistert von meinem Vorschlag war, aber da er inzwischen Ablehnungen von Suhrkamp und Rowohlt erhalten hatte und ich ihm versichern konnte, in den *Quartheften* würden auch Bobrowski (zustimmendes Murren), Hermlin (respektvoller Augenaufschlag) und Grass (strahlende Begeisterung – damit hatte ichs getroffen) erscheinen, gab er mir zwei schwarze Klemmordner mit, aus denen ich dann eine Auswahl traf und ihr den Titel *Die Drahtharfe* gab. So beiläufig geriet der Verlag in eine existenzbedrohende Situation …

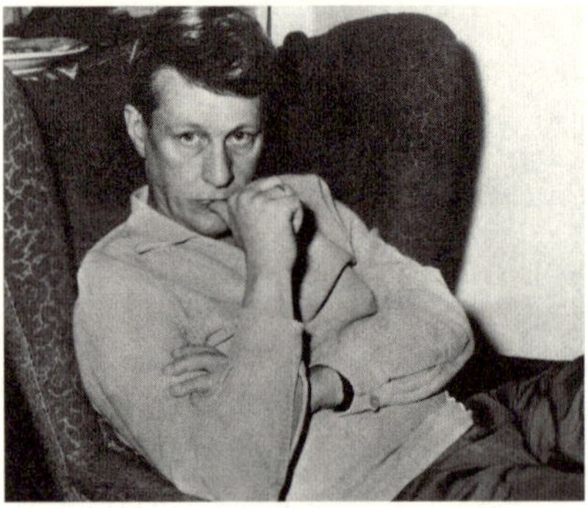

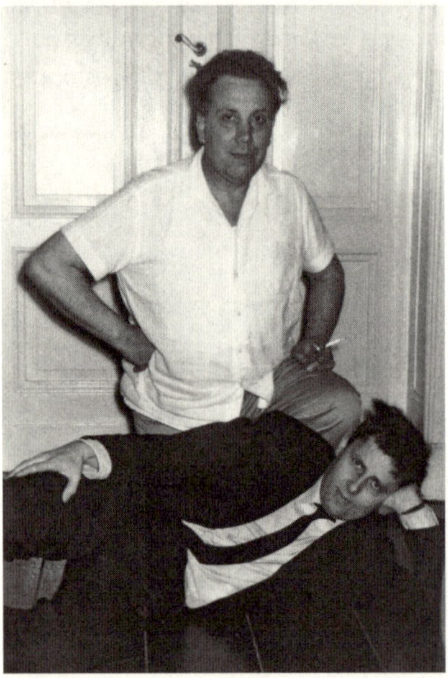

Oben: Stephan Hermlin • Unten: Johannes Bobrowski und Klaus Wagenbach (liegend)

Denn zwar wurde die *Drahtharfe* das erfolgreichste Buch des ersten Jahres (mit einem Verkauf von 14 000 Exemplaren), aber es kam dem Verlag, für fast zehn Jahre, teuer zu stehen, in der Gestalt des jungen Journalisten Klaus Höpcke (später stellvertretender Kultusminister der DDR), der mir zu Silvester 1965 vertraulich bedeutete, es sei besser für künftige Beziehungen, mit dem Nachdruck der *Drahtharfe* nicht weiter fortzufahren, was ich ablehnte. Die Folge war der Abbruch sämtlicher Projekte durch die DDR und ein Einreiseverbot, dem Ende 1967 ein Durchreiseverbot folgte, so dass ich (bis 1973) Westberlin nur mit dem Flugzeug verlassen konnte. Die Rezension der Bücher des Verlags in den Medien der DDR, im *Neuen Deutschland* oder dem *Deutschlandsender,* hörte abrupt auf. Meine Pläne, in stärkerem Maß auch Literatur aus der DDR zu veröffentlichen, waren gescheitert.

Erich Fried im Garten

Was blieb, in unseren Medien, war der Hautgout des »kommunistischen« Verlags, und da legte ich, im zweiten Jahr, 1966, mit drei Büchern noch einmal kräftig nach: mit Aimé Césaires Theaterstück über Patrice Lumumba, mit der »Dokumentar-Polemik« über einen CDU/CSU-Wirtschaftstag von F. C. Delius und mit Erich Frieds Gedichtband *und Vietnam und*. Für die Ökonomie war das nicht klug (der Jahresumsatz sank von 232 000,– DM im Jahr 1965 auf 164 000,– DM im Jahr 1966), für den Seelenfrieden eines finster entschlossenen Jungverlegers aber sehr.

Gegenüber den Büchern von Césaire und Delius hielt sich die Kritik noch vergleichsweise zurück, über Erich Frieds Gedichte hingegen fiel man ziemlich hemmungslos her – freilich handelten sie davon, wie die Demokratie vom größten westlichen Industriestaat »verteidigt« wurde, auch in unserem Namen. Es dauerte sieben Monate, bis Peter Rühmkorf mit einer Rezension im *Spiegel* (das leistete der sich damals noch: die Rezension eines Lyrikbandes!) die Gedichte – und die gesamte geschmähte Gattung des Protestgedichts – verteidigte und dem *Quartheft* über die erste Auflage von 4 000 Exemplaren half. Ein großer Erfolg ist dieses Pilotbuch freilich nie geworden, in den ersten zehn Jahren wurden 12 000 Exemplare verkauft.

Dafür handelte ich mir einen der liebenswürdigsten Autoren ein, und zwar auf dem Hinterhof der Berliner Akademie der Künste peripatierend, wo mir Erich Fried schlurfend und mit schlenkernder Plastiktüte erklärte, dass er für seine Vietnamgedichte keinen Verleger finden könne. Mit Händen gestikulierend, die wohl eher Händchen waren, aber mit einer Bassstimme, die ein Organ zu nennen eher eine Untertreibung ist. So also, lauthals und zugleich in sich gekehrt, erklärte er mir seine Lage und die der Welt. Seine Lage sah ich sofort ein, über die der Welt blieben wir in Verbindung bis zu seinem Tod (1988), mit drei Dutzend Büchern. Der große Erfolg kam übrigens erst mit dem siebzehnten Buch, 1979, den *Liebesgedichten*, von denen mehr als 350 000 Exemplare verkauft wurden.

Neben solchen politischen und literarischen Erfahrungen machte ich in den ersten beiden Jahren auch ein paar verbreitungstechnische. Zum Beispiel die, dass Design-Ideen des Verlags hemmungslos kopiert wurden. Oder ein großer Verleger, Ledig-Rowohlt (der seinen Verlag später verkaufte), bereits damals den gesamten Typus meines Verlags zur Vergangenheit zählte: »Die bisherige Funktion des kleinen ambitionierten Verlags kann durchaus in einem Großverlag aufgefangen werden.«

Freilich auch Gegenbeispiele: Giangiacomo Feltrinelli erklärte mir, warum man auf den Antwortpostkarten die Anrede vordrucken müsse (»Sehr geehrter Herr Wagenbach,« – mit dieser Methode habe ich jahrelang die heitersten Morgenstunden gehabt), und holte mich auf der ersten Buchmesse vom Verlagsstand ab, um einen Tag lang alle seine Freunde mit dem Neuling bekannt zu machen. Auch mit den Vertretern, Dorothee von dem Knesebeck, Jörg Wallenstein und H. U. Zbinden, habe ich großes Glück gehabt: Sie brachten mir früh bei, dass man darauf achten muss, seine Absichten auch zu verkaufen – durch Höflichkeit, List, Heiterkeit und alle möglichen Verkehrsformen, die nicht immer unbedingt die bürgerlichen sein müssen.

Zudem war der Verlag schon am Anfang alles andere als ein Einmannbetrieb, weil das erste Domizil, ein wilhelminisches Ensemble in der Jenaer Straße 6 in Berlin-Wilmersdorf, auch als Wohnung diente. Meine damalige Frau Katia, gelernte Buchhändlerin, war sozusagen in allen Zimmern gleichzeitig tätig; Helga Scheller, zuvor meine Sekretärin im S. Fischer Verlag, arbeitete nicht nur im Verlag, sondern wohnte auch mit uns; durch sämtliche Räume tobten drei Töchter und bald auch ein Lehrling – mit insgesamt sieben Personen in acht Räumen machte der Verlag zwar keinen besonders professionellen, jedenfalls aber einen ziemlich kommunikationsfrohen Eindruck, was ganz nach meinem Gusto war:

Es ist eine Sache, sich sein Urteil selbst zu bilden, eine ganz andere aber, sich dabei etwa nicht beeinflussen zu lassen.

Ein Däumling macht von sich reden. Der neue Ein-Mann-Verlag Klaus Wagenbach weckt große Hoffnungen. Der Berg des deutschen Verlagswesens hat gekreist. Mit viel Mühe und anstrengenden Wehen. Die Maus, die herauskam, wurde bestaunt, belächelt (viele lachten auch) und schließlich, da sie ein wenig schwach auf den Beinen war, die Stunde ihres Ablebens vorausgesagt. Übrigens, sie heißt Klaus Wagenbach und verkörpert Deutschlands jüngsten, winzigsten und zugleich prätentiösesten Verlag.

Allgemeine Zeitung, Mannheim, 27. 11. 1965

Kurt Wolff *Vom Büchermachen*

Die allgemeine Vorstellung des Laien, wie der Verleger seinen Beruf ausübt, ist erstaunlich primitiv: Man meint, er lese Manuskripte oder lasse sie lesen (diese Manuskripte kommen anscheinend in Mengen von selbst), dann schickt er dem Drucker, was ihm oder seinen Lektoren am besten gefällt. Damit das Buch auch anziehend ausschaut, sucht er sich einen Graphiker, der Einband und Umschlag zeichnet. Erfolg oder Misserfolg sind Glückssache.

Die Wirklichkeit ist etwas anders, aber es ist schwer, deutlich zu machen, wie immens komplex dieser Beruf ist, wie viele Elemente zusammenkommen müssen, um dem Begriff *Verleger* einen wirklich legitimen und positiven Sinn zu geben.

Bevor hier aber weiter vom Verleger, seiner Berufung und seinem Beruf die Rede ist, wäre zu sagen, dass ich persönlich den Begriff des wahren Verlegers nur innerhalb gewisser Größenordnungen zu sehen vermag. Ein Unternehmen, das jährlich 100 bis 400 neue Bücher herausgibt (und deren gibt's ja zahlreiche in der Welt), mag sehr respektabel sein, kann auch gute Bücher unter den vielen haben – der Ausdruck einer individuellen Verleger-Persönlichkeit kann es natürlich nie sein. Man wird im allgemeinen feststellen – wenn's gelegentlich auch Ausnahmen gibt –, dass die Bücher der großen Autoren nicht bei den Monster-Unternehmungen erschienen sind und literarisch wichtige Bewegungen von kleinen Firmen, das heißt von individuellen Verlegern getragen und entwickelt wurden.

Ein Autor vertraut sich einem Menschen an, von dem er sich verstanden fühlt, nicht dem Direktorium einer Gesellschaft, die im Französischen die sehr zutreffende Bezeichnung Société Anonyme führt. Der Verleger ist nicht anonym, sondern synonym mit seiner Tätigkeit.

Man verlegt entweder Bücher, von denen man meint, die Leute sollen sie lesen, oder Bücher, von denen man meint, die Leute wollen sie lesen. Verleger der zweiten Kategorie, das heißt Verleger, die dem Publikumsgeschmack dienerisch nachlaufen, zählen für uns nicht – nicht wahr?

Autoren, Bücher, Abenteuer, 1965

Ingeborg Bachmann *Berlin*

Berlin ist aufgeräumt. Die Geschäfte sind übereinandergelegt, geschichtet zu einem Haufen, die Schuhe und Zollstöcke, etwas von dem Reis und dem Kartoffelvorrat und Kohlen natürlich, die vielen Kohlen, die der Senat gespeichert hat, liegen deutlich erkennbar am Rand herum. Der Sand ist jetzt überall, in den Schuhen, auf den Kohlen. Die großen Schaufenster, obenauf die mit den Geheimnamen *Neckermann* und *Defaka*, sind als Glasdächer über allem, man sieht durch, kann aber nur wenig erkennen. Eine Kneipe in Alt-Moabit hat darunter noch offen, niemand versteht, wie das möglich ist. Es ist doch schon aufgeräumt. Der Wirt schenkt doppelte Doornkaats ein, er gibt selber einen aus, seine Kneipe ist die beste gewesen, die älteste, immer voller Leute. Die Leute sind aber nicht mehr in Berlin.

Im Kommen ist jetzt der Kreuzberg, die feuchten Keller und die alten Sofas sind wieder gefragt, die Ofenrohre, die Ratten, der Blick auf den Hinterhof. Dazu muss man sich die Haare lang wachsen lassen, muss herumziehen, muss herumschreien, muss predigen, muss betrunken sein und die alten Leute verschrecken zwischen dem Halleschen Tor und dem Böhmischen Dorf. Man muss immer allein und zu vielen sein, mehrere mitziehen, von einem Glauben zum andern. Die neue Religion kommt aus Kreuzberg, die Evangelienbärte und die Befehle, die Revolte gegen die subventionierte Agonie. Es müssen alle aus dem gleichen Blechgeschirr essen, eine ganz dünne Berliner Brühe, dazu dunkles Brot, danach wird der schärfste Schnaps befohlen, und immer mehr Schnaps, für die längsten Nächte. Die Trödler verkaufen nicht mehr so ganz billig, weil der Bezirk im Kommen ist, die *Kleine Weltlaterne* zahlt sich schon aus, die Prediger und die Jünger lassen sich bestaunen am Abend und spucken den Neugierigen auf die Currywurst. Ein Jahrhundert, das sich auch hier nicht zeigen will, wird in die Schranken gefordert. An einem Haustor, irgendeinem, wird gerüttelt, ein Laternenpfahl umgestürzt, einigen Vorübergehenden über die Köpfe gehauen. Es darf gelacht werden in Berlin.

Ein Ort für Zufälle, 1965

Johannes Bobrowski *Mäusefest*

Moise Trumpeter sitzt auf dem Stühlchen in der Ladenecke. Der Laden ist klein, und er ist leer. Wahrscheinlich weil die Sonne, die immer hereinkommt, Platz braucht und der Mond auch. Der kommt auch immer herein, wenn er vorbeigeht. Er ist hereingekommen, der Mond, zur Tür herein, die Ladenklingel hat sich nur einmal gerührt, aber vielleicht gar nicht, weil der Mond hereinkam, sondern weil die Mäuschen so herumtanzen auf den dünnen Dielenbrettern. Der Mond ist also gekommen, und Moise hat Guten Abend, Mond! gesagt, und nun sehen sie beide den Mäuschen zu.

Das ist aber auch jeden Tag anders mit den Mäusen, mal tanzen sie so und mal so, und alles mit vier Beinen, einem spitzen Kopf und einem dünnen Schwänzchen.

Moise hat eine Brotrinde vor seine Füße fallen lassen, da huschen die Mäuschen näher, ein Streckchen um das andere, einige richten sich sogar auf und schnuppern ein bisschen in die Luft. Siehst du, so ist es. Immer dasselbe.

Da sitzen die beiden Alten und freuen sich und hören zuerst gar nicht, dass die Ladentür aufgegangen ist. Nur die Mäuse haben es gleich gehört und sind fort, ganz fort und so schnell, dass man nicht sagen kann, wohin sie gelaufen sind.

In der Tür steht ein Soldat, ein Deutscher. Moise hat gute Augen, er sieht: ein junger Mensch, so ein Schuljunge, der eigentlich gar nicht weiß, was er hier wollte, jetzt, wo er in der Tür steht. Mal sehen, wie das Judenvolk haust, wird er sich draußen gedacht haben. Aber jetzt sitzt der alte Jude auf seinem Stühlchen, und der Laden ist hell vom Mondlicht. Wenn Se mechten hereintreten, Herr Leitnantleben, sagt Moise.

Der Junge schließt die Tür. Er wundert sich gar nicht, dass der Jude Deutsch kann, er steht so da, und als Moise sich erhebt und sagt: Kommen Se man, andern Stuhl hab ich nicht, sagt er: Danke, ich kann stehen, aber er macht ein paar Schritte, bis in die Mitte des Ladens, und dann noch drei Schritte auf den Stuhl zu. Und da Moise noch einmal zum Sitzen auffordert, setzt er sich auch.

Jetzt sind Se mal ganz still, sagt Moise und lehnt sich an die Wand. Die Brotrinde liegt noch immer da, und, siehst du, da kommen auch die Mäuse wieder. Wie vorher, gar nicht ein bisschen langsamer, genau wie vorher, ein Stückchen, noch ein Stückchen, mit Aufrichten und Schnuppern und einem ganz winzigen Schnaufer, den nur Moise hört und vielleicht der Mond auch.

Und nun haben sie die Rinde wiedergefunden. Ein Mäusefest, in kleinem Rahmen, versteht sich, nichts Besonderes, aber auch nicht ganz alltäglich. Da sitzt man und sieht zu. Der Krieg ist schon ein paar Tage alt. Das Land heißt Polen. Es ist ganz flach und sandig. Was soll man da noch reden? Die Deutschen sind gekommen, unzählig viele, einer sitzt hier im Judenladen, ein ganz junger, ein Milchbart. Nun kommt man also in der Welt herum, wird er denken, jetzt ist man in Polen, und dieses Polen hier ist ganz polnisch.

Der alte Jude lehnt an der Wand. Die Mäuse sind noch immer um ihre Rinde versammelt. Wenn sie noch kleiner geworden ist, wird eine ältere Mäusemutter sie mit nach Hause nehmen, und die anderen Mäuschen werden hinterherlaufen.

Weißt du, sagt der Mond zu Moise, ich muss noch ein bisschen weiter. Und Moise weiß schon, dass es dem Mond unbehaglich ist, weil dieser Deutsche da herumsitzt. Was will er denn bloß? Also sagt Moise nur: Bleib du noch ein Weilchen.

Aber dafür erhebt sich der Soldat jetzt. Die Mäuse laufen davon, man weiß gar nicht, wohin sie alle so schnell verschwinden können. Er überlegt, ob er Aufwiedersehen sagen soll, bleibt also einen Augenblick noch im Laden stehen und geht dann einfach hinaus.

Moise sagt nichts, er wartet, dass der Mond zu sprechen anfängt. Die Mäuse sind fort, verschwunden. Mäuse können das.

Das war ein Deutscher, sagt der Mond, du weißt doch, was mit diesen Deutschen ist. Sag mir bloß nicht, der Junge ist keiner, oder jedenfalls kein schlimmer. Das macht jetzt keinen Unterschied mehr. Wenn sie über Polen gekommen sind, wie wird es mit deinen Leuten gehn? – Ich hab gehört, sagt Moise.

Es ist jetzt ganz weiß im Laden. Das Licht füllt den Raum bis an die Tür in der Rückwand. Wo Moise lehnt, ganz weiß, dass man denkt, er werde immer mehr eins mit der Wand. Mit jedem Wort, das er sagt. Ich weiß, sagt Moise, da hast du ganz recht, ich werd Ärger kriegen mit meinem Gott.

Mäusefest und andere Erzählungen, 1965

Hedwig Rohde *Interview mit Klaus Wagenbach*

Die Jenaer Straße ist eine ruhige Wilmersdorfer Wohnstraße mit soliden bürgerlichen Mietshäusern. Nr. 6: unauffällig modernes Schild »Verlag Klaus Wagenbach«. Das Arbeitszimmer des Verlegers: überraschend groß, hell, warm, unterteilt durch quergestellte überfüllte Bücherregale. Schreibtisch und Fensterbretter begraben unter Papieren. Jetzt schiebt sich auf leisen Sohlen jemand durch die riesige weiße Altberliner Flügeltür, zusammengekrümmt, als wollte er sich sofort wieder zurückziehen. Kommt dann doch langsam aufs Fenster zu; Haltung miserabel, hätte mein Vater gesagt. Liebenswürdige Redensarten sind fehl am Platz, die Zeit drängt, der Mann ist überhäuft, stürzen wir uns auf den Fragebogen:

HR: Sie haben erklärt, dass Sie den jüngeren deutschen Autoren eine Alternative bieten wollten. Sie sehen den kleinen, persönlich geführten Verlag als Abweichung gegenüber den anonymen Konzernen. Sie sind sich klar darüber, dass Sie damit einen Schritt getan haben, der Sie außerhalb der Gesamtentwicklung des Verlagswesens stellt?

KW: Die Wirtschaft hat eine Marschrichtung, die Literatur aber nicht. Wenn man will, ist mein Verlag insofern konservativ.

Ich habe nichts gegen Apparate. Ich habe Erfahrungen mit großen Apparaten und kenne deren Schwächen, ich habe jetzt meine Erfahrungen mit dem kleinen Apparat und kenne auch dessen Schwächen.

HR: Besuchen Sie selber auch Buchhändler? Halten Sie das für wichtig bei einem neuen Verlag?

KW: Ja, weil der Buchhandel individualistisch ist, und Individualismus ist meiner Meinung nach wichtig zur Verbreitung von Literatur. Bücher sind keine Eisenwaren. Die Anforderungen an Wissen und Bildung sind viel höher als anderswo und bringen weniger ein. Wenn man Bücher nicht mit Leidenschaft macht, erträgt man keine Verluste. Mache ich ein Buch aus Überzeugung und es geht nicht, dann bleibt mir eins: Da hast du immerhin ein schönes Buch gemacht.

Ohne die Buchhändler wäre ich nicht an die Leser gekommen, die nun umgekehrt den Verlag stützen, indem sie fragen: Was macht der Wagenbach Neues? Die Absatzziffern, geordnet nach Städten und nach der möglichen Effektivität, beweisen genau, dass ein Buchhändler sehr viel zu tun hat, entgegen allem Geschwätz, dass man nichts tun könne. Es ist vorgekommen, dass ein dem Umsatz nach kleiner Buchhändler in derselben Universitätsstadt 250 Quarthefte verkaufte, in der die »führende Buchhandlung« nur 21 Exemplare absetzte.

HR: Sie haben von Anfang an öffentlich erklärt, was Sie vorhaben, Sie haben einem Skeptiker angeboten, Ihre Bilanz anzusehen. Glauben Sie, dass diese »offene Tür« für den Aufbau des Verlags nützlich war und ist? Oder haben Sie jetzt nicht das Gefühl, doch etwas zu – sagen wir ruhig: naiv an die Sache herangegangen zu sein?

KW: Ich bin (lacht) als keusche Jungfrau bezeichnet worden – wegen meiner sogenannten idealistischen Vorstellungen. Dabei vergisst man, dass ich fünfzehn Jahre im Buchhandel gewesen bin und von der Pike auf gelernt habe. Da ich etwas Bestimmtes vorhatte, sah ich keinen Anlass, das zu verschweigen, was ich wollte. Selbst für den Laien ist errechenbar, dass mit 5,80 DM (damaliger Ladenpreis eines Quarthefts) keine große Gewinnspanne möglich ist.

Aber im Prinzip hat sich die Richtigkeit meiner Theorie erwiesen: Man muss Erstauflagen möglichst billig machen.

HR: Sie müssen also nicht täglich einen Kampf zwischen Ideal und Praxis führen?

KW: Mein Schreibtisch, wie Sie sehen, ist ganz verwüstet von diesem Kampf. Ich führe ihn mit diesem kleinen italienischen Rechenautomat – eine der ersten und teuersten Anschaffungen für meinen Verlag. Ich rechne viel. Was sich da stapelt, sind Kalkulationen. Und dazu gehört, dass ich mich und meine Familie mit anderen Arbeiten ernähre, ich schreibe für Funk und Zeitschriften. Sonst würde ich den Verlag gefährden; denn das Kapital ist klein, es gibt keine Teilhaber.

HR: Sie sind deshalb nach Berlin gegangen, weil hier Ihre wichtigsten Autoren wohnen. Wie steht es mit dem direkten Kontakt im Fall der Autoren aus dem Osten?

KW: Der ist im Moment erschwert dadurch, dass ich seit Januar keine Einreisegenehmigung nach Ostberlin habe. Über dem angeblichen Affront der Biermann-Veröffentlichung vergessen manche Leute in Ostberlin, was es hier bei uns heißt, einen Kommunisten zu verlegen. Das ist ein gesamtdeutsches Vergessen, auch bei uns vergisst man, was das heißt. Ich halte diese Sperre für vorübergehend. Es liegt mir daran, deutsche Autoren zu publizieren, ohne auf den Pass zu sehen.

HR: Würden Sie auch das Wort des von Ihnen verehrten und verlegten Kurt Wolff unterschreiben: »Die Beziehung zum Autor muss von des Verlegers Seite eine Liebesbeziehung sein, die nichts fordert, die schon im voraus verziehen hat?

KW: Ich halte nichts davon, Autoren unter Druck zu setzen. Meine Verträge enthalten keine Optionen. Entweder versteht man sich oder trennt sich. Optionen sind Unsinn, Vorschüsse auch. Beide Parteien sind dadurch gefesselt, nicht mehr frei in Entschlüssen und Kritik.

HR: Als Walter Muschg die Traditionslosigkeit der deutschen Literatur beklagte, haben Sie die jüngeren deutschen Autoren gegen seine Vorwürfe verteidigt. Wie stehen Sie selber zur deutschen literarischen Tradition?

KW: Die Schwierigkeit mit den jungen Autoren ist die: ich habe selber als Kritiker, mit meinen Freunden zusammen, dafür gekämpft, wieder die Prävalenz des Stils zu fordern. Das Merkwürdige ist nun, dass wir heute praktisch an die jungen Autoren, die den Stil überraschend gut, ja glänzend handhaben, die Oberschülerfrage wieder stellen müssen, die wir damals abgelehnt haben: Was will der Autor sagen? Ich würde nie ein Buch verlegen, in dem die literarische Verantwortung auf die Typographie abgeschoben wird. Das war vor zehn Jahren nicht erkennbar; damals konnte man voraussetzen, dass ein Autor politische Meinungen hatte, die Realität sah, eine Beziehung zur Umwelt besaß. Mittlerweile gibt es Autoren, die wissen, wie sie schreiben, aber nicht was. Das halte ich für eine gefährliche Entwicklung. Ein Autor muss wissen, was er mit seinem Buch will. Ob das erkannt wird, ist eine andere Frage, aber er muss es wissen.

Buchmarkt 1, 1966

Erich Fried *17.–22. Mai 1966*

Aus Da Nang
wurde fünf Tage hindurch
täglich berichtet:
Gelegentlich einzelne Schüsse

Am sechsten Tag wurde berichtet:
In den Kämpfen der letzten fünf Tage
in Da Nang
bisher etwa tausend Opfer

und Vietnam und, 1966

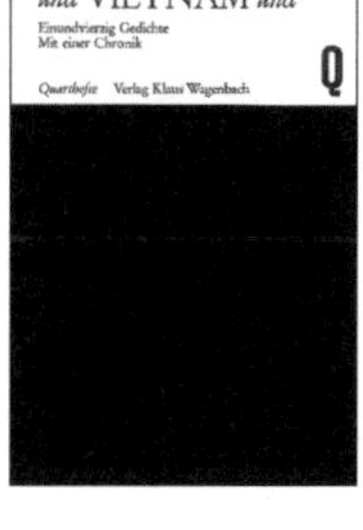

Im großen Zimmer des ersten Verlagsdomizils in der Jenaer Straße 6. Von links: Eberhard und F. C. Delius, Klaus Wagenbach, Franz Greno, Wolfgang Dreßen, Johannes Tranelis, Helga Scheller, Katia Wagenbach

1967 – 1969

Überraschendes Verbreiten am notwendigen Ort

Es war leider so, dass nach dem Ein- und Durchreiseverbot der DDR auch im eigenen Staat Handel und Wandel schwieriger wurden. So hatte beispielsweise der Schallplattenkonzern Philips, bei dem Wolf Biermann unter Vertrag stand, es abgelehnt, die neue Platte Biermanns zu veröffentlichen, und der Verlag musste einspringen. Stein des Anstoßes war offensichtlich das Lied *Drei Kugeln auf Rudi Dutschke*, insbesondere die Bezeichnung des seinerzeitigen Bundeskanzlers Kiesinger (eines salbungsvollen Schwätzers, ehemals Mitglied der NSDAP) als »Edel-Nazi«. Der Stein des Anstoßes zog Kreise: Nachdem bereits die ersten Exemplare der *Quartplatte* mit den *Vier neuen Liedern* Biermanns die Pressfabrik der Deutschen Grammophon verlassen hatten, erhielt ich ein Schreiben, dass man den Produktionsvertrag kündigen müsse »wegen Bedenken strafrechtlicher Art, nachdem wir Kenntnis über den Inhalt der Platte bekommen haben«.

Der Fall begann mich zu interessieren: Ich schickte das Gedicht an fünf Tages- und Wochenzeitungen mit der Bitte um Vorabdruck, und siehe, dieselben Leute, die sonst alle paar Monate anriefen mit der dringlichen Bitte, ein Gedicht des allseits beliebten DDR-Kritikers Biermann vorabdrucken zu dürfen, fanden nun leider gerade für diesen Text keinen Raum in ihren Spalten (so wie wir nur mühsam eine unabhängige Schallplattenpressfabrik fanden …).

Das alles war im Frühjahr / Sommer 1968. Wie man überhaupt eine Schallplatte herstellt, hatte ich gerade noch rechtzeitig erfahren, einige Monate vorher, im Herbst 1967, als sich die ersten Schwächen eines so kleinen Verlags zeigten: Der Verleger war zwar da, aber er hatte nur ein Telefon, nur zwei Hände, und reisen konnte er auch kaum. So entschuldigte ich mich bei Freunden und Buchhändlern mit einer kleinen Schallplatte (*Acht Autoren lesen aus ihren Quartheften, angesagt vom Verleger*), aus Jux *Quartplatte* genannt, versehen mit einer bukolischen Grafik von meinem Freund Günter Bruno Fuchs, einem herzlichen, stets leicht besäuselten Dicken voller Spruchweisheiten, Schnurren und melancholischer Einsichten in den Zustand der Welt (die auch – unter anderem – in das *Quartheft Zwischen Kopf und Kragen* eingingen). Von meinen Töchtern wurde er bei seinen Besuchen immer jubelnd begrüßt und allgemein »Kuchenfuchs« genannt, weil er meist große Mengen Gebäck mitbrachte, hauptsächlich die begehrten Liebesknochen. Aus dem Umschlag der *Quartplatte* hat Günter Bruno Fuchs dann auch das Verlagssignet entwickelt. Einige Buchhändler wollten nun diese Schallplatte auch verkaufen. Normalerweise wäre mir die Umwandlung einer nur für Freunde hergestellten Quatsch- und Quarkplatte in ein krudes Kommerzobjekt als zu geschäftstüchtig erschienen – wenn sich nicht (neben der Philips-Affaire) noch etwas anderes ereignet hätte:

Ein »Ur-Hörbuch«, erschienen 1967

Während eines »Dichterforums«, November 1967 in Frankfurt, fand auch eine Lesung in einer Fabrik statt. Die Dichter zogen zeitgemäß (aber zur Überraschung der Arbeiter) unter Absingen der Internationale ein und lasen zeitgemäße Texte. Nur ein Autor, rundköpfig und soigniert, wenn auch schwer schwitzend, las mit strenger Stimme »Sprechgedichte« vor, sehr ungewöhnliche, heitere, absurde und experimentelle Texte, die er *Laut und Luise* nannte. Das Echo war niederschmetternd: Ein Teil der Zuhörer lachte (und genierte sich dessen sofort), ein anderer fühlte sich veralbert, ein dritter hielt solche Texte für konterrevolutionär. Der gesunde Menschenverstand erhob sich, in Form des Betriebsratsvorsitzenden, und tadelte streng solchen Jokus von »Herrn Jodl«. So lernte ich Ernst Jandl kennen. Als Buch war *Laut und Luise* längst erschienen, und da niemand anderes eine Schallplatte machen wollte, machte ich sie, mit großem Erfolg übrigens, auch bei Kindern. Die ersten drei *Quartplatten* waren beisammen – immerhin: Hörbücher avant la lettre.

Ebenfalls auf einem Poetentreffen habe ich Giorgio Manganelli kennengelernt, es war eine Versammlung (in Reggio Emilia) des gruppo 63, einem Kreis junger Autoren, die der Langeweile des ordentlich gezimmerten neorealistischen Romans überdrüssig waren und zusammentrafen, um über ihre Texte zu diskutieren. Die Formen, in denen das geschah, waren allerdings weit entfernt von den mir vertrauten altpreußischen Ritualen der Gruppe 47: In einem größeren Raum las jemand vor, einige hörten zu, andere unterhielten sich, gingen raus, kamen rein, winkten sich zu, begrüßten Neuankömmlinge und beteiligten sich dennoch an der anschließenden Kritik des vorgelesenen Textes, wobei der betroffene Autor die kassierten Invektiven auch kräftig zurückzahlte – insgesamt ein erheblicher Geräuschpegel, der abends mit einer improvisierten »Schwarzen Messe« im Haus des Bürgermeisters eher noch

Christoph Meckel,
liest nach

Der »Ur-Wagenfisch«, gezeichnet
von Günter Bruno Fuchs 1967

Giorgio Manganelli, zweimal in klassischer
Pose (Zeichnung ©Tullio Pericoli)

zunahm. In diesem Tohuwabohu stand nun öfters ein etwa vierzigjähriger Herr auf, gelassen, misanthropisch, eher düster, der ziemlich leise die listigsten Sottisen und Paralipomena mit stilistisch derartiger Raffinesse vortrug, dass ihm bald alle zuhörten. Auf der Rückfahrt informierte ich mich bei Giangiacomo Feltrinelli, und er gab mir Manganellis kurz zuvor erschienenen Erstling, allerdings mit der väterlichen Ermahnung dergestalt, dass er zwar meine Begeisterung teile, mir aber von einer Übersetzung abrate, denn er habe vom Original nicht mehr als ein paar hundert Exemplare verkaufen können. Das Buch hieß *Hilarotragoedia*, war fast nicht zu übersetzen – das heißt nur mit Hilfe der wunderbaren Wortfindungen Toni Kienlechners – und erschien als *Doppelquartheft* mit dem Titel *Niederauffahrt*.

Neben Césaire und Manganelli erschienen dann auch noch andere fremdsprachige Autoren: die bösen Satiren Boris Vians, ausgewählte Gedichte von Marina Zwetajewa in den schönen Reimen von Christa Reinig und die Gedichte des von den Putschisten inhaftierten großen griechischen Lyrikers Jannis Ritsos. Der Verlag veröffentlichte weiter deutsche Autoren – auch unbekannte wie Volker von Törne oder Johannes Schenk –, aber er begann sich zu entprovinzialisieren. Und zu vergrößern – ohne

Das Lesebuch

Der erste Tintenfisch

Frühes Rotbuch

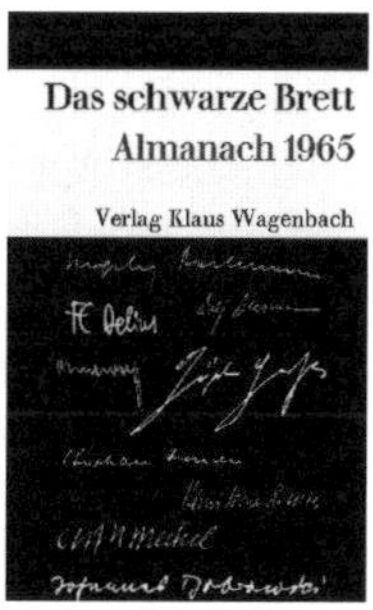

Schwarzes Brett

Klaus Wagenbach mit Wolf Biermann, 1965

dass ich es so recht wahrnahm, entwickelten sich 1968 vier andere Reihen: die schon erwähnten *Quartplatten*, der *Tintenfisch*, das *Lesebuch* und die *Rotbücher*.

Der erste Tintenfisch erschien im Mai 1968, wenige Tage nach dem Beginn des Pariser Mai. Ein Zufall, natürlich, allerdings eher aus heutiger Sicht; denn für die damaligen Leser und Rezensenten war es konsequent: erst Cohn-Bendit und dann das.

Konzipiert wurde der *Tintenfisch* natürlich wesentlich früher, im Sommer 1967, bei einem Besuch von Michael Krüger in Berlin. Krüger war zu der Zeit etwa so lange – drei Jahre – Lektor im Hanser Verlag wie ich Verleger. Er, 24 Jahre alt (konnte nach damaligen Maßstäben also noch knapp als jung gelten), ich 37. Er, ein ästhetischer Jodler von mitreißender Misanthropie, ich, ein politischer Knurrer von hemmungslosem Optimismus.

In der Betrachtung des zu jener Zeit herrschenden literarischen Überbauzaubers waren wir ziemlich einig: gleich übellaunig sowohl gegenüber einer sich förmlich zu Tode formulierenden abstrakten Fliesenlegerei wie auch gegenüber einer grundlos vollmundigen Korrektheit, einem Realismus der kleinen Schritte. Und übellaunig gegenüber zahlreicher werdenden Sprechchören: Die Literatur habe ausgedient, sei als reines Produkt des Bürgertums tot oder doch zumindest so schnell wie möglich abzuschaffen. Die Chöre standen linkerhand, wir auch. Die Chöre wollten statt »schöner Literatur« die politische Wirkung, wir hielten das für keinen Widerspruch.

Zu diesen Kriterien traten noch drei eher technische, wenn auch nicht ohne Folgen für den Inhalt: Erstens sollte der *Tintenfisch* Texte aus dem gesamten deutschsprachigen Raum sammeln – das war damals noch ziemlich anstößig (nämlich am »innerdeutschen« Punkt: Die DDR hieß damals noch überwiegend SBZ). Zweitens sollte eine Bibliographie alle wichtigen (ebenfalls: deutschsprachigen) Neuerscheinungen des jeweils vergangenen Jahres enthalten – das schien uns wichtig als praktische Bekämpfung einer immer saisonaleren Literaturrezeption. Und schließlich sollte das Ganze – obwohl wesentlich umfangreicher – nicht mehr kosten als damals ein *Quartheft*, also DM 5,80.

Volker von Törne

Kurz: Der *Tintenfisch* war ein in vieler Hinsicht defraudantisches Unternehmen. Die Kapitaldecke war zu kurz, der Umfang zu gering (so kamen wir zu den »Fußnoten«: kurze Textausschnitte auf dem übrigbleibenden Raum an den Textenden; weißes Papier – das wäre doch Verschwendung gewesen), die Auswahlkriterien zu breit, die politischen Meinungen zu radikal, die Machart zu konservativ. Ein Jahrbuch für Literatur in eher unliterarischen Zeiten.

Die Aufnahme hat uns dann allerdings doch überrascht: Die (für die damaligen Verhältnisse des Verlags enorme) Erstauflage von 10.000 Exemplaren war in wenigen Wochen vergriffen; insgesamt erschienen 83 Rezensionen.

Darunter auch eine in Springers *Welt* (sie fragte, »ob Informationen Geschmackssache sind«, freilich blieb *Die Welt* aber von da an ihren Lesern jede Information über alle weiteren *Tintenfische* schuldig) und eine im *Rheinischen Merkur*, die von den Autoren des *Tintenfisch* behauptete: »Sie schreiben in Reih und Glied. Sie stehen Gewehr bei Fuß und schießen auf Leute.« Der Rezensent verwechselte Ursache und Wirkung: Was da in »Reih und Glied« Staub aufwirbelte seit Dezember 1966, das war die Marschsäule einer Großen Koalition, jener Karikatur einer Regierung aus Kiesinger und Brandt, Strauß und Wehner. Darauf, auf diese Provokation einer Volksgemeinschaft von oben, reagierten die Schriftsteller (und nicht nur sie) in der Tat ziemlich einhellig.

Boris Vian

Das *Lesebuch* wurde aus ähnlichen Motiven konzipiert wie der *Tintenfisch*: Man kann sich heute kaum noch vorstellen, auf welche Widerstände die jüngste deutsche Literatur damals traf – das Wort vom »ganz kleinen Pinscher, der in dümmster Weise kläfft« (des seinerzeitigen Bundeskanzlers Erhard über Schriftsteller), war ganze drei Jahre alt. Einen sehr sichtbaren Begriff von den Schwierigkeiten der Verbreitung hatte mir ein Experiment

Klaus Wagenbach, Peter Bichsel, Otto F. Walter auf der sogenannten »Prügelbuchmesse« 1968

Aus Protest geschlossen, Buchmessenstand 1968

gegeben: der nochmalige Abdruck von *Meine Ortschaft* (eines von Peter Weiss für den *Atlas* geschriebenen Textes über Auschwitz) im Verlagsalmanach mit dem Angebot an Deutschlehrer, ihnen kostenlos Klassensätze zu liefern. Es meldeten sich Hunderte, viele von ihnen halfen mir dann bei der Zusammenstellung des *Lesebuch*.

Das Echo aus den staatstragenden Lehrerzimmern war negativ: »Seichtes Revoluzzertum … lieber den Mund halten … erinnert an Krawallsituationen« (so die *Blätter für den Deutschlehrer*) und »Bis zum Überdruss wird dargestellt, wie schlecht die Deutschen vor 1945 gewesen sind … Verkennt die Aufgabe des Deutschunterrichts« (so die *Mitteilungen des Philologenverbandes*). Der Erfolg war dennoch außerordentlich – mit über 200 000 Exemplaren ist das *Lesebuch Deutsche Literatur der sechziger Jahre* eines der erfolgreichsten Bücher des Verlags. Erfolgreich war es auch in anderer Hinsicht: Da wir die Autoren honoriert hatten, mussten

Vier Titel der mit einem graphischen Umschlag erschienenen Shakespeare-Übersetzung

auch die Schulbuchverlage einige Zeit später ihren Widerstand gegen die Honorierung der Autoren aufgeben. »Umstritten« blieben die Texte und ihre Zusammenstellung freilich lange – noch über ein Jahrzehnt nach dem Erscheinen wurde das Buch wegen angeblicher »Pornographie« der Geschichte *Ein Liebesversuch* von Alexander Kluge in Baden-Württemberg unterdrückt; »umstritten« blieben auch die nachfolgenden *Lesebücher* zur Weimarer Republik, zur Literatur zwischen 1945 und 1959 und zur Literatur der siebziger Jahre.

Die ersten Pläne für eine politische Buchserie reichen zurück bis 1966, wurden aber zurückgestellt, als die »linke Welle« in allen Verlagen genügend Publikationsmöglichkeiten zu bieten schien. Das begann sich bereits 1968 zu ändern, so dass dann doch eine »ausschließlich der Neuen Linken und der außerparlamentarischen Opposition gewidmete Buchreihe« gegründet wurde, der ich den Namen *Rotbücher* gab, in Anspielung auf ein halbamtliches denunziatorisches Kompendium über linke Intellektuelle. Die ersten Titel hatten ein kämpferisches Design und ein ungewöhnliches Format (genau doppelt so hoch wie breit – wir kamen später, mit der Serie *SVLTO*, darauf zurück). Die Sammlung *Rotbücher* war als Buchserie eines dem SDS angeschlossenen Instituts geplant, als dessen Delegierter Wolfgang Dreßen in den Verlag kam. Freilich ging das Institut kurz darauf in einer der damals beginnenden Spaltungen innerhalb der Linken unter, und wir führten die *Rotbücher* auf eigene Faust fort. Was ich daraus hätte lernen sollen, nämlich weniger Satzungen und Verträgen zu trauen als vielmehr Inhalten und Menschen, habe ich damals nicht gelernt, im Gegenteil: Im Herbst 1969 entstanden die ersten Umrisse einer »Verlagsverfassung« – es begann die schöne Zeit des »Wagenbach-Kollektivs«.

Der Verlag hatte sich bis dahin auch so weit konsolidiert, dass er ein solches Experiment auf sich nehmen konnte: Der Umsatz war von 1967 auf 1968 um 65% gestiegen, im folgenden Jahr nochmals um 73%, zwei in der Verlagsgeschichte nie wieder erreichte Steigerungsraten, die es auch gestatteten, 1969 endlich die von verschiedenen Verlagen abgelehnte Gesamtausgabe der Shakespeare-Übersetzungen von Erich Fried zu beginnen.

Allmählich zeichnet sich der Umriss eines Programms ab, das literarisch-politische Züge aufweist, das durchaus die persönlichen Neigungen Wagenbachs erkennen lässt, ohne indes die Mindeststpannweite zu entbehren, die nun einmal der geschäftliche Zwang einem Verleger auferlegt.
Wagenbach beherrscht diesen Balanceakt zwischen Geist und Materie, er macht nicht Bücher für viele: doch von der Minderheit, an die er sich wendet, werden viele sie lesen (oder sollten, könnten, müssten es). Weser-Kurier, 19. 6. 1967

Erich Fried *Höre, Israel*

Erich Fried, Radierung von Alfred Hrdlicka

Als wir verfolgt wurden
war ich einer von euch
Wie kann ich das bleiben
wenn ihr Verfolger werdet?

Eure Sehnsucht war
wie die anderen Völker zu werden
die euch mordeten
Nun seid ihr geworden wie sie

Ihr habt überlebt
die zu euch grausam waren
Lebt ihre Grausamkeit
in euch jetzt weiter?

Den Geschlagenen habt ihr befohlen:
»Zieht eure Schuhe aus«
Wie den Sündenbock habt ihr sie
in die Wüste getrieben

In die große Moschee des Todes
deren Sandalen Sand sind
doch sie nahmen die Sünde nicht an
die ihr ihnen auferlegen wolltet

Der Eindruck der nackten Füße
im Wüstensand
überdauert die Spur
eurer Bomben und Panzer

Anfechtungen, 1967

Günter Bruno Fuchs *Geschichte von der Ansprache anlässlich einiger Vorfälle in der Innenstadt*

Jeder Hauswirt ist unentbehrlich. Wie ein Keller unentbehrlich ist. Und auf Häuser können wir nicht verzichten. Ohne Häuser, das reizt nur zum Widerspruch.

Jede Prostituierte trifft uns empfindlich. Jeder Hergelaufene ist wie ein Haus ohne Hauswirt. Raus.

Beachten wir: Was sich auf Ruhestörung beruft, soll uns im Auge bleiben. Die Bezeichnung Nachbar ist keine Bezeichnung, sondern ein Ausweis, der keiner Zumutung auszusetzen ist.

Das Land. Das hat sich nicht vorgestellt, was es hier mitmacht. Es versteht keinen Spaß. Jeder soll, wo seine Eltern aufgewachsen sind, hingehen. Ja, da ist auch Platz für den. Die dorthin nicht gehen wollen, verschwinden. Es ist so. Der Hauswirt ist Dach und Keller in einer Person. Dazwischen leben wir. Wir wollen wieder in ruhigen Etagen leben. Es ist so.

Gerade jetzt auch einstimmig.

Zwischen Kopf und Kragen, 1967

Günter Bruno Fuchs: Selbstportrait als Katze

Volker von Törne *An Attila Jozsef*

Sohn einer Waschfrau, Schweinehirt:
Häng uns die Wahrheit um
wie einen Wolfspelz! Hör nicht hin, wenn sie sagen:
Geh doch nach drüben.

Bleib bei uns, Bruder, sieh: Unterm erkalteten Himmel
fahren die Monde dahin, hier,
wo wir singen, mit unsern Kindern,
in der Dunkelheit.

Leg dich zu uns, Bruder:
Während wir wachen
gärt der Wein im Dunkel des Kellers, verwandelt der Wind
die Steine in Brot.

Hör zu, Bruder: Der Armen Armut
hat ein Ende! *Auf Lilienfüßen das Blutmeer durchschreitend,*
holt uns die Zukunft heim
mit Singsang und Gelächter.

Wolfspelz, 1968

Giorgio Manganelli
Verschiedene Arten des Absteigens

Manch einer stürzt in senkrechter Linie: zischt und schlägt ein wie ein Meteorit; sogar noch direkter, denn dort, wo er herkommt und hin will, gibt es keine Krümmung des Raums; sondern die Gerade ist gerade. Dieser ist ein Mensch, der, ohne einen Zweifel an seinem unterweltlichen Los, sich dieses vor Augen hält; er geht mit ihm um, ohne sich vor seinen schwefligen Umrissen zu fürchten; betrachtet es, versunken, wie einen Abgrund der Düsternis und gelben Fackellichts: blickt hinein und zuckt mit dem flinken Nacken, wie die schwindelfreie Schlange mit ihrer Zunge.

Andere sinken spiralig: knicksend vor dem Schicksal, werbend um Wiedergeburt; Geduld der Agonie, verschobenes Todesgelüst, bedachtsame Wollust des Selbstmords, bewusst hinausgezögerter Hadesdurst; Bedachtsamkeit der Bewegungen, Vornehmheit im Todeskampf, rhythmischer Sinn im Absturz; Bewegung geeignet für Lurche, für Scheinfüßler, Kralle des einziehbaren Kopulationsfußes; mit dem Schwanze sich lüpfend, in der Schwebe gehalten nicht durch Flügel, sondern durch die Eleganz unbewegter Ruderschwinge, genau nach der graphischen Entwicklungstafel.

Andere fluktuieren; unregelmäßig, umherirrend, nicht abgeneigt den schuldhaften Genüssen der Annäherung; unberechenbar auch für sich selbst; nun hält er sich in der Schwebe auf auseinanderstrebenden Fingern, auf parallelen Luftkuppen, wie Blatt oder Folie in windstiller Luft; es genügt ein Hundesatz, Katzenpiss, Frauendüfte – und es stürzt der flüchtige Zögerer.

Niederauffahrt, 1967

Aimé Césaire
Über den Kolonialismus

Aimé Césaire

Die Kolonisation arbeitet daran, den Kolonisator zu *entzivilisieren*, ihn im wahrsten Sinne des Wortes zu verrohen, ihn zu degradieren, verschüttete Instinkte, die Gewalttätigkeit, den Rassenhass, den moralischen Relativismus in ihm wachzurufen. Es wird sich zeigen, dass damit die Zivilisation eine Erfahrung macht, die wiegt, und dass am Ende all dieser Vertragsbrüche, all dieser Lügenpropaganda, all dieser geduldeten Strafexpeditionen, all dieser gefesselten und »verhörten« Gefangenen, dass am Ende dieses angefachten Rassenhochmuts das Gift in die Adern Europas infiltriert ist und die langsame, doch sichere Verwilderung des Kontinents ihren Lauf nimmt.

Und dann wird eines schönen Tages die Bourgeoisie durch einen gewaltigen Gegenschlag geweckt: Die Gestapo wird geschäftig, die Gefängnisse füllen sich, die Folterer werden erfindungsreich und diskutieren rund um die Folterbänke.

Man wundert, man entrüstet sich. Man sagt: »Wie sonderbar! Ach was! Das ist der Nazismus, der wird auch wieder vorbeigehen!« Und man wartet, und man hofft, und man verhehlt sich selbst die Wahrheit, dass das wohl eine Barbarei, doch die Vollendung der Barbarei ist, die Krönung, das Resümee all der täglichen Barbareien; dass es der Nazismus ist, ja, aber dass man, bevor man sein Opfer wurde, sein Komplize gewesen ist, dass man diesem Nazismus Vorschub geleistet hat, bevor man von ihm heimgesucht wurde, dass man ihn freigesprochen, dass man beide Augen vor ihm zugedrückt – dass man ihn legitimiert hat, weil er bisher nur auf nichteuropäische Völker Anwendung fand; dass man diesen Nazismus kultiviert hat, dass man dafür die Verantwortung trägt und dass er durch alle Risse und Sprünge der westlichen Zivilisation sickert, tropft und quillt, ehe er sich in seinen blutigen Fluten verschlingt.

Über den Kolonialismus, 1968

Ernst Jandl *Drei Sprechgedichte*

fragment

wenn die rett
es wird bal
übermor
bis die atombo
ja her pfa

falamaleikum

falamaleikum
falamaleitum
falnamaleutum
fallnamalsooovilleutum
wennabereinmalderkrieglanggenugausist
sindallewiederda.
oderfehlteiner?

Laut + Luise, 1968

Ernst Jandl. Der Mops neben ihm war einer von vielen, die sich für das Foto beworben hatten, aber er war der schönste (und geduldigste).

ottos mops

ottos mops trotzt
otto: fort mops fort
ottos mops hopst fort
otto: soso

otto holt koks
otto holt obst
otto horcht
otto: mops mops
otto hofft

ottos mops klopft
otto: komm mops komm
ottos mops kommt
ottos mops kotzt
otto: ogottogott

hosi und anna, 1971

Wolf Biermann
Drei Kugeln auf Rudi Dutschke

Drei Kugeln auf Rudi Dutschke
Ein blutiges Attentat
Wir haben genau gesehen
Wer da geschossen hat
        Ach Deutschland, deine Mörder!
        Es ist das alte Lied
        Schon wieder Blut und Tränen
        Was gehst Du denn mit denen
        Du weißt doch was Dir blüht!

Wolf Biermann
Plattenhülle von Arwed Gorella

Die Kugel Nummer Eins kam
Aus Springers Zeitungswald
Ihr habt dem Mann die Groschen
Auch noch dafür bezahlt
        Ach Deutschland, deine Mörder!

Des zweiten Schusses Schütze
Im Schöneberger Haus
Sein Mund war ja die Mündung
da kam die Kugel raus
        Ach Deutschland, deine Mörder!

Der Edel-Nazi-Kanzler
Schoss Kugel Nummer Drei
Er legte gleich der Witwe
den Beileidsbrief mit bei
        Ach Deutschland, deine Mörder!

Drei Kugeln auf Rudi Dutschke
Ihm galten sie nicht allein
Wenn wir uns jetzt nicht wehren
Wirst Du der Nächste sein
        Ach Deutschland, deine Mörder!

Es haben die paar Herren
So viel schon umgebracht
Statt daß sie *Euch* zerbrechen
Zerbrecht jetzt ihre Macht.

Vier neue Lieder, 1968

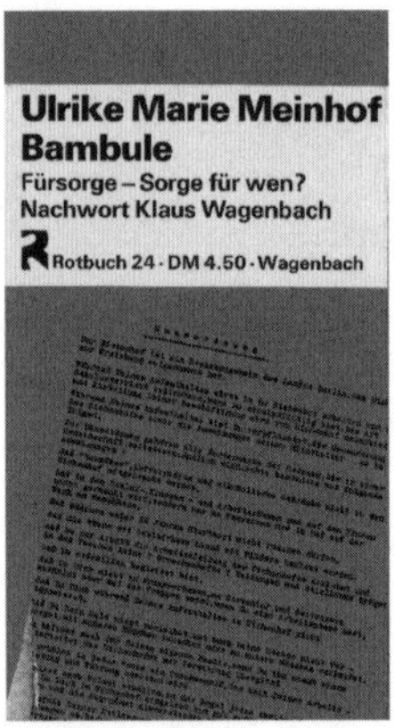

Drei Bücher zur Politik

1970–1973

Der Traum vom Kollektiv

Die Anziehungskraft, die der Verlag um 1970 entwickelte, hing nicht allein mit seiner wachsenden Größe und Stabilität zusammen, sondern auch mit der Instabilität der außerparlamentarischen Linken und ihrer Verbreitungsinstrumente. Ein Teil der Linken benutzte eine von der Regierung erlassene Generalamnestie zum Abschied von ihren (offenbar nicht sehr tief sitzenden) Überzeugungen, der andere widmete sich der berühmten Organisationsfrage, mit der Folge einer immer stärkeren Zersplitterung in immer kleinere Gruppen – jeder seine eigene Avantgarde. Das gleiche geschah auf der Ebene der Distribution von Büchern: Auf der einen Seite entledigten sich viele Verlage und Buchhandlungen ihrer linken Abteilungen, auf der anderen Seite gingen neu gegründete Verlage wieder ein, und das mühsam aufgebaute Netz der linken Buchhandlungen wurde durch fortwährende Zellteilungen geschwächt.

Unter solchen Umständen war die Attraktion – aber auch die Belastung – eines Verlags begreiflich, der solidarisch strukturiert war und sich als Instrument für die gesamte Linke verstand. Viele hielten es für geradezu selbstverständlich, im Verlag arbeiten zu können. Oder zu volontieren. Oder zu übernachten. Oder wenigstens zu fotokopieren. Und jedenfalls gehörte mein Auto der Bewegung, weil es relativ schnell und relativ zuverlässig war und die Revolution ja ziemlich zuverlässig und jedenfalls schnell gemacht werden musste – ich konnte mühsam durchsetzen, dass mir ein Ersatzauto gestellt wurde, wodurch ich nach und nach fast sämtliche Autos fast sämtlicher Berliner Wohngemeinschaften kennen- und verfluchen lernte. Während die Reisekader die Theorie im Land verbreiteten, blieb die Praxis an uns hängen.

Als sich im Sommer 1970 der Suhrkamp Verlag aus politischen Gründen weigerte, die Vierteljahreszeitschrift *Kursbuch* fortzuführen, lag es für ihren Herausgeber Hans Magnus Enzensberger also nahe, mich zu fragen. Wir trafen uns, und Enzensberger, evasiv und heiter krähend wie stets, erklärte mir gleich, dass er nicht mit dem Verlagskollektiv, sondern mit mir als Person kontraktieren wolle. Also gründeten wir eine Kursbuch GmbH, mit ihm als Mehrheits- und mir als Minderheitsgesellschafter, deren Geschäftsführer ich wurde und als solcher mit dem Verlag Klaus Wagenbach einen Vertrag über die Dienstleistung (Herstellung, Vertrieb, Werbung) für die Zeitschrift schloss. Ein kompliziertes, aber praktikables Modell, aus dem ich wiederum etwas hätte lernen können, wenn ich nicht so ein begeisterter Kollektivist gewesen wäre.

Katia Wagenbach am Schreibtisch

Der Erfolg war außerordentlich: Innerhalb von gut zwei Jahren stieg die Grundauflage des *Kursbuch* von 25 000 auf 53 000 Exemplare. Hauptursache war – neben einigen technischen Finessen –, dass das *Kursbuch* in ein ihm gemäßes Umfeld kam – das merkte sogar die *Frankfurter Allgemeine Zeitung* und fiel vom salbungsvollen in den militärischen Ton: »Enzensberger hat als Mitgesellschafter und Geschäftsführer nun Wagenbach, wodurch die beiden aggressivsten linken Literaturmilieus sich vermischt haben, zwei Partisanenführer in dasselbe Revier einrücken.« Die Wortwahl zeigt: Hier spricht die Oberste Heeresleitung, für die politische Gegner selbstverständlich nicht satisfaktionsfähig, sondern höchstens Partisanen sind. So reagierten denn auch bald die unteren Chargen, Staatsanwaltschaft und Polizei.

Es fing an im Frühjahr 1971 mit einem Ermittlungsverfahren wegen der Veröffentlichung von *Bambule*, dem Text eines Fernsehspiels über Fürsorgeerziehung von Ulrike Meinhof, das vom Südwestfunk zwar produziert, nachdem Ulrike Meinhof in den Untergrund gegangen war aber nicht gesendet wurde. Was offenbar als anstößig galt, war die Durchbrechung dieses in den höheren öffentlich-rechtlichen Rängen abgesprochenen Boykotts, und als mindestens ebenso anstößig empfand man die Form der »parteilichen« Veröffentlichung, das heißt mit weiteren Materialien über die staatliche Fürsorgepolitik und mit kritischen Bemerkungen über die Hexenjagd auf die »Baader-Meinhof-Bande«.

Wie sehr damals die Öffentlichkeit auf den »Staatsfeind Nummer 1« eingestimmt wurde, kann man sich heute kaum noch vorstellen – es war die Zeit, als Heinrich Böll »Freies Geleit für Ulrike Meinhof« forderte, vergeblich natürlich und unter allgemeinem Hohngelächter. In einem solchen Klima war ein kleiner Verlag schnell zum »Baader-Meinhof-Verlag« hochstilisiert.

Im Herbst 1971 begann dann, nach sorgfältiger Vorbereitung durch die Springer-Zeitungen (in Berlin schon damals in erdrückender Mehrheit), ein massiver Angriff auf den Verlag, der mehrfach durchsucht, um nicht zu sagen besetzt wurde von einem schwer bewaffneten Polizeiaufgebot, das nicht einmal in die Räume passte und also auch (offensichtlich nicht ohne Absicht) die Straße blockierte; Rechtsanwälte wurden nicht zugelassen, Fotografen sicherheitshalber verhaftet. Anlass war ein politisches Manifest der Roten Armee Fraktion, RAF, das wir als *Rotbuch 29* veröffentlicht hatten, und ein *Roter Kalender für Lehrlinge und Schüler*.

Dieter Forte (oben) und Peter Rühmkorf

Das Erste eine gewiss militante, aber doch auch aufschlussreiche Analyse der Situation in der Bundesrepublik, das Zweite der Versuch einer Massenagitation: ein normaler Taschenkalender, in hoher Auflage (70 000 Exemplare) und mit niedrigem Preis (2 DM), der in einfacher Sprache politische und praktische Kenntnisse verbreiten sollte – von Zahlen zur Ausbeutung über Bücherempfehlungen und Adressen von Anwälten oder Lehrlingsgruppen bis zu Ratschlägen zur Rauschgiftsucht und Anweisungen, wie man ein Flugblatt herstellt.

In einem Fernsehinterview, das Walter Schmieding einen Tag nach der Beschlagnahme mit mir machte (live! ein mutiger Mann; siehe Seite 55), verwies ich auf eine Solidaritätsaktion von 23 französischen Verlagen, die in einem ähnlichen Fall (Beschlagnahme eines Buchs von Carlos Marighella) ihrem Kollegen durch eine kollektive Ausgabe zu Hilfe kamen (erfolgreich). In Deutschland leider vergeblich: Lateinamerika lag weiter weg als die RAF; mit zunehmender Nähe verliert sich die Zivilcourage …

Ulrike Meinhof mit dem Regisseur Eberhard Itzenplitz

Das erfuhr ich zum zweiten Mal – und sozusagen als neutraler Beobachter – bei der Beerdigung meines Freundes Giangiacomo Feltrinelli 1972, der als angeblicher Anarchist unter – man muss sagen – sehr unklaren Umständen umgekommen war, auf dem von einem Heer von Polizisten und Panzern umstellten Mailänder Zentralfriedhof: Von seinen sämtlichen italienischen Kollegen, bei denen er noch kurze Zeit zuvor in so hohem Ansehen gestanden hatte, hatten ganze zwei sich zu einer der allereinfachsten Verhaltensweisen entschließen können und nahmen an der Beerdigung teil, so dass ich unvorbereitet und stellvertretend für die Verleger die Grabrede halten musste.

Zur selben Zeit, im Sommer 1972, wurde die Arbeit auch innerhalb des Verlags schwierig. Den Gedichtband *Die Freiheit den Mund aufzumachen* von Erich Fried konnte ich nur mit Mühe durchsetzen, den Gedichtband *Für meine Genossen* von Wolf Biermann nur noch durch Überrumpelung. In einem Brief an den Autor nahm ich das Buch einfach an, ohne weiter jemanden zu fragen. Das ging übel aus: Ich bekam ein fünfseitiges Votum übergebraten, dessen Verfasser nicht die mindeste Qualifikation dafür besaß, und dem Buch wurde nachträglich eine peinliche »Gebrauchsanweisung« beigelegt. Ein neues Buch von Manganelli, nach dem mir der hedonistische Sinn stand, habe ich dann gar nicht mehr vorgeschlagen: Es war die Zeit des Gipsmarxismus und der Dokumentarliteratur, und sie hielt auch Einzug in unser Verlagskollektiv. Ich war ziemlich ratlos, während eine Mehrheit, die »Fraktion«, nun erst richtig tätig wurde, mit Lektoratssitzungen, Papers, Kollektivversammlungen und Rundbriefen an Autoren, »die Möglichkeiten der Collage und des Dokumentarischen noch besser zu nutzen«.

Verkleidet. Kollektivsatire, 1973

Ziel war, auch das Lektorat zu kollektivieren, also Mehrheitsbeschlüssen zu unterwerfen. Die Verlagsverfassung sah aber ausdrücklich die Lektoratsautonomie vor, und zwar aus guten Gründen: Es ist völlig utopisch, dass alle Verlagsmitglieder alle eingehenden Manuskripte (etwa 1 200 im Jahr) lesen, es ist ebenso utopisch bei fremdsprachigen und politisch oder ästhetisch extrem innovativen

Auf der Beerdigung Giangiacomo Feltrinellis am 28. März 1972. Vorne links: Maria Antonietta Macciocchi, vorne rechts: Rolf Hochhuth. Klaus Wagenbach bei der Grabrede

Texten. Dennoch wurde am 24.3.1973 von der »Fraktion« der Antrag auf Verfassungsänderung in diesem Punkt gestellt und als er knapp an der Sperrminorität gescheitert war, wurde drei Tage später mein Rücktritt gefordert.

Ich war zu diesem Zeitpunkt nur noch Mitgesellschafter des Verlags, genau 50 % – unbelehrt durch Enzensberger – hatte ich bereits den Mitarbeitern geschenkt. Der Verlag war immobilisiert.

Neun Jahre nach meiner Entlassung bei S. Fischer stand ich in dem von mir gegründeten Verlag vor derselben Frage: Ausscheiden oder Unterwerfung? Die Entscheidung fiel wie damals aus. Allerdings machte die »Fraktion« in diesem Moment einen Fehler: Sie lud hinter meinem Rücken die Autoren zu einer Generalversammlung ein und bot geschickt und zeitgemäß an, »in spätestens ein bis zwei Jahren die Beteiligung der Autoren am Verlag zu institutionalisieren«. Das hielt ich nicht für sinnvoll, weil die Interessen von Verlegern und Autoren unvereinbar sind: Autoren möchten selbstverständlich alles von sich (und ihren Freunden) gedruckt sehen, und Verleger müssen auswählen, das heißt ein Programm machen. So versuchte ich, den Autoren in einer längeren Rede (gedruckt in *Freibeuter 10*) die Situation zu erklären und sie zu bewegen, dem vorgeschlagenen Modell (das oberflächlich gesehen ihren Interessen näherstand) nicht zuzustimmen.

Die »Fraktion« schwieg überraschenderweise. Offensichtlich traute sie ihrem Modell eines Autorenverlags selbst nicht so richtig (sie gab es kurz danach auch auf). Jedenfalls haben die Autoren dann im eigentlichen Sinn den Verlag gerettet, das heißt die mit ihm von Beginn an verbundenen Absichten: Am Ende einer knapp zehnstündigen Diskussion empfahlen sie die Spaltung und entschieden sich in der folgenden Abstimmung bis auf drei für einen neu entstehenden Verlag Klaus Wagenbach.

Die »Fraktion« beharrte darauf, die bestehende GmbH fortzuführen, also schied ich aus, das vor Jahren eingebrachte Kapital wurde mir mit »Entwertungsrate« zurückgezahlt, wovon ich die gesamten Buchbestände (bis auf die der drei verbliebenen Autoren) zurückkaufen musste. Der Titel des Verlagsalmanachs wurde gestrichen; der Serientitel *Rotbücher* verblieb bei der alten GmbH (obwohl sich kein einziger ihrer Autoren für die »Fraktion« entschieden hatte), die Hälfte ihrer Autoren wurde gezwungen, ihre Bücher noch für ein Jahr durch die GmbH vertreiben zu lassen; ebenso musste der *Rote Kalender* abgegeben werden. Aus der Kursbuch GmbH schied ich aus (mit wiederum einer neuen Variante: Mein Anteil wurde auf den Mitherausgeber übertragen; der Verlag der »Fraktion« wurde nicht mehr daran beteiligt). Insgesamt eine phantastische Operation, die nicht einen reichen Unternehmer und eine arme Kollektivfraktion zurückließ, sondern umgekehrt; Jahresumsatz 1973 Verlag Klaus Wagenbach: 663 000,– DM (ein Umsatzrückgang von über 60 % gegenüber dem Vorjahr), Jahresumsatz der »Fraktion«: 1 363 000,– DM.

Wer Näheres wissen will, mag es (samt einer kleinen Charakterstudie von F. C. Delius) in meinem Erinnerungsbuch, Seite 243 f. nachlesen.

Jahre später wurde der »Rotbuch Verlag« sang- und klanglos von einem Hamburger Rechtsanwalt übernommen und wechselte anschließend zwei weitere Male den Besitzer, obwohl das seine eigene Verfassung verbot – aber die kannte wohl keiner mehr.

Es brauchte knapp zwei Jahre, bis die Scherben weggeräumt waren (z. B. sämtliche *Rotbücher* in die neue Reihe *Politik* umgebunden), und etwa sechs Jahre, bis der Verlag sich ökonomisch einigermaßen stabilisiert hatte. Aber er konnte wieder frei arbeiten, und davon machte ich sofort Gebrauch. Als Motto konnte ein Gedicht von Erich Fried gelten:

Die Quartplatte »Grips-Parade 1«

Die Grips-Liedermacher: Birger Heymann, Musik (vorne), und Volker Ludwig, Text (rechts hinten)

Gegenbeweis
Eine / Methode / die / in / dieser / Gesellschaft / Erfolge / aufweisen / kann / zwingt / uns / an / ihr / zu / zweifeln // aber / eine / Methode / mit / der / man / Schiffbruch / erleidet / muss / deshalb / noch / nicht / die / richtige / sein

Es hatte bereits unter der Kollektiverklärung im Verlagsalmanach 1969 gestanden und stand nun auf der letzten Seite des Verlagsalmanachs für 1973, der den neuen Titel *Zwiebel* trug. Die Zwiebel, so stand es auf der ersten Seite des Almanachs, sei eine Armenspeise, vielschichtig wie die Napoleonschnitte oder der Mensch, weitverbreitet und artenreich, würzig und tränentreibend.

Bleibt noch ein Nachtrag für diese Zeit: der sogenannte »Fredenbeker Bananen-Aufstand«. 1973 hatte eine Lehrerin in der Schule von Fredenbek, einem Bauerndorf in Norddeutschland, die *Quartplatte Warum ist die Banane krumm?* vorgespielt, eine Schallplatte für Kinder, für die ich zahlreiche deutsche Autoren um Texte gebeten hatte: Günter Bruno Fuchs, Christa Reinig, Floh de Cologne, Peter Bichsel, Wolf Biermann, Ernst Jandl, Günter Herburger und Reinhard Lettau. In den Pausen sprachen Kinder Abzählreime, und Peter Rühmkorf, ein kundiger Beobachter des Volksmundes, schob noch einmal ein Dutzend nach. Und da Kindermäuler in der Regel ungewaschen sind, empörten sich ein paar Fredenbeker Bürger über die »Schmutzverse« und riefen zum Schulstreik auf. Die GEW veranstaltete dagegen eine Dorfversammlung, zu der sie auch Peter Rühmkorf und mich einlud. Der große Gasthaussaal war voll bis auf den letzten Platz, und nach einer kurzen Einführung wurde feierlich das Corpus delicti abgespielt, das immerhin auch ein paar durchaus politische Texte enthielt. Mir fiel das Herz in die Hose, aber dort war es gut aufgehoben, denn die Agitation gegen die Platte hatte zwar die politischen Texte gemeint, sich aber nach bewährter Manier nur gegen den »Schweinkram« gerichtet. Die ersten Zuhörer, zumeist Bauern, schliefen ein. Auch die zweite Seite war zu Ende. Schweigen. Und in das Schweigen hinein die klare Stimme eines Bauern: »Un wann kummt nu dee Swinkram?« Das war der Sieg.

Don Milani mit Schülern der Schülerschule

Angeregt worden war diese Arbeit mit Kindern durch den Bericht von einigen italienischen Schülern, Kindern toskanischer Bauern, Sitzenbleibern und Durchgefallenen, die selbst Schule gemacht und darüber einen Bericht geschrieben hatten, der in einem kleinen katholischen Florentiner Verlag erschienen war. Die Übersetzung – *Die Schülerschule*, mit einem Vorwort von Peter Bichsel – löste große Diskussionen aus, und so kam es zum Versuch der *Bananenplatte* und des *Roten Kalenders*, beide 1971, und schließlich, 1972, zum Kontakt mit dem Theater für Kinder im Reichskabarett, dem späteren Grips Theater, das seit 1969/70 versuchte, emanzipatorische Stücke für Kinder zu schreiben und aufzuführen, mit Texten und Musiken von Volker Ludwig und Birger Heymann. Es begann die umfangreiche Folge der *Grips-Platten* samt den nur die Lieder enthaltenden *Grips-Paraden*, ohne deren Ohrwürmer bald kein antiautoritärer Haushalt in Berlin und Umgebung mehr leben mochte, getreu dem GRIPS-Motto:

Ein Kind ohne Kopf
ist ein Krüppel für's Leben

Man möchte nicht glauben, dass ein promovierter Germanist und Verleger (nebenbei gesagt auch noch Vater dreier Töchter) imstande ist, Publikationen herauszugeben, die unserer abendländischen christlichen Tradition so diametral entgegengesetzt sind wie die aufwiegelnde Hetzschrift mit dem kindischen Titel »Roter Kalender«.

Wochenzeitschrift für Heimatpflege, 4/1969

Ulrike Marie Meinhof *Mädchen im Heim*

Der primäre Zusammenhang zwischen Heimleben und späterem Leben ist: Weil die Mädchen niemanden und nichts hatten und sich damit nicht abfinden wollten, kamen sie ins Heim. Daran, dass sie niemanden und nichts haben, hat das Heim nichts geändert.

In dem Alter, in dem andere sich von ihren Familien trennen und Freunde finden und neue Kontakte aufbauen, waren die Mädchen im Heim. Im Heim kann man keine dauerhaften Bindungen eingehen, weder mit Erziehern noch mit Zöglingen. Heim bedeutet Heimwechsel, Trennung von alten Freunden, neue Freunde, Trennung von den neuen Freunden, Trennung, Freunde, Trennung. Verwahrlosung – behaupten die Psychologen – sei unter anderem die Unfähigkeit, feste Bindungen einzugehen. Heim, das ist die Unmöglichkeit, Bindungen einzugehen und festzuhalten.

Mädchen im Heim bekommen keine Ausbildung. Sie arbeiten für 20 Pfennig in der Stunde in der Wäscherei, in der Heißmangel, in der Küche, im Garten, in der Nähstube. Industriearbeit im Heim besteht aus Tüten kleben, Lampenschirme montieren, Besteckkästen mit Seidenstoff füttern, Puppen anziehen – idiotisierende, ungelernte Industriearbeit.

Zur Diskriminierung dieser Jugendlichen gehört ihre Unglaubwürdigmachung. Das betrifft nicht nur sie, auch ihre Eltern und Freunde. In der Klassengesellschaft ist Armut Schande, der Kriminalität benachbart. Arme sind unglaubwürdig. Also wird man sagen, was hier berichtet werde, das sei unglaubwürdig. Dabei wird von seiten der Fachleute und Beamten mit dem Wahrheitsbegriff der Akten und Behördeneintragungen hantiert werden.

In den Akten steht: sexuell haltlos, Herumtreiberei, Unzucht gegen Entgelt, Arbeitsplatzwechsel. Oder: Verkehrt mit Ausländern, trägt Miniröcke. Oder: Renitent, aufsässig, verlogen. In den Akten steht alles, was gegen die Mädchen spricht, jedenfalls in den Augen derer, die die Akten anlegen.

Die Disziplinierung der bürgerlichen Jugend erfolgt über die Ausbildung. Der proletarische Jugendliche wird geradezu durch Ausbildungsverweigerung bestraft und diszipliniert.

Bambule, 1971

Peter Rühmkorf *Aus dem Kindermund gezogen*

Quartplatte »Warum ist die Banane krumm?«

Wir sind vom Idiotenclub
und laden herzlich ein
Bei uns ist jeder gern gesehn
nur dusslig muss er sein

Bei uns gilt die Parole
Stets doof bis in den Tod
Und wer bei uns der Doofste ist
Ist Oberidiot

Goethe sprach zu Schiller
hol aus dem Arsch nen Triller
Schiller sprach zu Goethe
mein Arsch ist keine Flöte

Paulus schrieb an die Korinther
wer nicht mitkommt, der bleibt hinter
Jesus sprach: Es werde Licht
doch Petrus fand den Schalter nicht

Winnetou im Nachthemd
Kommt zu Old Shatterhand
Und sagt zu Old Shatterhand
Ich bin Winnetou im Nachthemd

Warum ist die Banane krumm?, 1971

Peter Schneider *Beat*

Peter Schneider

Meine Herren, den Beat benötigen wir allerdings dringend, um unser Gleichgewicht zu finden. Wenn Sie uns die Ärsche schwingen sehen, dann halten Sie das nicht für Überschwang: wir versuchen lediglich uns einzupendeln, denn die Balance, die Sie uns mit auf den Weg gegeben haben, die hält uns nicht über Wasser. Verstehen Sie uns recht: Es ist verdammt schwer, Ihre gestärkten Hemden loszuwerden und Ihre idiotischen Schlipse, da muss man schon ein paar

Lautsprecher im Rücken haben. Ja, meine Herren, wenn wir unsere Körper durchschütteln, dann sind wir imstande, Ihnen die Kotflügel einzufahren aus höchst angebrachtem Übermut, dann erscheint es möglich, die Mülleimer auf Ihrer Treppe auszuleeren. Diejenigen, die sich Ihre abartigen Vorstellungen vom Leben nicht gefallen lassen und ihr Auto nicht waschen, nachdem es geregnet hat, die haben Sie doch noch meistens in die Heilanstalt geschafft. Sie sehen ein, meine Herren, da braucht es schon einen ziemlich harten Schlag, um unsere Knie weich zu machen, da muss man schon sehr heftig schütteln, um Ihre mörderische Fürsorge loszuwerden.

Ansprachen, 1970

Kurt Bartsch *Sozialistischer Biedermeier*

Zwischen Wand- und Widersprüchen
Machen sie es sich bequem.
Links ein Sofa, rechts ein Sofa
In der Mitte ein Emblem.

Auf der Lippe ein paar Thesen
Teppiche auch auf dem Klo.
Früher häufig Marx gelesen.
Aber jetzt auch so schon froh.

Denn das ›Kapital‹ trägt Zinsen:
Eignes Auto. Außen rot.
Einmal in der Woche Linsen.
Dafür Sekt zum Abendbrot.

Und sich noch betroffen fühlen
Von Kritik und Ironie.
Immer eine Schippe ziehen
Doch zur Schippe greifen nie.

Immer glauben, nur nicht denken
Und das Mäntelchen im Wind.
Wozu noch den Kopf verrenken
Wenn wir für den Frieden sind?

Brüder, seht die rote Fahne
Hängt bei uns zur Küche raus.
Außen Sonne, innen Sahne.
Nun sieht Marx wie Moritz aus.

Die Lachmaschine, 1971

RAF *Revolution und jugendliche Gesellschaft*

Ausgehend vom vorgefundenen Erwachsenenbild werden die Jugendlichen von der revolutionären Theorie nur als junge Erwachsene mit zeitlich begrenzten spezifischen Verhaltensmustern zur Kenntnis genommen. Übersehen wird dabei, dass sich heute im Gegensatz zu früher im Generationenkonflikt ein Widerspruch der kapitalistischen Produktionsweise ausprägt, der den traditionellen Anpassungs- und Integrationsprozess in Frage stellt. Damit erfüllt sich aber eine wesentliche Bedingung für die soziale Revolution: die fortschreitende Desintegration der Gesellschaft.

Dazu einige Einzelheiten: Die Autorität der älteren Generation hatte früher ihre rationale und zugleich materielle Grundlage in der Überlegenheit des Wissens und der Erfahrung der Älteren auf technologischem, soziotechnischem und wissenschaftlichem Gebiet. Durch die enorme Beschleunigung der sich in Permanenz auf diesen Gebieten vollziehenden Umwälzungen repräsentieren die Älteren heute überholtes Wissen, antiquierte Erfahrungen, unbrauchbare Verhaltensmuster (Dequalifikation durch »moralischen Verschleiß« von Wissen und Fertigkeiten). Der auf diesen Elementen gegründete Autoritätsanspruch ist – auch im Sinne profitorientierter Zweckrationalität – weitgehend irrational, also unbegründet, stellt ein soziales Trägheitsmoment dar, das zu dem vom Konkurrenzprinzip bestimmten kapitalistischen Akkumulationsprozess in Widerspruch geraten ist. Der Autoritätsanspruch der Älteren ist in dieser Lage nur noch eine Waffe zur Verteidigung ihrer materiellen Interessen gegenüber den Jüngeren. Diese sind die Träger des für den kapitalistischen Verwertungsprozess unentbehrlichen Wissens und der modernen technologischen Qualifikation und Soziopraktiken, die aus diesem Grunde die Älteren immer schneller aus ihren Positionen im Produktionsprozess verdrängen, dequalifizieren und schließlich deklassieren.

Diese Tendenz beherrscht heute bereits die zweite wichtige Sphäre der kapitalistischen Reproduktion, die Konsumsphäre, in der die für das System lebensnotwendige Beschleunigung des Kapitalumschlages durch das jugendliche Element vermittelt wird – ein Umstand, der sich in den dominierenden Stereotypen der Konsumreklame ausdrückt: »jung, dynamisch, neu, aufgeschlossen usw.«, die werbepsychologisch synonym sind.

Das notwendige Resultat dieser Entwicklung ist eine Änderung des Bewusstseins der Jugendlichen selbst, in dem sich die veränderte Rolle der Jugend im sozio-ökonomischen Prozess, also ihr verändertes Sein im Spätkapitalismus widerspiegelt. Die revolutionäre Bedeutung des veränderten Bewusstseins hat sich in den Kämpfen der vergangenen Jahre umrisshaft gezeigt. Die daraus zu ziehenden theoretischen Schlussfolgerungen sind noch unzulänglich. Eines läßt sich jedoch schon mit Sicherheit feststellen: Es hat sich in den vergangenen Jahren ein eigenes gesellschaftliches Selbstbewusstsein der Jugend entwickelt, das sich nicht mehr auf die »Welt der Erwachsenen«, auf deren Erwartungshaltungen und Normvorstellungen bezieht. Die Idole der Jugend, nach denen sie sich formt, bewohnen nicht mehr die Welt der Erwachsenen, ja sie stehen meist in erbitterter Opposition zu dieser. Träumten früher die Jugendlichen davon, möglichst früh »erwachsen« zu sein, ihren erwachsenen Vorbildern gleich zu werden, so jagt ihnen heute diese Identifikation Angst ein. Sie fürchten sich davor, »auch mal so zu sein oder zu werden wie ihre ›Alten‹«.

Über den bewaffneten Kampf in Westeuropa, 1971

Klaus Wagenbach *Warum entstand die RAF?*

Bereits wenige Jahre nach 1967 sahen große Teile der »Neuen Linken« kurzfristig nur noch zwei Möglichkeiten für ihre zukünftige politische Praxis: den militärischen Kampf (die Stadtguerilla der späteren RAF) oder den Aufbau marxistisch-leninistischer Parteien. Es ist heute schwer zu vermitteln, dass das zwei Seiten derselben Medaille waren.

Die als Antwort auf die Polizeigewalt zunehmende Gewaltförmigkeit der linken Demonstrationen (der zentrale Punkt vieler Diskussionen damals war die Frage nach der Gewalt nur gegen Sachen oder auch gegen Personen) schloss eine Fortführung als militärische Aktionen nicht grundsätzlich aus, und diese Einschätzung verband die RAF durchaus mit der KPD / AO der ersten Jahre.

Von beiden Seiten wurde jedenfalls die gesellschaftliche und politische Struktur der Bundesrepublik als so stabil angesehen, dass für die als notwendig erkannte radikale Veränderung die maximalen Kampfmittel eingesetzt werden mussten: der straff organisierte militärische Kampf oder die disziplinierteste Parteiorganisation. *Beide* Alternativen beriefen sich auf den Marxismus-Leninismus maoistischer Prägung.

Etwas Drittes gab es nicht (das heißt: damals noch nicht). Es gab nur die Möglichkeit des »Aussteigens« aus der APO – und davon machten allerdings Tausende Gebrauch. Es wurde ja auch durch eine »Generalamnestie« seitens der Staatsgewalt gefördert – wer sie in Anspruch nahm, dem wurde die Biographie bis dahin nicht nachgerechnet. Die Kehrseite dieser »Generalamnestie« hieß aber: Von nun an *wird* die Biographie nachgerechnet. Die übriggebliebene Linke war also vorgewarnt, was zu strafferen Organisationsformen führen musste.

Warum gab es nichts Drittes? Der Grund dafür war eine – vollkommen berechtigte – psychologische Sperre: Die »Neue Linke« von 1967 war einerseits der Versuch, gegenüber einem autoritären Staat eine demokratische Gesellschaft durchzusetzen, andererseits aber auch ein Widerspruch zur Feigheit und Korruption der älteren Generation. Diesen Mangel an Zivilcourage, dieses politische Desinteresse hatten die jungen Linken nicht nur in den fünfziger Jahren zu Hause erfahren, sondern er starrt uns ja aus der ganzen deutschen Geschichte an, besonders aus den dreißiger Jahren.

Nachdem die Beamten der NS-Zeit von der Bundesrepublik übernommen und die Industriellen nicht entnazifiziert worden waren, sondern ihren »Besitz« zurückerhielten, durften nun auch wieder die alten NS-Offiziere der Republik dienen.

Die große Ruhe kehrte in die deutsche Bürgerfamilie ein, der Slogan »Keine Experimente«, mit dem Adenauer jede Wahl gewann. Wer diesen Kordon aus Resignation und Lüge, diesen Widerspruch zwischen Familiensinn und politischer Feigheit, zwischen innerfamiliärer Kommandogewalt und außerfamiliärem Untertanengeist durchbrechen wollte, der brauchte eben jenes Maß an persönlichem Mut und Autonomie, jenes Maximum an Abwehr gegenüber der Umwelt.

Die quälenden Diskussionen in den Wohngemeinschaften stürzten jeden, der länger daran teilnahm, in Zweifel und Ängste, führten zu Spaltungen, Trennungen, Feindschaften und Verlust von Freunden. Die Zunahme des staatlichen, juristischen und polizeilichen Drucks verlangte von jedem Linken ein Maximum an Ich-Stärke; die zunehmend straffere Organisation innerhalb der Linken verlangte das Gegenteil: die Aufgabe der Individualität gegenüber den Kadern, die Ich-Schwäche, die Unterwerfung.

Das erklärt, warum viele Linke damals ihre Angst nicht zu formulieren wagten, weil sie sie für eben jene politische Feigheit und Schwäche hielten, die sie am deutschen Bürgertum mit Grund verachteten. Sie hatten Angst vor der Angst. Wir waren in dieser Zeit sehr entschieden und sehr ratlos. Es war kein Verdienst vieler älterer Linker (vom Bürgertum zu schweigen), sich damals von der Neuen Linken abgewandt zu haben, sondern ein schwerer Fehler.

Jahrbuch Politik 8, 1978

Volker Ludwig
Doof gebor'n ist keiner

Erika ist mies und fad,
doch Pappi ist Regierungsrat,
drum macht sie ganz bestimmt das Abitur.
Peter ist gescheit und schlau,
doch sein Vati ist beim Bau,
drum geht er bis zur neunten Klasse nur.
Doof gebor'n ist keiner,
doof wird man gemacht,
und wer behauptet: doof bleibt doof,
der hat nicht nachgedacht.

> Dumm gebor'n ist keiner,
> doof wird man gemacht,
> und wer behauptet: doof bleibt doof,
> vor dem nehmt euch in acht!

Einigen hilft alle Welt,
doch den meisten fehlt das Geld,
die müssen dauernd kämpfen um ihr Recht.
Darum Kinder aufgepasst,
dass ihr euch nichts gefallen lasst,
denn keiner ist von ganz alleine schlecht!
Doof gebor'n ist keiner,
doof wird man gemacht,
und wer behauptet: doof bleibt doof,
der hat nicht nachgedacht.

> Doof gebor'n ist keiner,
> doof wird man gemacht,
> und wer behauptet: doof bleibt doof,
> vor dem nehmt euch in acht!

Aus der Schallplatte Mannomann, 1973

Die Verbreitung von Büchern und die Legalität

Walter Schmieding: Meine Damen und Herren, wir haben Klaus Wagenbach ins Studio gebeten, weil zwei Bücher des Verlags beschlagnahmt worden sind. Es sind dies einmal der sogenannte *Rote Kalender für Lehrlinge und Schüler* und es ist zweitens das *Rotbuch 29: Über den bewaffneten Kampf in Westeuropa*.

WS: Herr Wagenbach, können Sie mir bitte sagen, welche Motive Ihren Verlag veranlasst haben, ein Buch herauszubringen, dessen Verfasser zu einer von den Strafbehörden gesuchten Gruppe zählt?

KW: Es war in der Geschichte des Verlagswesens noch nie ein Argument gegen die Publikation eines Buches, dass sein Verfasser ein »Krimineller« sei. Ich erinnere an Jean Genet, an Henry Jaeger. Für den Verlag muss der Inhalt das Kriterium sein, und der Inhalt unseres Buches unterscheidet sich doch sehr von den einseitig kriminalisierenden Berichten. Und außerdem: Sogenannte »gemeine Kriminelle« sucht man doch in der Regel nicht mit tausend Mann. Man muss also zumindest akzeptieren, dass die RAF eine politische Theorie hat.

WS: Herr Wagenbach, eine andere Frage, die sich in diesem Zusammenhang stellt: Die »Rote Armee Fraktion« wird steckbrieflich gesucht. Sie sagen: Mit einem ungewöhnlichen Aufwand von Polizeimaßnahmen. Muss der Verlag, der ein solches Buch publiziert, nicht Kontakt haben zu der Gruppe?

KW: Nein, das ist ganz ausgeschlossen. Wir sind ja doch kein ganz kleiner Verlag mehr: Wir haben ein Vertriebsnetz, wir haben einen Postverkehr. Wir haben allerdings seit Monaten auch diese bekannten kleinen roten Volkswagen oder größeren BMWs in der Straße.

WS: Wie bitte, kommt der Verlag dann zu dem Manuskript?

KW: Das Manuskript haben wir käuflich erworben, das heißt, es handelt sich um eine hektografierte Schrift, die in Berliner Buchhandlungen verkauft wurde. Diesen Text haben wir unverändert übernommen, weil wir eben meinten, dass er eine größere Verbreitung verdiene.

WS: Sie haben sich definiert als einen linken Verlag. Verlangt das nicht, dass Sie sich in einem stärkeren Maß als beispielsweise ein kommerzieller Verlag identifizieren mit den Büchern, die Sie herausgeben?

KW: Das ist richtig. Das war mir ein Prinzip des Verlags von Anfang an, Bücher zu publizieren, die ich für wichtig halte, unabhängig von den Folgen, das heißt erstmal: unabhängig von den ökonomischen Folgen. Sie wissen, wie viele Gedichtbände in den *Quartheften* erschienen …

und die ökonomischen Folgen eines Gedichtbandes sind ja bekannt. So gibt es auch in der Tat in dem Buch, über das wir hier sprechen, große Teile, mit denen wir uns identifizieren können, beispielsweise das Kapitel *Revolution und jugendliche Gesellschaft*, eine theoretische Erörterung, die durchaus in die sozialistische Theorie eingehen sollte.

WS: Sie haben gesagt, dass Sie publizieren ohne Rücksicht auf die ökonomischen oder auch strafrechtlichen Folgen überhaupt. Würden Sie also daraus eine Freiheit von Verantwortung überhaupt konstruieren wollen?

KW: Nein. Nur: Die Folgen von Büchern sind schwer abschätzbar. Wenn wir hier einmal die Frage der Verbreitung der Bibel erörtern würden – was kämen denn da alles für Folgen heraus? Das ist das eine. Das andere ist: Man kann sich als Verleger keine Zensur einbauen, schon gar keine, die sich nach den momentanen Vorstellungen einer Gesellschaft richtet. Nehmen wir ein Beispiel, das auch alle Zuschauer kennen: die Titelbilder der Illustrierten *Stern*. Wenn die schönen Nackten, die heute die Titelseiten des *Stern* zieren, an derselben Stelle vor zehn Jahren erschienen wären, wäre der *Stern* damals beschlagnahmt worden. Das Gesetz hat sich in dieser Zeit nicht geändert. Was sich geändert hat, ist die Auslegung des Gesetzes.

WS: Sie würden also Ihre Arbeit verstanden wissen wollen sozusagen als Erweiterung des Legalitätsrahmens?

KW: Das ist ganz klar. Es kann nicht das Interesse eines linken Verlags sein, den Legalitätsrahmen zu verengen.

WS: Wie weit würden Sie diesen Legalitätsrahmen denn ziehen wollen?

KW: Das kann man nur an einem konkreten Fall beschreiben. Also zum Beispiel an dem Kalender, den wir in einer hohen Auflage (70000) für Lehrlinge und Schüler gemacht haben und der sofort zu einer massiven Kampagne der Springer-Presse führte, mit der Forderung nach einem Verbot des Buches, der die Berliner Staatsanwaltschaft dann auch gefolgt ist.

Da monierte die Staatsanwaltschaft beispielsweise, dass wir zur »Veränderung von Kriegerdenkmälern« aufgerufen hätten, was ein Aufruf zur Sachbeschädigung sei. Wir halten aber angesichts der Millionen Toten eines faschistischen Krieges die Veränderung von Kriegerdenkmälern für dringend notwendig. Und es sind ja auch einige verändert worden: Ich erinnere an den Fall in Schleswig-Holstein, wo es sogar der Pfarrer war, der das durchsetzte. Und es geht dann doch weniger darum, ob eine solche Aktion innerhalb oder außerhalb der Legalität erfolgt, sondern darum, dass sie in Wahrung berechtigter Interessen erfolgt. Das muss man doch unterscheiden im einzelnen Fall.

WS: Sie haben erwähnt, dass die Staatsanwaltschaft einer massiven Hetze der Springer-Zeitungen gefolgt sei. Das ist Ihre Formulierung. Warum?

KW: Aus Kenntnis der Berliner Verhältnisse.

WS: Ich sage noch einmal: Das sind Ihre Formulierungen. Ich möchte mich mit Ihnen nicht streiten. Nur, das Recht der Publizisten des WagenbachVerlags, ihre Meinung zu publizieren, zur Veränderung aufzurufen, haben das die Publizisten von Zeitungen, die politisch anders orientiert sind, nicht?

KW: Doch, selbstverständlich. Ich habe das nur als Quellenangabe gesagt. Und natürlich bestreite ich der Staatsanwaltschaft auch nicht das Recht, Zeitungen zu lesen und Schlüsse daraus zu ziehen. Aber ebenso natürlich lässt es auf die Justiz schließen, welchen Zeitungen sie Materialien für Strafanträge entnimmt.

WS: Was mich immer wieder erstaunt, ist, dass die linken Verleger und Publizisten, die ausgezogen sind, die Gesellschaft zu verändern, über die Abwehrmaßnahmen derjenigen, die sie attackieren, erstaunt sind.

KW: Ich bin nicht erstaunt darüber.

WS: Sie beklagen sich aber.

KW: Das ist ein Problem für die liberale Öffentlichkeit. Ob man in diesem Land Informationen verbreiten kann oder nicht. Und welche Informationen? Und ob man zensieren will, oder sich eine freiwillige Zensur einbauen, oder das tut, was man für richtig hält.

Wenn man so einen Kalender für Lehrlinge und Schüler macht, so ergeben sich daraus ein paar Probleme, die ich beschreiben will. Erstens die Verständlichkeit. Sie wissen ja: Die Linke ist in ihren Texten nicht gerade immer allgemeinverständlich. Man muss also übersetzen ins Gemeindeutsche. Zweitens muss man sehr viel mit Lehrlingen und Schülern zusammenarbeiten. Wenn Sie das auch nur zwei Monate tun und sehen, wie das unten an der Basis aussieht, während wir hier oben diskutieren, so haben Sie schnell ein anderes Urteil.

Das ist der primäre Weg: Selbstorganisation. Notwehr ist immer nur gegen etwas gerichtet, ein Hilfsmittel. Der Kalender diente aber primär der Selbstorganisation, mit seitenweise Adressen von Lehrlingszentren, Anwälten, Sexualberatungsstellen, mit Rechtshilfen und Lektürelisten. Damit ihnen die Selbstorganisation erleichtert wird. Das finden die Herrschenden offenbar anstößig.

WS: Sie werden sich darüber klar sein, dass dies nicht die letzten Widerstände sind, auf die Sie stoßen werden ...

KW: Wahrscheinlich nicht.

Interview in der Sendung *Aspekte* des ZDF, 1971

Mit Otto Schily vor dem Berliner Landgericht

1974 – 1978

Zensur von außen und innen

Solche Bücher lässt du drucken!
Teurer Freund, du bist verloren!
Willst du Geld und Ehre haben,
musst du dich gehörig ducken.

Manch teurer Freund hat sie mir damals geschickt, die ironischen Verse von Heinrich Heine, aber es wurden auch teure Jahre. Und es ging auch um viel Geld und Ehre, das erstere hatte ich zu berappen (es summierte sich am Ende zu einer riesigen Rechnung, über 150 000 Mark, die Gefängnisstrafen nicht gerechnet), bei der Ehre hingegen handelte es sich um die der Gerichte, vor allem aber die der Polizei. Es gab Zeiten, da war ich über Monate hinweg mehr mit Schriftsätzen und Gerichtsverhandlungen beschäftigt als mit Büchern. Von kleineren Bataillen abgesehen, waren es insgesamt vier Prozesse:

Der Erste, 1974, wegen der beiden Zeilen »Benno Ohnesorg ermordet« und »Georg von Rauch ermordet« im *Roten Kalender 73*. Angestrengt vom Berliner Polizeipräsidenten Klaus Hübner, der durch diese Formulierungen die EHRE der Polizei angetastet sah, weil die Studenten von der Polizei zwar erschossen, aber nicht »ermordet« worden seien. Ein gebildeter Richter wies (wie schon ein Kollege in Hamburg) die Klage ab, weil die Bezeichnung »Mord« im Sprachgebrauch nur die moralische Verurteilung ausdrücke, nicht die juristische Wertung. Der Polizeipräsident legte Revision ein.

Der zweite Prozess, ebenfalls 1974, angestrengt von der Staatsanwaltschaft (nach öffentlicher Aufforderung durch die Springer-Presse), bezog sich auf das bereits 1971 beschlagnahmte *Rotbuch 29*, also das politische Manifest der RAF. Der Prozess war natürlich bewusst verzögert worden, um das Buch erst einmal drei Jahre zu sequestrieren, und im Lauf dieser Zeit schmolzen die meisten Anklagepunkte zusammen. Zum Teil waren sie sogar erfunden, wie zum Beispiel ein angebliches Zitat über anzugreifende Staatsanwälte, das offenbar nur deswegen in die Beschlagnahmeverfügung geschmuggelt worden war, um dem vorgesetzten

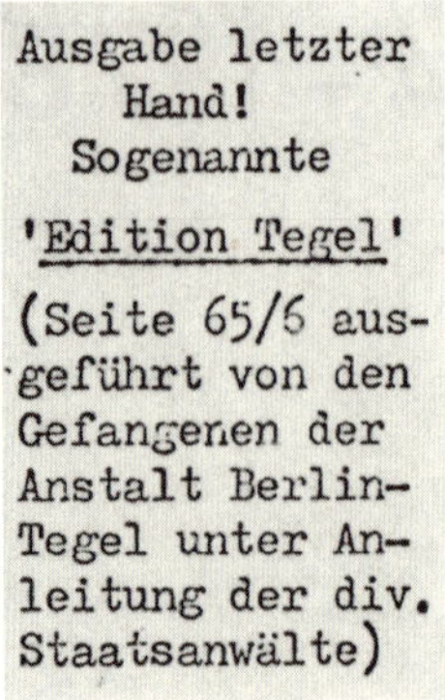
Ausgabe letzter Hand!
Sogenannte
'Edition Tegel'
(Seite 65/6 ausgeführt von den Gefangenen der Anstalt Berlin-Tegel unter Anleitung der div. Staatsanwälte)

Aufkleber der »Edition Tegel«

Staatsanwalt eine unmittelbare körperliche Bedrohung zu suggerieren. Oder das Lieblingszitat des Staatsanwalts: »Für alles Reaktionäre gilt, dass es nicht fällt, wenn man es nicht niederschlägt« – er musste mehrfach darauf hingewiesen werden, dass es sich um ein Zitat Mao Tse-tungs handelte, bis er es aus der Anklageschrift wieder entfernte, die sich am Ende nur noch an ein paar Zeilen klammerte und daran, dass ich im genannten Fernsehinterview mit Walter Schmieding »zugegeben« hätte, das Buch für »wichtig« zu halten. Das genügte für acht Monate Gefängnis auf Bewährung und die Verfahrenskosten. Die restlichen Exemplare des Buches wurden dann um eine Seite erleichtert, diese Seite wurde gekürzt um die anstößigen Zeilen, in der Druckerei des Gefängnisses Berlin-Tegel neu gedruckt und wieder eingeklebt – es entstand die ominöse *Edition Tegel*.

Beim dritten Prozess, wiederum 1974, gegen den 1971 beschlagnahmten *Roten Kalender 72*, schmolz die Anklageschrift ähnlich zusammen, am Ende auf 7 Zeilen, in denen zu Gewalt aufgerufen worden sei, zum Beispiel handele es sich bei der Aufforderung zur »Veränderung von Kriegerdenkmälern offensichtlich um deren Beschädigung oder Zerstörung« – da wurden sie wirklich greifbar, die Angstträume des beamteten Spießers, der sich Veränderung nur als Sachbeschädigung vorstellen kann ...

Gleichwohl: Vier Monate Gefängnis auf Bewährung, samt Verfahrens- und Beschlagnahmekosten. Nicht von ungefähr wurden alle Anträge von Otto Schily (meinem Anwalt in diesem und allen anderen Prozessen) abgelehnt, vergleichbare Bücher heranzuziehen (Begründung: Schily möge doch Strafanzeige gegen die betreffenden Verlage stellen). Nicht von ungefähr waren sämtliche »politischen« Staatsanwälte zur Urteilsverkündung erschienen, und nicht von ungefähr hieß es darin, es werde diesmal noch »nicht für erforderlich erachtet, dem Angeklagten die Ausübung seines Berufes zu untersagen«. Mit anderen Worten: Die Staatsanwaltschaft (denn sie war es ja, die ex officio Anklage erhoben hatte) entscheidet nach politischer Opportunität, wen sie anklagt, und das Strafmaß richtet sich nach dem Umfeld, in dem der Text erscheint. Das heißt: Bestraft wird eine (zu bestimmter Zeit und unter bestimmten Umständen nicht opportune) politische Haltung.

Besonders deutlich wurde das auch im vierten Prozess, 1975, der Revision in Sachen »Mord«, die der Berliner Polizeipräsident angestrengt hatte und in deren Vorfeld ein der Staatsanwaltschaft willfährigeres Gericht bereits klarmachte, dass für den Begriff »Mord« nicht der gemeindeutsche, sondern ausschließlich der juristische Sprachgebrauch zu gelten habe. Damit erübrigte sich bereits der eine Punkt der Anklage wegen der Zeile »Benno Ohnesorg ermordet«, denn hier war der Todesschütze längst freigesprochen worden (was zwar auch im *Roten Kalender* gestanden und also schon einen Hinweis auf den Sprachgebrauch gegeben hatte), war also nur noch ein schuldloser (da im »psychogenen Ausnahmezustand« befindlich) uniformierter Erschießer.

[Zusatz 2014: Heute, seitdem bekannt wurde, dass es sich bei Kurras, dem Ohnesorg-Mörder, um einen schießwütigen Rassisten und DDR-Spitzel handelte, hätten viele eine Wiederaufnahme des Verfahrens gewünscht, aber es blieb dabei: Der Mörder wurde freigesprochen, der Kritiker verurteilt. (Siehe auch den Text von Richard Schmid, Seite 68.)]

Das stand bei dem Polizisten, der 1971 Georg von Rauch erschoss, nicht fest, denn die Staatsanwaltschaft hatte wenige Monate nach der Erschießung einfach »das Verfahren eingestellt«. Es wurde nun wieder aufgenommen, mit dem Unterschied, dass die Kosten nicht der Staat zu zahlen hatte, sondern ich als Kritiker der Polizei. Und diesen Unterschied genoss die Staatsanwaltschaft sichtlich: »Wenn der Verlag Klaus Wagenbach wegen der Kostenlast liquidieren muss, dann ist das eben so« – diesen Satz erlaubte sich der Staatsanwalt im Schlussplädoyer.

Freilich: Diese Kostenlast war nur die eine Seite. Über die andere Seite konnte ich damals nicht sprechen, sie hat mich aber viel stärker betroffen: die mangelnde Solidarität derjenigen, mit denen ich so lange zusammengearbeitet hatte. Der sykophantische Kommentar der *Frankfurter Allgemeinen Zeitung* kam der Wahrheit näher als gemeint: »Nicht etwa das Verlagskollektiv stand drei Jahre später vor Gericht, sondern Wagenbach allein. Und er allein wurde verurteilt.« Das Kollektiv führte kommentarlos den (erfolgreichen) *Roten Kalender* weiter und machte nicht einmal den Versuch, einen Teil der Kostenlast zu übernehmen.

Das Verhalten der meisten Linken war glücklicherweise entgegengesetzt. So kam Rudi Dutschke öfters zu den Prozessterminen und auch zu uns nach Hause, noch immer nicht recht genesen von den Folgen des Attentats und unter Gleichgewichtsstörungen leidend. Einmal stürzte er dabei auf den Kaninchenstall meiner Tochter, was aber das Kaninchen überlebte und meine Tochter ihm verzieh – abgesehen davon, dass Rudi ohnehin nicht jemand war, dem man böse sein konnte. Freudestrahlend

Rudi Dutschke, richtungsweisend

stürmte er ins Zimmer, redete sofort los, mit kehliger, dunkler, unverkennbarer Stimme, ließ sich aber leicht unterbrechen, nahm den Einwand auf, aber nicht, wie die meisten Genossen, um ihn sofort zu widerlegen, sondern er baute ihn versuchsweise in die eigenen Überlegungen ein, um erst später zu überprüfen, ob er da überhaupt hineinpasste, wenn nicht, hatte es der Gesprächspartner bis dahin meist schon selbst eingesehen. Ein stets unruhiger, sanfter, aufmerksamer Freund, von unerhörtem Gott- oder besser Menschenvertrauen übrigens; einmal rief er mich nach Mitternacht an und fragte: »Ich stehe in Bremen am Hauptbahnhof, bei wem, meinst du, kann ich übernachten?«

Ein anderes Beispiel für Solidarität: Zwei mir Unbekannte, Helga Reidemeister und Christa Wachenfeld, hatten den gesamten Rauch-Prozess protokolliert, womit plötzlich die Möglichkeit bestand, ein Buch zum Prozess zu machen. Denn normalerweise richten sich solche Zensurprozesse ja gegen ein bestimmtes Buch, auf das also damit auch die allgemeine und auflagenerhöhende Aufmerksamkeit gelenkt wird, so dass der Verlag vermittels dieser »Skandalprämie« oft nachträglich den Prozess finanzieren kann. Das war in meinem Fall nicht möglich; es gab ja nur einen längst verjährten Kalender. Also machten wir anhand der Prozessprotokolle ein dokumentierendes Buch, gegen das wiederum ein Ermittlungsverfahren eingeleitet, dann aber eingestellt wurde. Der Verkauf brachte etwas Geld ein, andere Freunde veranstalteten eine öffentliche Sammlung, die Gerichtskosten haben wir über zwei Jahre verteilt abgestottert, Otto Schily schickte die Rechnung erst fünf Jahre später, der Verlag kam durch.

Woher ich in dieser Zeit den Mut gefunden habe, eine neue Buchserie zu beginnen – *Wagenbachs Taschenbücherei* –, weiß ich nicht. Ich weiß nur, dass ich damals einerseits für mehrere Jahre nicht die Bilanzen angesehen habe, andererseits fest davon überzeugt war, dass allgemein (und

Einige Umschläge der ersten Taschenbücher

Anarcho-Karnickel

insbesondere unter den Linken) eine »Auflockerung ästhetischer und politischer Verfestigungen« dringend vonnöten sei.

»Der Anlass für die *Taschenbücherei* war«, so schrieb ich damals den Buchhändlern, »Unzufriedenheit mit der Einengung der literarischen Diskussion auf den ›Realismus‹ und mit der Erstarrung des Denkens der Linken in abstrakte, unhistorische Begriffe«. Und in der *Zwiebel*, ein paar Monate später und etwas heiterer: »Wir haben uns gedacht, wenn viele Kollegen ihre Taschenbuchreihen nach links verschlanken und nach rechts verfetten, dann könnte es vielleicht ein bisschen Platz geben auf unserem Stammplatz, immer den beiden Leit- und Magensprüchen entlang: Lasst uns Denken anstiften statt vorschreiben. Auch das Wappentier der Reihe, das Karnickel, verzichtet großmütig auf Angriffswaffen. Heiteres Hecken, Aufmerksamkeit, Wühltalent, List und Tempo genügen dem stets neugierigen Vieh zum Überleben.«

Neben ihren normalen Pflichten der Demokratisierung wichtiger Bücher vergab denn die *Taschenbücherei* auch Aufträge für politische Lockerungsübungen auf nationalem Boden: Streitschriften von Ulrike Meinhof oder Lothar Baier, Erich Fried oder Barbara Sichtermann, Wilfried Gottschalch oder Peter Brückner, Horst Günther oder Friederike Hausmann; die Importe – von Carlo Ginzburg bis Norberto Bobbio – nicht zu vergessen. Viele schlugen den Genossen der rigiden Fraktionen aufs Gemüt, manche blieben nicht ohne Folgen für den Verlag. Ich erzähle nur das übelste Beispiel von Gedankenpolizei, wozu eine Vorgeschichte gehört.

Wenige Monate vor ihrer Verhaftung hatte ich Ulrike Meinhof im Untergrund besucht, mit einem fertig ausgearbeiteten Plan für die Flucht in ein außereuropäisches Land; leider ist es mir nicht gelungen, sie zu überreden. Die Kontakte brachen dann ab, bis zum Tod Ulrikes in Stammheim. Wenige Tage darauf wurde ich angerufen, ob ich die Grabrede halten könne; ich sagte zu. Es war nachts, die Beerdigung war am anderen Morgen – ich war der Letzte, den man gefragt hatte: Man misstraute offensichtlich meiner »Linientreue«. Ich fürchte, meine Grabrede, die allgemein eher verständnislos aufgenommen wurde, hat diesen Verdacht wohl bestätigt. Den Genossen ging es um den Nachweis des Mordes, mir hingegen genügten »die deutschen Verhältnisse«; diese Formulierung nahm Peter Brückner dann auf für sein Buch *Ulrike Marie Meinhof und die deutschen Verhältnisse*, das er in wenigen Monaten schrieb.

Freiheitskarnickel

Peter Brückner mit Studenten in einem Café bei Umgehung des Lehrverbots

Peter Brückner hatte ich schon in der Studentenbewegung kennengelernt, und er war, ohne dass wir es richtig merkten, langsam Autor des Verlags geworden. Seit 1976 war er, bis zu seinem Tod 1982, mein wichtigster politischer Gesprächspartner und einer meiner besten Freunde. Ein langer Mensch, anscheinend ohne Ende, aber das fiel nicht weiter auf, denn er ging oder stand fast stets gebeugt, kam einem also entgegen, auch sonst: lächelnd, wenn er sich besonders freute, wurde er sogar richtig verlegen. Ziemlich lotterhaft gekleidet, aber in vielem auch anspruchsvoll, seien es Accessoires, Orte, Essen, Kunst. Gestenreich redend, mit langen Pausen, nachdenklich, hypotaxenreich. Sein intellektueller Mut war außerordentlich, gerade im eigenen Ambiente – so sagte er 1975 in einem Interview: »Ich hätte 1961/62 wahrscheinlich mit ebenso gutem Gewissen wie 1967 gesagt: ›Ich bin Kommunist.‹ 1969 neigte ich schon eher dazu, mich einen Sozialisten zu nennen. 1971 habe ich mich das erste Mal als einen bürgerlichen Intellektuellen an der Seite der Arbeiterbewegung bezeichnet. Heute würde ich sagen: ein bürgerlicher Intellektueller, der sich auf die Seite der historisch emanzipativen Kräfte stellt.« Das war beispielhaft innerhalb einer Linken, die eben doch sehr deutsch war – entweder Umfall über Nacht oder treu bis in den Tod. Und das war wohl auch der Grund, warum dieser liebenswürdige Mann auf viele so provozierend wirkte, auf andere Leute (wie beispielsweise die niedersächsische kultusministerielle Bürokratie, die ihm fast für ein Jahrzehnt Lehrverbot erteilte) wie auch auf die eigenen.

Was Wunder, dass sein Buch über Ulrike Meinhof argwöhnisch erwartet wurde. Wenige Tage vor der Veröffentlichung, im Oktober 1976, erhielt ich unangemeldet den Besuch des Rechtsanwalts Klaus Croissant, der mir erklärte, das Buch dürfe nicht erscheinen, solange nicht bestimmte Thesen, die es, wie man aus den Druckfahnen wisse, vertrete, verändert würden. Es handle sich um die These vom Selbstmord Ulrike Meinhofs und um beleidigende Analysen der RAF. Als ich mich weigerte, wurde mir ein von Gudrun Ensslin unterschriebener Zettel vorgelegt, mit massiven, unmissverständlichen Drohungen. Ich warf den Besucher hinaus. Aber ich wusste, dass ich im Verlag mit einem Spitzel zu rechnen hatte, mit dem ich vorsichtshalber sogar noch eine Weile kooperieren musste. Als dann die Auslieferung des Buches mit einer einstweiligen Verfügung gestoppt wurde, die sogar von einem bürgerlich-reputierlichen Anwalt beantragt worden war, habe ich außerhalb des Verlags Hilfe suchen müssen, im damals noch existierenden Verband linker Buchhändler, der eine außerordentliche Generalversammlung einberief und die Freigabe des Buchs dadurch erzwang, dass er erklärte, andernfalls die Schriften der RAF nicht mehr zu verbreiten. Auch die heikle Situation im Verlag konnte einige Wochen später, wenngleich nicht ganz ohne Querelen, gelöst werden.

Bezeichnenderweise vertritt das Buch von Brückner gar nicht die Meinung, Ulrike Meinhof habe sich umgebracht, wohl aber verurteilt es den Totalitätsanspruch der RAF: »... entweder Schwein oder Mensch. Entweder Überleben um jeden Preis oder Kampf bis zum Tod.« Brückner fragt, was an dieser Haltung – verbunden zudem noch mit dem Begriff der »Ehre« – denn »zwingend sozialistisch sein soll«: Diese Frage wollte man nicht hören.

Zur selben Zeit machte ich noch eine andere bittere Erfahrung: Wolf Biermann war von den DDR-Behörden ausgebürgert worden, und ich dachte nun in meiner Naivität, dass er mich besuchen würde. Er wollte aber (wie es Klaus Rainer Röhl formulierte) »lieber beim Genossen Neven

Thomas Schmid, gezeichnet von Reinhard Stangl • Barbara Herzbruch mit KW • Das dickste Quartbuch

DuMont und bei den Genossen vom amerikanischen CBS-Konzern veröffentlichen«, und so ging alles den kapitalistischen Gang; seinen ersten Verlag hat Biermann nicht nur nie betreten, sondern juristisch auch ganz abzuschütteln versucht, indem er vor Westberliner Richtern (da wusste er schon, was er tat) erklärte, er wolle in einen »weniger politischen Verlag«.

Dem Verlag ging es in dieser Zeit nicht besonders gut, er war nicht nur innerhalb der Linken umstritten, sondern auch im bürgerlichen Lager als »Baader-Meinhof-Verlag« unten durch. Es waren die Jahre des Stammheimer Prozesses (die Reden der Verteidiger erschienen als Band in der Reihe *Politik*) und des »Deutschen Herbstes« (auf den Brückner antwortete mit dem »Versuch, uns und anderen die Bundesrepublik zu erklären«).

Ich hatte, wie manchesmal zuvor, ein wenig Glück. Barbara Herzbruch (später die Mitherausgeberin des *Freibeuter*) kehrte der akademischen Öde den Rücken und wandte sich der freien Wirtschaft zu, zwei Jahre danach lernte ich Thomas Schmid kennen, anlässlich einer Diskussion *Über den Mangel an politischer Kultur in Deutschland* (so der Titel des 1978 erschienenen Buches); er kam dann später ebenfalls in den Verlag. Inge Feltrinelli schließlich lud mich in einen Kreis von sieben Verlegern aus verschiedenen Ländern ein, mit dem wir den »Preis der Sieben« gründeten, einen Geldpreis mit der Verpflichtung aller Beteiligten, das Buch gleichzeitig zu veröffentlichen. Eine sehr schöne Idee und ein angenehmes (noch heute miteinander befreundetes) Gremium, aber leider haben wir den Preis nur einmal (an Erich Fried, für seine *100 Gedichte ohne Vaterland*) verliehen …

Preis der Sieben auf der Buchmesse 1977 an Erich Fried

Ökonomisches Glück hatte ich schließlich auch, Ende 1978, mit den *Freibeuterschriften* von Pier Paolo Pasolini, ein Buch, auf dessen italienische Ausgabe ich schon 1975 aufmerksam gemacht worden war und um dessen Übersetzung ich mich sofort bemüht hatte. Allerdings erhielt ich vom Originalverlag die betrübliche Auskunft, es lägen bereits sechs Optionen von deutschen Verlagen vor. Nach zwei Jahren kam dann die überraschende Nachricht, alle sechs Verlage hätten keinen Gebrauch von der Option gemacht – und es sah zunächst ganz so aus, als hätten sie recht damit getan. Denn obwohl die deutsche Ausgabe um einige nur Italienern verständliche Texte erleichtert, mit zahlreichen Erläuterungen, einer Biographie und einem Vorwort versehen worden war (und vor allem: mit einem lächerlichen Ladenpreis), bestellten die Buchhändler nur 1 200 Exemplare, die für einige Zeit reichten. Erst um die Jahreswende 1978/79 setzten die Buschtrommeln ein, so dass das Buch bald eine Auflage von 50 000 Exemplaren erreichte. Es war eines der wenigen Bücher des Verlags, die ich (der Traum des Verlegers!) Leute auf offener Straße habe lesen sehen. Ich bin aber sicher, dass, hätte ich es schon 1976 publizieren dürfen, kein Erfolg daraus geworden wäre; erst drei Jahre später waren bei uns die Köpfe offen genug, kontroversen Überlegungen über das Zerrbild der Aufklärung im Konsumismus zu folgen – es waren die Gründungsjahre der »Grünen«.

Carlos Barral, Inge Feltrinelli und KW beim zehnten Jubiläum des Verlags Anagrama in Barcelona, 1977

In zehn stürmischen Jahren hat sich der kleine Verlag nicht kleinkriegen lassen. Wie er sich in einer eher regressiven als aggressiv und polemisch gestimmten Zeit behaupten wird, ist jetzt die Frage. *Frankfurter Allgemeine Zeitung, 22. 7. 1975*

Richard Schmid *Nicht Mord sagen*

Für die jetzt so hochbegehrte »Innere Sicherheit« scheint mir die innere Sicherheit der Polizei besonders nötig, die zur Zeit ihre Misserfolge und sonstigen Frustrationen mit Hilfe von Beleidigungsklagen gegenüber kritischen Publizisten zu kompensieren sucht.

Die Berliner Polizei hat im Fall Wagenbach damit auch Erfolg gehabt: Sie hat in der Berufungsinstanz eine Verurteilung wegen Beleidigung erreicht. Wagenbach hatte im Hinblick auf den Tod von Benno Ohnesorg und Georg von Rauch das Wort »Mord« gebraucht. Andere hatten das auch, ein in London lebender deutscher Lyriker (Erich Fried) und ein Nobelpreisträger (Heinrich Böll); aber wichtig war, den unbequemen Berliner Verleger zu treffen. Zwar ist die Anklage wegen Beleidigung von Kollektiven wie »Berliner Polizei« ein zweifelhaftes Mittel zur Wiederherstellung der Ehre. Ein besseres Mittel ist, wie François Mitterrand bei den gegenwärtigen Auseinandersetzungen über Exzesse der französischen Polizei gesagt hat, die Anerkennung und Behebung begangener Fehler.

Die erste Instanz hatte Wagenbach freigesprochen, weil er mit seiner Kritik ein berechtigtes Interesse im Sinne des Paragraphen 193 Strafgesetzbuch wahrgenommen habe. Das Berufungsgericht hat nun aber doch an dem Wort »Mord« Anstoß genommen: Bei richtiger Anwendung des Paragraphen 193 wäre das überflüssig gewesen, denn der deckt auch beleidigende Behauptungen. So ist aber doch noch jene Einheitsfront von Justiz und Polizei zustande gekommen, die in Deutschland alte Tradition ist. Die rechtlich getrennten Gewalten vereinigen sich wieder vor Gericht. Und die Justiz erkennt nicht, welche verhängnisvollen Folgen es haben kann, wenn auf staatliches Unrecht keine öffentliche Sanktion stattfindet, sondern allenfalls, wie bei dem in Stuttgart sinnlos Erschossenen still ein paar hunderttausend Mark gezahlt werden. In Frankreich ließen sich wohl die Gerichte nicht gefallen, dass ein Polizeichef die Ermittlung der Wahrheit dadurch blockiert, dass er wichtigen Augenzeugen bei dem Vorgang der Erschießung keine Aussagegenehmigung gibt. Das ist jetzt in Berlin geschehen. Ist nicht anzunehmen, dass gerade das Geheimnis, welches der Polizeipräsident schützen wollte, die Wahrheit enthielt?

DIE ZEIT, 28. 3. 1975

Rudi Dutschke *Zusammenspiel*

Die Zerstörung der möglich gewordenen sozialistischen Wendung in der ČSSR durch die SU-Regierung und die Zerstörung des sozialistischen Anfangs in Chile durch das nationale und internationale Kapital beweisen die kooperative Bekämpfung der subversiven Sozialisten und Kommunisten durch die beiden Großstaaten. Eine sozialistische Weiterentwicklung in der ČSSR hätte die sorgsam gehegte antikommunistische Neurose des »Westens« gefährdet und hätte die bürokratischen Strukturen der staatssozialistischen Länder in Bewegung gebracht. Eine Ausdehnung der sozialistischen Sektoren in Chile wiederum hätte das amerikanisch-imperialistische Übergewicht in Lateinamerika schwerer angeknackt als die Weiterexistenz des isolierten Kuba. Darum ist das Zusammenspiel der nichtidentischen-identischen Systeme eine politische Konsequenz, um der latenten Weltrevolution ein System politisch-militärischer Riegel vorzuschieben. Wer als Sozialist Solidarität mit Chile sagt, muss auch über die Unterdrückung der Arbeiterklasse in der ČSSR sprechen, ohne aber natürlich die Unterschiede in der Vernichtung von Menschen und Ideen zu vergessen. Das eine ohne das andere zu sehen ist politisch ebenso falsch, wie von den studentischen Unruhen zu schwärmen und die Lage der Lohnabhängigen nicht zu kennen.

Versuch, Lenin auf die Füße zu stellen, 1974

Klaus Wagenbach *Grabrede für Ulrike Meinhof*

Der jetzige politische Zustand in Deutschland soll zu tun haben – so die offizielle These – mit der »Bedrohung der Demokratie durch terroristische Gruppen«. Für diese Gruppen war Ulrike Meinhof das Symbol. Es ist deswegen vollkommen absurd, wenn jetzt die Staatsgewalt so tut, als habe der Tod von Ulrike Meinhof nichts mit unseren Zuständen zu tun.

Die offiziellen Stellen mögen nachzuweisen versuchen, dass der Tod Ulrike Meinhofs ein »Selbstmord« gewesen sei. Sie werden damit nicht unsere deutschen Zustände aus der Welt schaffen: ein massives, lange vor irgendwelchen »terroristischen Gruppen« – 1968 – geschaffenes »Notstandsgesetz«. Ein noch viel länger zurückliegendes Verbot der kommunistischen Partei und die mit ihm verbundenen Verfolgungen. Neuerdings die Verordnung zum Schutz der Beamten vor Linken jeder

Art. Und schließlich das wenige Wochen alte Gesetz gegen die »Befürwortung von Gewalt«.

Was Ulrike Meinhof umgebracht hat, waren die deutschen Verhältnisse. Der Extremismus derjenigen, die alles für extremistisch erklären, was eine Veränderung der Verhältnisse auch nur zur Diskussion stellt.

Ulrike Meinhof, geboren in der Mitte der dreißiger Jahre, war alt genug, um sinnliche Erscheinungsformen des Nazismus noch wahrzunehmen. In den fünfziger Jahren wuchs sie bei Renate Riemeck auf, einer Antifaschistin, die für die Friedensbewegung arbeitete, eine Organisation, die die Wiederbewaffnung zu verhindern suchte. Auch die Sozialdemokraten waren damals gegen die Wiederbewaffnung – heute, angesichts eines sozialdemokratischen Verteidigungsministers, mögen sie ebenso ungern daran erinnert werden wie an ihre ersten Nachkriegsprogramme. Als die Bundeswehr durchgesetzt worden war, wurde die Kampagne gegen die Wiederbewaffnung abgelöst von der »Kampagne gegen den Atomtod«, an der in der ersten Zeit die Sozialdemokratie ebenfalls beteiligt war. Erst in der zweiten Hälfte der fünfziger Jahre fand praktisch der Bruch innerhalb der Linken statt: Die Sozialdemokratie schied aus der »Kampagne« aus und nahm Kurs auf NATO und Godesberger Programm.

Dies waren die ersten politischen Erfahrungen Ulrike Meinhofs. Im folgenden Jahrzehnt – von der Mitte der fünfziger bis zur Mitte der sechziger Jahre – wurde Ulrike Meinhof innerhalb weniger Jahre zur bedeutendsten linken Journalistin der Bundesrepublik. *Sie* war es, die am klarsten die Enttäuschungen über die reaktionäre Entwicklung der Sozialdemokratie formulierte. Sie kämpfte gegen den Krieg in Algerien, gegen die Notstandsgesetze und gegen die Große Koalition. Sie agitierte für die Beendigung des Krieges in Vietnam und für eine andere Ostpolitik. Sie widmete sich schließlich zwei Grundfragen des Marxismus: der Klassenanalyse und der Frage der revolutionären Gewalt:

Wer gehört zur ausgebeuteten und unterdrückten Klasse? Und, damit verbunden, wie ist die Befreiung dieser Klasse durchzusetzen? Es waren Überlegungen, die von den Betroffenen ausgingen, vom tatsächlichen Elend, nicht von der theoretischen Entfremdung. Und da waren es die Randgruppen, die in den Blick gerieten: die Eingesperrten, die Fürsorgezöglinge, die Weggelaufenen und Durchgedrehten. Ulrike Meinhof nahm damit sehr früh etwas wahr, was wir heute erst zu begreifen beginnen: die psychischen Kosten des Kapitalismus, die *innere* Verelendung.

Ulrike Meinhof berichtete viele Jahre über Gefängnisse und Fürsorgeheime, sie arbeitete in Stadtteilen und sie war Beobachterin in Prozessen. 1970 ging sie in den Untergrund und propagierte den bewaffneten Kampf für die Veränderung der Verhältnisse.

Auch diese Entscheidung hat mit unseren deutschen Verhältnissen zu tun: Die Polizei hatte zu dieser Zeit – 1970 – die ersten Demonstranten erschossen, der Kampf gegen die Notstandsgesetze war vergeblich gewesen, der Bombenterror in Vietnam war auf dem Höhepunkt, die politische Kritik in den Medien wurde immer stärker zensiert.

Die rasende Wut der Staatsgewalt gegen die »Rote Armee Fraktion« haben wir alle erlebt. Die »Baader-Meinhof-Bande« wurde zum »Staatsfeind Nr. 1« erklärt, ganze Stadtviertel abgeriegelt, Tausende von Personen Tag und Nacht vom »Staatsschutz« überwacht, Hunderte von Wohnungen durchsucht – am Ende machte sich die Polizei nicht einmal mehr die Mühe zu klingeln und einen Durchsuchungsbefehl vorzuweisen: Sie trat einfach die Tür ein und nahm sämtliche Bewohner und Papiere mit. Und schließlich: Die Polizei tötete während der zweijährigen Fahndung mehr Menschen als die fünf, die bei den Attentaten der »Roten Armee Fraktion« getötet wurden.

Wir haben erlebt, wie die politische Zielrichtung der Attentate geleugnet wurde und weiter nach den »Kriminellen« gefahndet wurde, obwohl bereits der Umfang der Fahndungen diese Behauptung widerlegte. Wir haben erlebt, wie die politischen Manifeste der Gruppe unterdrückt wurden. Wir haben schließlich erlebt, wie der Prozess gegen Ulrike Meinhof geführt wurde.

Ulrike Meinhof war eine der klarsten Kritikerinnen des Kapitalismus in der Bundesrepublik. Diejenigen, die ihre Taten als »Anarchistin« kritisieren, sind fast stets diejenigen, die sie in den Jahren zuvor als Kritikerin bekämpften und lächerlich machten. Das wollen wir nicht vergessen. Es sind unsere Verhältnisse, die wir nicht vergessen wollen. Ulrike Meinhof starb am 8. Mai. An diesem Tag wurde vor 31 Jahren der Krieg beendet. An diesem Tag eröffneten die Christdemokraten den diesjährigen Bundestagswahlkampf mit der Parole »Freiheit oder Sozialismus«!

Wir sagen, mit Rosa Luxemburg und Ulrike Meinhof: »Freiheit und Sozialismus!«

Und diejenigen unter uns, denen vielleicht die Entschiedenheit und Strenge Ulrike Meinhofs zu fremd ist, erinnern wir an die beiden Zeilen von Bert Brecht:

»Ach, wir / Die wir den Boden bereiten wollten für Freundlichkeit
Konnten selber nicht freundlich sein.«

1976

Pier Paolo Pasolini *Herz*

Der Intellektuelle hat zunächst einmal die Pflicht, immer wieder die eigene Funktion in Frage zu stellen, vor allem da, wo sie am wenigsten fragwürdig scheint: das heißt in ihren Grundannahmen von Aufklärung, Antiklerikalismus und Rationalismus.

Aus Trägheit, aus Faulheit, aus mangelndem Bewusstsein – aus der fatalen Pflicht heraus, sich konsequent zeigen zu müssen – riskieren viele Intellektuelle wie ich und Calvino, von einer realen Geschichte überrollt zu werden, die sie schlagartig zu vergilbten Gestalten, zu Wachsfiguren ihrer selbst werden lässt.

Die herrschende Macht ist heute nicht mehr klerikalfaschistisch, repressiv. Ihr gegenüber können wir nicht mehr die Argumente benutzen, die wir immer und immer wieder gegen die klerikal-faschistische, gegen die repressive Herrschaft ins Feld geführt haben (und die uns so vertraut, ja geradezu ans Herz gewachsen waren).

Die neue konsumistische und permissive Herrschaft hat sich gerade unserer geistigen Errungenschaften – des Antiklerikalismus, der Aufklärung, des Rationalismus – bedient, um sich daraus ihr Gebäude von falschem Antiklerikalismus, falscher Aufgeklärtheit, falscher Rationalität zu zimmern. Sie hat sich unserer »Entweihungen« bedient, um eine Vergangenheit mit all den entsetzlichen und idiotischen Heiligtümern loszuwerden, die sie nicht mehr braucht.

Zum Ausgleich jedoch hat diese neue Herrschaft ihr einzig mögliches Heiligtum aufs äußerste gesteigert: das Heiligtum, das im Ritus des Konsums und im Fetisch der Ware besteht. Alle Hindernisse sind aus dem Wege geräumt. Die neuen Mächte brauchen keine Religionen mehr, keine Ideale und ähnliches, um das zu verhüllen, was Marx enthüllt hatte.

In diesem Zusammenhang sind die alten Argumente von uns Antiklerikalen, Aufklärern, Rationalisten nicht nur stumpf und unnütz geworden, sondern im Gegenteil, sie stützen das herrschende Konzept. Zu sagen, das Leben sei nicht heilig und Gefühle seien etwas Dummes, heißt, den Produzenten einen enormen Gefallen tun. Es ist das, was man »Eulen nach Athen tragen« nennt. Die neuen Italiener wissen nicht, was sie mit dem Heiligen anfangen sollen, sie sind alle ganz modern (wenn nicht von ihrem Bewusstsein her, so doch in ihrem Handeln); und sie sind dabei, sich schnellstens von Gefühlen zu befreien.

Was macht es denn möglich, dass heute politische Massaker, einmal geplant, auch durchführbar sind – ganz konkret, die Handgriffe, die

Ausführung? Die Antwort ist furchtbar einfach: Es fehlt der Sinn dafür, dass das Leben der anderen heilig ist, und im eigenen Leben gibt es keine Gefühle mehr. Was macht die grauenhaften und in diesem Sinn eindrucksvollen Aktionen möglich, aus denen die neue Kriminalität besteht? Es ist wiederum furchtbar einfach: eine Einstellung, die das Leben der anderen als ein Nichts und das eigene Herz lediglich als einen Muskel betrachtet.

PPP bei den Filmfestspielen in Berlin, 1972

Im Gegensatz zu Calvino meine ich deshalb, dass man heute – ohne mit unserer geistigen Tradition des Humanismus und Rationalismus zu brechen – die Angst, die man einst zu Recht hatte – das Heilige zu beglaubigen oder ein Herz zu haben –, verlieren muss.

Freibeuterschriften, 1978

Eine Arbeitsbeschreibung

Die Alternative, die dieser Verlag Autoren und Lesern bieten will, ist leicht zu beschreiben:

* Kaum oder gar nicht bekannte Autoren sollen ihre Texte angemessen, zensurfrei und billig veröffentlichen können.
* Die politischen Texte sollen nicht gemeinsame Sache mit den Idealen einer Profit- und Fabrikgesellschaft machen.
* Widerstand soll von uns erwartet werden dürfen gegen die Einebnung oder Abstumpfung des ästhetischen und politischen Denkens und gegen den Verlust des historischen Bewusstseins.
* Die Leser sollen sich auf die Unabhängigkeit und die Kontinuität unserer Entscheidungen verlassen können.

Leicht beschrieben, schwer zu machen.

Zwiebel 12, 1976

Rechts: Otto Sander und Klaus Wagenbach zur Feier des ersten »Freibeuter« (1979)

Unten: Ja, so leben die Verleger! Hier auf einem Gartenfest zum dreißigjährigen Jubiläum (1985) des Verlags Feltrinelli. Sitzend, von links: Christoph Schlotterer, Antoine Gallimard, Inge Feltrinelli, Matthew Evans, Klaus Wagenbach. Stehend: Ignacio Cardenal, Tom Maschler, Ed Victor, Jorge Herralde, Rob van Gennep, Peter Mayer, Giulio Einaudi, Antonio Lopez, Christian Bourgois. (Siehe auch Seite 137)

1979 – 1987

Verschwinden, Erscheinen – zwei Furien

Im fünfzehnten Jahr des Verlags waren die *Quarthefte* bei Nummer hundert angelangt, ein willkommener Grund zum Feiern. Nach den hergebrachten Sitten des Verlags am besten mit einer Anthologie: deutsche Autoren zu deutschen Zuständen. Gedacht war an eine Art *Sonder-Tintenfisch* zur politischen Situation – der »Deutsche Herbst« und seine Folgen. Ich habe dann doch sehr schnell begreifen müssen, wie unvollständig eine bloße Momentaufnahme wäre, wie weit vielmehr der Disput der Schriftsteller mit dem Staat zurückreicht, in diesem Fall mindestens bis 1945.

Dafür reichte meine Bibliothek nicht aus, und ich fuhr nach Marbach, um in dem mir vertrauten, angenehmen Deutschen Literaturarchiv weiterzuarbeiten. Aus den vorgenommenen Tagen wurden Wochen, aus der vorgehabten Ergänzung ein anderes Buch, nur der Titel blieb der gleiche: *Vaterland, Muttersprache*. Ermöglicht haben es freilich die Buchhändler, denn während ich im Staub der deutschen Nachkriegsgeschichte herumkroch, gaben sie die fabelhaftesten Bestellungen auf, bis zu hundert und mehr Exemplare pro wohlgesonnenem Sortimenterkopf! Die einzige Schwierigkeit war nur, dass sich diese Bestellungen auf ein Buch zu einem propagandistischen Ladenpreis von 9,80 DM bezogen, mit einem Umfang von 192 Seiten, der keineswegs zu halten war. Die Telefonate zwischen Marbach und Berlin zogen sich so in die Länge, wie das Buch in die Breite ging. Am Ende haben wir jede Vorsicht fahren lassen – *Vaterland, Muttersprache* wurde (mit der Hilfe unseres damaligen Lehrlings Winfried Stephan) das umfangreichste und zugleich billigste Quartheft: 352 Seiten, 12,80 DM.

Es brachte mir die erste öffentliche Anerkennung ein, den Preis der deutschen Kritiker, ohne Geld, wie von Heinrich Heine vorgesehen, aber dafür mit EHRE (die diesmal nicht die der Polizei war) ausgestattet, mit dem Herkommen, als Gegengabe eine Rede zu halten, in der ich, sehr erfreut, auch die Absichten des Verlags so wahrheitsgemäß wie möglich erlogen habe (siehe Seite 84 ff.).

Die von den Buchhändlern vorerst nur imaginierten Leser stellten sich bei *Vaterland, Muttersprache* dann auch wirklich ein, 70 000 insgesamt, die uns damit nicht nur vor einem größeren ökonomischen blauen Auge

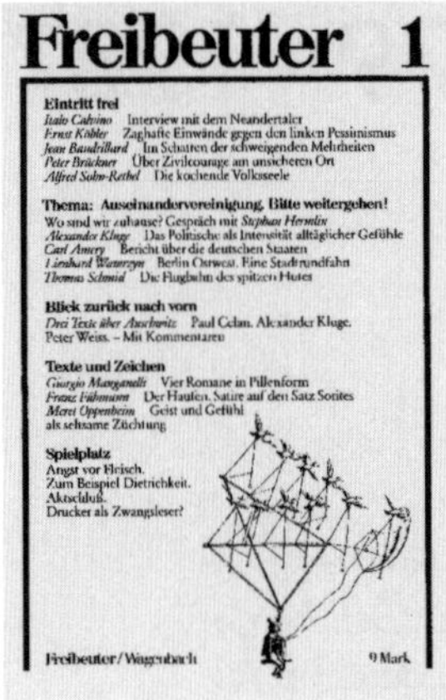
Freibeuter 1

Eintritt frei
Italo Calvino Interview mit dem Neandertaler
Ernst Köhler Zaghafte Einwände gegen den linken Pessimismus
Jean Baudrillard Im Schatten der schweigenden Mehrheiten
Peter Brückner Über Zivilcourage am unsicheren Ort
Alfred Sohn-Rethel Die kochende Volksseele

Thema: Auseinandervereinigung. Bitte weitergehen!
Wo sind wir zuhause? Gespräch mit *Stephan Hermlin*
Alexander Kluge Das Politische als Intensität alltäglicher Gefühle
Carl Amery Bericht über die deutschen Staaten
Lienhard Wawrzyn Berlin Ostwest. Eine Stadtrundfahrt
Thomas Schmid Die Flugbahn des spitzen Hutes

Blick zurück nach vorn
Drei Texte über Auschwitz Paul Celan. Alexander Kluge. Peter Weiss. – Mit Kommentaren

Texte und Zeichen
Giorgio Manganelli Vier Romane in Pillenform
Franz Fühmann Der Haufen. Satire auf den Satz Sorites
Meret Oppenheim Geist und Gefühl als seltsame Züchtung

Spielplatz
Angst vor Fleisch.
Zum Beispiel Dietrichkeit.
Aktschluß.
Drucker als Zwangsleser?

Freibeuter / Wagenbach 9 Mark

Freibeuter Nr. 1

bewahrten, sondern – zusammen mit Pasolinis *Freibeuterschriften* – den schmalen Verlagssäckel sogar derart auffüllten, dass wir uns noch im Herbst desselben Jahres revanchieren konnten mit einem langgehegten Verlustobjekt, dem *Freibeuter*, einer »Vierteljahreszeitschrift für Kultur und Politik« (Betonung auf ›und‹).

Der Erfolg von Pasolinis *Freibeuterschriften* hat auch insofern dazu beigetragen, als er vorhandenes Terrain für libertäres Denken anzudeuten schien. Sicher konnte man dessen nicht sein (wie oft beruht der Erfolg eines Buches auf Missverständnissen!), aber bis dahin hatte es ja so ausgesehen, als zerfalle die Linke nur noch, in Eskapisten, Theoriefeinde, linkshaberische Planstelleninhaber. Wollte eine Zeitschrift demgegenüber ermutigend und anstiftend wirken, musste sie nicht nur manch säuberlich und deutsch voneinander Getrenntes zusammenbringen, von verschiedenen Seiten zündeln, sondern auch außerhalb der deutschen Misere nach Argumenten und Heiterkeit suchen.

Mit allem haben wir sofort in der ersten Nummer begonnen, was nicht nur objektiv ziemlich ungescheit war (der *Freibeuter* wurde ja in einer Periode allgemeinen Zeitschriftensterbens gegründet), sondern uns auch subjektiv öfters überforderte. Neugierige Leser und die angesprochenen Freunde des Verlags haben der Zeitschrift dann die schöne Erstauflage von 21 000 Exemplaren, also ihr Weitererscheinen gestattet. Samt einem ausschweifenden Fest in Berlin. Für das Feiern von Festen war uns ohnehin jeder Anlass recht – ob Kafkas Geburtstag, *Freibeuter*gründung oder Sturm auf die Bastille – und möglichst verschiedene Orte: Waldwiesen, wilhelminische Ausflugslokale, Stückguthallen, Inseln, Pumpenhäuser. Und manchmal kamen bis zu zweitausend Leute. Zu meiner Beruhigung, denn so war ich sowohl sicher, dass sich jeder gewitzte Lehrling hatte einmogeln können, als auch sicher, dass ich gar nicht jeden kennen konnte, als Gastgeber also entschuldigt und frei zum Mitfeiern war.

Schon die Konzeption des *Freibeuter* war typisch gewesen für die Veränderung der Arbeitsweise des Verlags in dieser Zeit – immer mehr Bücher mussten vom Verlag initiiert werden. War er noch wenige Jahre zuvor von Freunden und Genossen mit Projekten überschüttet, förmlich instrumentalisiert worden, so drohte ihm nun das Schicksal so vieler linker Verlage: Deformation zum Sekteninstrument oder Isolation.

Durch die Struktur der *Taschenbücherei* und des *Freibeuter* konnte der Verlag dieser Gefahr entgehen, freilich nicht ohne den Preis einer außergewöhnlichen Verstärkung der Anstrengungen des Lektorats, das immer mehr Projekte nicht nur anzetteln, sondern bis ins Einzelne erarbeiten musste. Das seit Bestehen andere Verhältnis zu den Autoren hat dabei natürlich die Kontakte erleichtert – die Autoren waren seit jeher gewöhnt, den Verlag an jedem hellichten Arbeitstag zu besuchen und Diskussionen vom Zaun zu brechen.

Natürlich hatten die Veränderungen im Verlag auch mit den Veränderungen in der Gesellschaft zu tun, mit dem neuen Egotrip: Hineinhorchen statt Zuhören. Überall gab es plötzlich Bücher zur Selbstbetrachtung und Innenreparatur – 1980 haben wir den Vertretern sogar einmal eine Buch-Travestie untergeschoben, *Die strenge, geile Mutter*, samt einem erfundenen Klappentext: »... zerstört wird das gewohnte Bild der ›fließenden‹ Mutter, entgegengehalten wird ihm die geschichtliche Wahrheit – die dominierende, vergewaltigende, inzestuöse Mutter, die das, was sie nicht hat, von Vätern, Brüdern, Söhnen einfordert, sie in eine außerfamiliäre – mit dem Schuld-Tabu des Don-Juanismus belegte – sexuelle Anarchie treibt ...«

Unsere Herstellerin Gabriele Kronenberg (links), der ehemalige Verlagslehrling Winfried Stephan und Nina Wagenbach, Berlin Tegel 1979

Ja, so wurde geschwafelt damals, da hatte es eine Buchserie *Politik* schwer, aber so wenig Autoren es noch zur »Theorie der Neuen Linken und der Außerparlamentarischen Opposition« gab, so wenig Leser gab es; auch der Buchhandel ließ die Reihe fallen. Wir schlossen also die Buchserie ab und integrierten mit der Zeit die wichtigsten Titel in die *Taschenbücherei* oder in das 1981 entstandene *Allgemeine Programm*.

Die Erweiterung des Verlags um ein *Allgemeines Programm* war nicht nur notwendig, um auch umfangreiche, wissenschaftliche und großformatige Bücher veröffentlichen zu können, deren Absichten denen des Verlags entsprachen, sondern diese Absichten wurden gleichzeitig von vielen anderen Verlagen aufgegeben, so dass es plötzlich auf unserem angestammten Arbeitsgebiet viel freies Feld gab. Kunst- und Sozialgeschichtliches, Philosophisches und Politisch-Analytisches – sobald es diesen linken, aufklärerischen, emanzipatorischen oder auch nur freimütig-spekulativen Hautgout hatte, geriet es in den Sog der konservativen »Wende« und fiel leicht unter die Büchertische. Dort sammelten wir es auf, im Ausland wie hierorts, und versuchten, es unter die Leser zu bringen. Das war nicht ganz leicht, denn manche dieser Bücher waren aus durchaus ökonomischen Motiven fallengelassen worden: hohe Produktionskosten, geringe Auflagenerwartung.

Zu Hilfe kam uns bei der Verbreitung das früher vielberedete »Verlagsprofil«, das ja eher nur noch spitzmäulig gehandelt wird. Ich halte das für einen großen Fehler und einen Zynismus gegenüber dem Leser. Es gibt Leser, die schütteln sich bei der Nennung des Verlagsnamens, und andere, die den Buchhändler ausdrücklich nach unseren Büchern fragen. Das ist richtig und nicht etwa falsch. Die Demokratie des Buchmarkts stellt sich durch eine Vielzahl von Meinungen her, nicht durch eine Beliebigkeit.

Das schließt weder Narreteien noch private Schrullen aus, im Gegenteil: Unsere Leser haben sowohl ein reichlich närrisches *Handbuch für das allgemeine Kaninchenwesen anlässlich hundertfacher Vermehrung der Taschenbücherei* (1983; mit den schönsten Zeichnungen des Wappentiers von Horst Rudolph) goutiert als auch ein im selben Jahr erschienenes, ganz und gar besessenes Bilderbuch zum hundertsten Geburtstag Franz Kafkas, mit über fünfhundert Fotografien, deren Vervollständigung mich in den Monaten zuvor noch an die merkwürdigsten Orte geraten ließ, beispielsweise in Fabriken, die Kafka als Beamter zu kontrollieren hatte und die damals fast alle noch zu besichtigen waren, in seinen ehemaligen vier nordböhmischen »Bezirkshauptmannschaften«. Solchen Abweichungen folgen neugierige Leser ebensogern wie anderen Anstiftungserzeugnissen, auch wenn sie ein wenig abseits ihrer momentanen Interessen liegen mögen.

Und bei den Abweichungen legten wir 1984, im zwanzigsten Verlagsjahr, noch einmal ordentlich zu, mit einem Sammelband *Die Linke neu denken!*, mit Ausrufezeichen, und der literarischen Gegenfrage von Michael Krüger: *Was tun?*, mit Fragezeichen. Mit der Wiederentdeckung

Allgemeines Programm und Taschenbuch

von Georg Simmel und Djuna Barnes. Mit einem Rätselbuch aus dem neuen Spanien, Javier Tomeos *Der Marquis schreibt einen unerhörten Brief,* und einer wissenschaftlichen Wanderung durch ein altes Thema, Alain Corbins Sozialgeschichte des Geruchs, *Pesthauch und Blütenduft.* Aber gerade

Aus dem Familienalbum (von links nach rechts):
Das wütende Kind • Die Familie (Vater sitzend, links daneben die Mutter) • Der ernste Gymnasiast • Der Versicherungsbeamte • Briefumschlag an seine ›ewige‹ Braut • Vor dem Elternhaus in Prag

Von links: Nicoló Ferjancic, Marianne Schneider, Carlo Ginzburg, Salvatore Settis, Luisa Ginzburg und Thomas Schmid. In Italien, 1983

diese ungewöhnlichen und experimentellen Bücher wurden Erfolge (was wir glücklicherweise bei der Zwanzigjahresfeier noch nicht wussten – sie wäre sonst womöglich noch euphorischer und anschließend explosiver geworden: Ort der Feier war nämlich die obengenannte Stückguthalle, die kurz darauf geschlossen wurde – nebenan lagerten Druckgasflaschen).

Die zweibändige *Italienische Kunst*

In den frühen achtziger Jahren war sie sichtbarer geworden, die italienische Gewichtung des Verlags, im Herbst 1984 war sie nicht mehr zu übersehen und am Ende auch erfolgreich, mit Peter Burkes *Die Renaissance in Italien*, mit den *Nachdenklichen Hühnern* Luigi Malerbas und mit Carlo Emilio Gaddas *Wunder Italiens*. 1985 folgte ein literarischer Reiseführer durch das heutige Italien, *Italienische Reise*, 1987 das umfangreichste Projekt, eine zweibändige *Italienische Kunst*, entwickelt aus der gleichnamigen Ausgabe des italienischen Verlags Einaudi. So schlichen wir uns ein, aus der Belletristik in die Kunstgeschichte und aus der Kunst- in die Sozialgeschichte und aus dieser in die politische Kultur in Italien.

Will ein Meinungsverlag nicht zum Gemeindeverlag verkommen, muss er dieses »Einschleichen« neuer Ideen, Darstellungsweisen oder Arbeitsfelder bewusst fördern. Das gilt selbstverständlich auch für Personen: So kam 1983 Heinrich von Berenberg zu uns, als Volontär für ein paar Monate, um dann mit den schönsten Vorschlägen aus Geschichte und Literatur (insbesondere der spanischen und englischen) später viele Jahre unser Lektor zu sein.

Ermanno Cavazzoni • Gianni Celati

Ebenso wie ein damals extrem junger Mann, Rainer Groothuis, der mich 1981 auf der Buchmesse ansprach, ob er nicht eine Weile in der Herstellung aushelfen könne, der dann Geschäftsführer wurde und für fast zwei Jahrzehnte das Erscheinungsbild des Verlags mitgestaltete, wie beispielsweise die 1987 begonnene Serie *SVLTO*.

SVLTO habe ich öfters scherzhaft als meine »Rache am Buchhändler« bezeichnet: Als Verleger von Broschüren, Taschenbüchern und Paperbacks hatte ich mir über zwanzig Jahre lang ihr Jammern nach Leinenbänden anhören müssen, konnte aber den Verdacht nicht loswerden, dass sich dahinter auch die krude Lust auf einen höheren Ladenpreis verberge. Also griffen wir zu einem extrem schlanken Format (mir vertraut durch die ersten *Rotbücher*, passend in jede Jackentasche und doch darüber hinausragend, mithin diebstahlsicher), einem knallroten Leinen (damit keine

Oben links: KW mit Heinrich von Berenberg (Lektor), oben rechts: Jörg Wallenstein (langjähriger Vertreter) und Rainer Groothuis (Hersteller). Darunter, von links: Gabriele Kronenberg (Herstellerin) mit Kind, Thomas Schmid, Heinrich von Berenberg, Petra Biesenkamp (Honorare), Rainer Groothuis, Barbara Herzbruch (Lektorat), Uta Martin (Lehrling), Galina Rave (Vertrieb) und KW, 1983

Die ersten *SVLTO*-Bände. Mittlerweile sind in dieser Reihe mehr als 200 Titel erschienen und über 2 Millionen Exemplare verkauft

Missverständnisse möglich sind), einem niedrigen Ladenpreis (das war die Rache), und versuchten so, unsere Konterbande nicht nur unter aufmerksame Leser, sondern auch auf den bürgerlichen Kaffeetisch zu bringen.

»Mit dieser zwanzigsten Ausgabe des literarischen Jahrbuchs verabschieden sich die beiden Herausgeber vorläufig von ihren Lesern« – so stand es leider in der Vorbemerkung zum *Tintenfisch* 1987. Mit dem vorsichtigen »vorläufig« wollten wir uns aber ein Schlupfloch lassen für Zeiten, in denen wieder eine deutsche Literatur geschrieben werden würde, die diesen Namen verdient. Bei so öffentlichem Abtritt pflegt sich in der Regel zumindest ein Lästermaul oder wenigstens ein Grabredner einzufinden: Immerhin wurde da nach zwanzig Jahren das bekannteste, vielumstrittene und -geliebte Jahrbuch für zeitgenössische deutsche Literatur eingestellt. Aber das kritische Echo auf unseren Entschluss war wie eine Bestätigung; es fand nicht statt. Mit den einfachen Worten von Kurt Wolff: »In einer unschöpferischen Zeit ist der Verleger zur Ohnmacht verurteilt.«

Dafür begann in den achtziger Jahren – Erich Fried war bereits schwer erkrankt und der Publikumserfolg hatte sich längst eingestellt – eine Flut von offiziellen Ehrungen auf Erich Fried niederzugehen; darunter 1986 der Österreichische Staatspreis und 1987 der Georg-Büchner-Preis.

Wenn der Verleger Klaus Wagenbach sein zwanzigjähriges Bestehen feiert, dann verdientermaßen. Nicht nur, weil es hart ist, heute noch einen Verlag durchzuziehen, sondern weil Wagenbach eine Beharrlichkeit und ein Urteil gezeigt hat, die standhalten konnten. Er gehört zu den Erneuerern der deutschsprachigen Verlagslandschaft, weil er ernst nimmt, was Buch bedeutet.

St. Galler Tagblatt, 6. 11. 1984

Oben: Besuch bei Luigi Malerba in Rom: Moshe Kahn (Übersetzer), KW, Anna und Luigi Malerba, rechts daneben: Luis Buñuel • Carlo Emilio Gadda als Ingenieur, Robert Pinget, Friederike Hausmann, Leonardo Sciascia

Klaus Wagenbach *Über einige Absichten des Verlags*

Als Verleger zeitgenössischer Literatur und als Linker kann man ohne ein Verhältnis zu seinem Volk und seiner Geschichte nicht arbeiten. Ich sage *Verhältnis*, das schließt Konsens und Dissens ein. Reden wir also vom Dissens, das heißt von Anarchie, Geschichtsbewusstsein, Hedonismus.

Diese drei Begriffe bezeichnen ungefähr die Absichten des Verlags. Sehr heterogene Absichten, die ganz offensichtlich nur für die Veröffentlichung von Büchern für deutsche Leser gelten können – wäre ich französischer oder italienischer Verleger, müssten die Absichten ganz anders formuliert werden.

Es sind auch durchaus nicht traditionell linke Kategorien, sondern zum Teil bürgerliche, was damit zusammenhängt, dass die deutsche Linke – im Gegensatz zu fast allen anderen Ländern Europas – deswegen nicht auf begrenzte Bündnisse mit einem radikal liberalen oder konservativen Bürgertum zählen kann, weil es so gut wie nicht existent ist. Ich erinnere nur an den Satz de Gaulles, als man ihm gegenüber erwähnte, Jean-Paul Sartre müsse verhaftet werden, weil er nicht nur die Redaktion der Zeitschrift *Cause du peuple* übernommen hatte (die verboten worden und deren Redakteure bereits verhaftet waren), sondern die Zeitschrift auch auf den Straßen von Paris verkaufte. De Gaulle sagte lediglich: »Einen Voltaire verhaftet man nicht.« Da haben Sie alles zusammen: den Hedonismus einer luxurierenden Oberschicht, ein über 200 Jahre zurückreichendes Geschichtsbewusstsein und die Anarchie eines Staatspräsidenten, der die Strafgesetze der Republik bricht.

Wenn ich also Hedonismus sage, so meint das weder eine solche Haltung noch jenen von Pasolini zu Recht kritisierten zwanghaften Konsumismus, sondern den deutschen Kontext, das Syndrom des Uniformen, den vernünftelnden Gebrauchswert, die Genussunfähigkeit, die Angst vor Individualität, das Missverständnis von Literatur als ausschließlich politischer Botschaft. Hedonismus enthält ein Moment der Selbstbestimmung, ein Stück Zivilcourage – und beides ist bei uns ja nicht gerade volkstümlich, ebenso wenig wie die Literatur.

Die Literatur aber, und damit bin ich beim zweiten Punkt, erzählt Geschichten. Darauf hat Alfred Andersch seinerzeit beharrt, als ein Teil der deutschen Linken den »Tod der bürgerlichen Literatur« verkündete (die neuere Literatur kann aber, wie ein Kommunist, Stephan Hermlin, noch 1978 formulierte, »kaum etwas anderes sein als spätbürgerlich«): In einem Moment, als die Bourgeoisie – erodierend in die allgemeine Angestellten-Unkultur ebenso wie die Arbeiterklasse – eines ihrer bedeutendsten Produkte, eben die »bürgerliche Literatur«, bereits preisgegeben hatte, als da also ein Teil der deutschen Linken sozusagen noch einmal nachtrat, widersprach Andersch mit der Bemerkung, Literatur erzähle Geschichten von Menschen, und wer die nicht hören wolle, sei ihm verdächtig. Mit Recht. Denn wer Geschichten von Menschen nicht hören will, will nichts von der Geschichte wissen, und darin war jener genannte Teil der deutschen Linken nicht links, sondern sehr deutsch. Deswegen, scheint mir, ist ein deutscher Verleger besonders verpflichtet, Geschichten und Geschichte zu veröffentlichen, denn, wie Bloch sagte (und zwar deutlich in Bezug auf uns), wer seine Geschichte nicht kennt, ist verdammt, sie zu wiederholen. Da seien Kleist, Büchner, Heine, Marx und Kafka vor.

Schließlich: die Anarchie. Es ist ja bekanntlich schwer, die deutsche Seele – die ohnehin knietief in den »Müttern« steckt – zu ergründen, aber eins steht fest: Eine ihrer Hauptbestandteile ist Ordnung, Disziplin, Regelmäßigkeit, Gefolgschaftstreue. Zu den absoluten Gegenbildern, die von solchen kollektiven Untiefen ins nationale Bewusstsein geschickt werden, gehört die Anarchie.

In dem mir lieben, schönen positivistischen *Etymologischen Wörterbuch* von Kluge/Götze (1881) wird Anarchie definiert mit »Zustand ohne Anführer«. Wer möchte gegen eine solche Definition einen Stein aufheben, außer uns, die wir in einem »Zustand ohne Anführer« offenbar nicht leben können? Das Wort »Anarchist« wurde übrigens durch Joseph Görres in die deutsche Sprache gebracht, der sich 1798 in dem von ihm herausgegebenen *Roten Blatt* darüber mokierte, dass man »aus meinem Namen und meinen Haaren zu beweisen suche, ich sei ein Anarchist«. Görres war damals 22 Jahre alt, im besten Terroristenalter, würde man heute sagen – auch die neuerliche Erklärung des Anarchismus durch die Haartracht scheint so neu also nicht. Und das *Rote Blatt* dieses älteren Kollegen von mir wurde natürlich auch sofort verboten. Und diesen frühen Görres wollen die heutigen christlichen Konservativen, zu deren Hausphilosophen der späte Görres ja gehört, ebenso wenig wahrhaben wie das Ahlener Programm der CDU.

Noch eine Definition, und zwar eine der frühesten, im berühmten *Grammatisch-kritischen Wörterbuch der Hochdeutschen Mundart* von Adelung (1793): »Anarchie ist derjenige Zustand einer bürgerlichen Gesellschaft, nach welchem sie kein gemeinschaftliches Oberhaupt hat, und eine solche bürgerliche Gesellschaft selbst, im Gegensatze des Staates im engern Verstande.« Das muss man sich einmal vorstellen, was da im öffentlichen deutschen Denken inzwischen geschehen sein muss, seit Adelung die Anarchie für eine Form der bürgerlichen Gesellschaft erklärte, und das auch noch *im Gegensatze des Staates im engern Verstande.* Was da geschehen ist, mag eine letzte lexikographische Erklärung belegen, die von Meyers Konversations-Lexikon von 1874: »Frankreich war häufig ein Schauplatz der Anarchie; es scheint dem Germanenthum vorbehalten zu sein, die richtige Vereinigung von Herrschaft (Macht, Gewalt) und Freiheit zu finden.«

An diesem begrifflichen und politischen Imperialismus haben die letzten hundert Jahre deutscher Geschichte gerüttelt, den politischen kräftig verbogen, den begrifflichen etwas lädiert, aufgehoben haben sie ihn nicht – ich erinnere nur daran, in welcher Weise die Herrschaft noch heute, vor aller Augen, mit einem der bedeutendsten deutschen Intellektuellen, Peter Brückner, umspringt. Das ist eben der Unterschied zwischen dem Konservativen de Gaulle und dem Konservativen Carstens.

Daraus resultieren also die drei genannten Absichten des Verlags, die eigentlich ganz normale Pflichten eines deutschen Intellektuellen sind, wenn er diesem Land, sei es auch kritisch, zugetan ist.

Und es sind sehr angenehme Pflichten, weswegen ich meinen Beruf nach so vielen Jahren immer noch mit großer, ja geradezu leidenschaftlicher Lust ausübe. Da wird einem ein ordentliches, eher puritanisches Volk mit kräftig gestörter nationaler Identität sozusagen in den Schoß gelegt, und man erhält als Intellektueller den Widerpart zugesprochen. Das ist ja fast eine Gnade! Denn natürlich ist es viel lustiger, für mehr Gesellschaft einzutreten und weniger Staat, mehr Geschichten und Geschichte erzählen zu dürfen als weniger, so radikal sein zu dürfen wie in anderen Ländern die Konservativen, freier als gesetzlich vorgeschrieben, liberaler als die Polizei erlaubt.

Aus der *Rede zum Kritikerpreis der Literatur*, 1979

Stephan Hermlin *Wie ich einen Freund verlor*

Erich M. war der jüngste Sohn einer Arbeiterfamilie, in deren Wohnküche ich so oft wie möglich saß. Ich begegnete neuen Menschen, sie waren für mich voller Geheimnisse, wenn sie auch nur von alltäglichen Dingen sprachen. Erichs Vater hatte bei Spartakus gekämpft, er sprach selten, sah erschöpft aus und hatte es, wie Erich sagte, auf der Lunge. Die beiden Brüder Erichs arbeiteten als Spezialisten in der Sowjetunion, bei Elektrosawod.

Es war die Epoche des ersten Fünfjahresplans, ich betrachtete mit stummer Begeisterung in illustrierten Zeitschriften die Bilder der neuen Städte, die Le Corbusier und Ernst May bauten. Wenn Erichs Brüder gelegentlich nach Berlin kamen, wurden wir nicht müde, ihnen Fragen zu stellen. Sie berichteten vom Moskauer Alltag ohne Furcht, Mängel beim Namen zu nennen. Not und Hunger vermochten nicht, die Sowjetunion in unseren Augen herabzusetzen; sie waren das Erbe der Vergangenheit, einer korrupten Gesellschaft, von Krieg und aufgezwungenem Bürgerkrieg. Auch bei uns gab es jetzt Hunger. Er war das Ergebnis der Völlerei der Wenigen. Dort bereitete ein Land, das keine Arbeitslosen kannte, den Überfluss für alle vor. Es gab dort Wohnungsnot, aber schon waren jene Städte im Bau, die ich in meinen Träumen und später in einem Gedicht die weißen Städte nannte, weil ich sie weiß und vollkommen auf den Photographien in der »Arbeiter-Illustrierten« sah; bei uns gab es genug Wohnungen, aber täglich wurden Hunderte exmittiert, weil sie die Mieten nicht mehr bezahlen konnten. Wir lachten über die Berichte von der russischen Not in den bürgerlichen Zeitungen, denn wir wussten, dass es drüben schnell aufwärts gehen würde, während bei uns der Kapitalismus am Ende war.

Es war Anfang Februar, nur wenige Tage nach der Machtergreifung Hitlers, als ich, durch eine Nebenstraße der Kaiserallee gehend, Trommeln und Gesang hörte. Ich blieb stehen und erblickte nach wenigen Sekunden ein Fähnlein der Hitlerjugend, das singend in meine Straße einschwenkte. In dem zweifelhaften Deutsch mancher Soldatenlieder hieß es da:

Dass das Vaterland nicht untergeh',
Drum starben stürmend sie bei La Bassée.

Das Lied hatte ich nie zuvor gehört. Melodie und Text blieben mir fest im Gedächtnis, wenn auch Jahr um Jahr verging, und ebenso das rasche Schwenken der linken Flügelmänner um die Ecke, und der Flügelmann in der zweiten Reihe, laut singend im braunen Hemd und die dicke Mütze auf dem Kopf, war mein Freund Erich M. Er sah mich und wurde blutrot, und gleichzeitig fühlte ich, dass ich erblasste. Er sah gerade vor sich hin. Nur ein paar Stunden oder Tage hatten genügt, ihn so zu verwandeln. Ich war siebzehn Jahre alt und begriff es nicht, aber ich lernte es begreifen, als er schon lange an mir vorbeigezogen war. Er war der erste, zahllose sah ich folgen. Unbezähmbar ist der Drang, bei den Stärkeren zu sein.

Abendlicht, 1979

Peter Brückner *Über Zivilcourage am unsicheren Ort*

Für das Lexikon ist die Zivilcourage: »Mut, die eigene Überzeugung zu vertreten.«

Die Dürre enttäuscht. Und: Mut, wirklich in jeder Situation?

Wenn bewaffnete Heiden einen Juden einfingen und von ihm forderten: »Schwör ab, sonst wirst Du erschlagen«, und der Mann war ein knorziger Jude und schwor *nicht* ab und die Philister töteten ihn, so war das nach dem Verständnis der frommen jüdischen Lehrer weder Zivilcourage noch Mut, sondern ein Abfall vom Glauben: Jahwe wollte nicht, dass Juden sterben. Leben sollten sie. (Und wenn gar zehn gefangen waren, also genügend Leute für ein rituelles Gebet, und die schworen ab, so galt das als Landes- und Gottesverrat.) Unser Jude konnte bekennen oder auch nicht, er war – im Vorhof des Tempels, auf seinem Acker, am Herd – *eines Volkes und Gottes*, und er war mit den Philistern *einer Zeit*.

Zivilcourage dagegen gehört – wie die »Meinung« – in eine spätere Epoche der Kompatibilität, der Trennung. Bürgermut vor Fürstenthronen, Bürgerstolz statt Liebedienerei: das setzt die *Überschichtung* von Zeitaltern voraus; von Kapitalismus, Adel und Monarchie, von Kasten (seien es Offiziere oder Beamte) und Klassen (Arbeitern, ›Mittelstand‹, Bourgeoisie), von erheblicher Legitimität oder erworbenem Besitz, von ›Familienrang‹ oder dem – neuen – Rang der Individualität. Noch glänzen Thron und Altar, aber sie stützen das, was *sie* stützt: das Finanzkapital, die großen Unternehmer. Noch gibt der Adel den Ton an, noch herrscht er. Aber der Bürger handelt.

Freibeuter 1, 1979

Erich Fried *Was es ist*

Es ist Unsinn
sagt die Vernunft
Es ist was es ist
sagt die Liebe

Es ist Unglück
sagt die Berechnung
Es ist nichts als Schmerz
sagt die Angst
Es ist aussichtslos
sagt die Einsicht
Es ist was es ist
sagt die Liebe

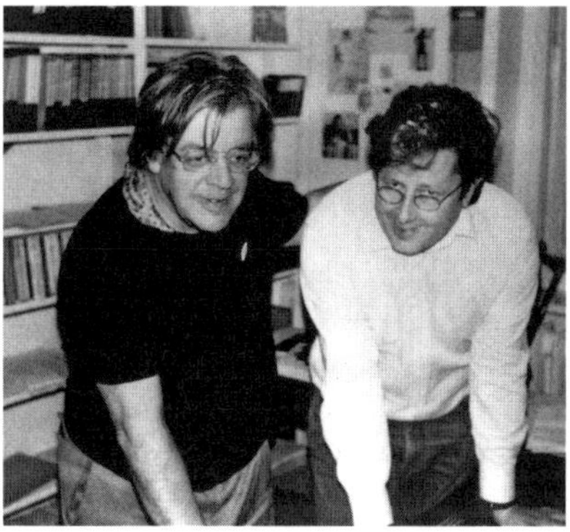

Mit Erich Fried in den neuen Verlagsräumen in der Ahornstraße, 1987

Es ist lächerlich
sagt der Stolz
Es ist leichtsinnig
sagt die Vorsicht
Es ist unmöglich
sagt die Erfahrung
Es ist was es ist
sagt die Liebe

Es ist was es ist, 1983

Peter Burke *Ein anderes Bild der Renaissance*

Für Jacob Burckhardt war 1860 die Renaissance noch eine im wesentlichen moderne Epoche – eine moderne Kultur, hervorgebracht von einer modernen Gesellschaft. Heute erscheint uns die Renaissance nicht mehr modern. Dieser Wandel ist zum Teil Ergebnis einer mehr als hundertjährigen Erforschung der Kontinuitäten zwischen Mittelalter und Renaissance, vor allem aber beruht er auf einer Veränderung in unserer Auffassung der Moderne. Seit 1860 ist die klassische Tradition verblasst, und viele Agrargesellschaften sind dabei, sich in urbane Industriegesellschaften zu verwandeln. Im 15. und 16. Jahrhundert arbeiteten die meisten Italiener auf dem Land, viele konnten weder lesen noch schreiben, und sie alle waren auf tierische und menschliche Energiequellen angewiesen.

Klaus Wagenbach und Peter Burke, 1984

Ein wesentliches Merkmal der italienischen Renaissance ist die Zurückweisung der Tradition. Ihr entspricht in der bildenden Kunst die Kritik Filaretes und Vasaris an dem, was sie den »griechischen« oder »deutschen« Stil nennen, also an der »Gotik«. Filarete behauptete sogar, die Barbaren hätten diesen Stil nach Italien gebracht. Diese respektlose Einstellung zur Tradition deutet darauf hin, dass ein Grund für die zentrale Rolle Italiens bei den kulturellen Wandlungen des 15. Jahrhunderts darin bestand, dass dieses Land an der Gotik weniger Anteil genommen hatte als etwa Frankreich, Deutschland oder England.

Und doch: Die Italiener der Renaissance kamen nicht ganz ohne Tradition aus, sie fanden sie in der Antike. Die Bewunderung der Antike erlaubte es ihnen, die eigene Tradition mit dem Argument zu attackieren, sie sei selbst ein Bruch mit der Tradition. Wenn Filarete von »moderner« Architektur spricht, dann meint er den gotischen Stil, den er ablehnte. Damit nahm er eine ähnliche Position ein wie die meisten Rebellen, Revolutionäre und Reformer im Europa der frühen Neuzeit, die den Anspruch erhoben, die eigentlichen Bewahrer zu sein.

Man kann nicht erwarten, dass die Zeitgenossen die eigenen Leistungen zutreffend beschreiben. Wie so oft bei kulturellen Wandlungsprozessen wurde das Neue dem Alten hinzugefügt, dieses wurde durch jenes aber nicht ersetzt; der Kulturwandel vollzog sich »additiv«, nicht »substitutiv«. Der Humanismus machte das Interesse an der scholastischen Philosophie keineswegs zunichte. Venus tritt auf, aber die Jungfrau Maria tritt deshalb nicht ab; beide Gestalten und beide Traditionen existieren nebeneinander und beeinflussen einander.

Ein weiteres Merkmal der italienischen Kultur in dieser Zeit besteht darin, dass sie, verglichen mit dem Mittelalter, eher säkular, weltzugewandt war. Man hat freilich das Tempo dieser Säkularisierung häufig übertrieben.

Die Renaissance in Italien, 1984

Alexander Kluge *Das Politische als Intensität alltäglicher Gefühle*

Wenn Sie die drei Hauptgruppen menschlicher Arbeitskraft – die Stabilität, die Innenausstattung der Motive, an der die Hauptarbeit geschieht, die Arbeit in den Betrieben und Berufen und die Arbeit in den Beziehungen – zusammennehmen und einmal errechnen, wie viel dies etwa sein mag, dann bleibt etwa 1,5 % der menschlichen gesellschaftlichen Arbeitskraft für das Politische übrig. Und die teilt sich jetzt wieder ein in links, rechts, Mitte; wird verwaltet in Form von Irrtümern, politischer Halbproduktion, wiederum eingeteilt in Außerparlamentarische, Exekutive, Parlamente und die Justiz, die angeblich keine Politik macht. Und dies alles mit der falschen Konzeption, Politik sei ein Sachgebiet. Während es doch ein besonderer Intensitätsgrad von allem und jedem ist, jedem alltäglichen Gefühl, jeder Praxis. Fontane würde hieraus für den Umgang mit der Sprache, also für Literatur, schließen, dass es Zeit ist, diese Disproportionen gründlich zu verändern, dass also Schriftsteller nicht dadurch politisch werden, dass sie sich an eine politische Praxis halten, sondern dass sie in Form von Geschichten das, was als unpolitisch gilt, aber ein Politikum ist, endlich einbringen helfen.

Diese Disproportion ist in allen Ländern vorhanden. In Deutschland aber ist sie spezifisch, ist Ursache für eine ganze Reihe von Katastrophen. Sehen Sie, es ist durchaus unpraktisch, wenn die Erschütterung deutscher Familien, die im Jahre 1942 etwas Wichtiges für die Opfer in Auschwitz bedeutet hätte, im Jahre 1979 nachgeholt wird; denn heute ist es eine im wesentlichen unbrauchbare, nämlich zeitlose Form von Erschütterung. Diese Tatsache, dass wir in unserem Land immer an den falschen Momenten erschüttert sind und an den richtigen Momenten diese Erschütterung nicht bringen – und ich rede jetzt von etwas sehr Schlimmem –, ist Folge davon, dass wir das Politische als Sachgebiet, das die anderen für uns besorgen, und nicht als einen Intensitätsgrad unserer eigenen Gefühle auffassen.

Freibeuter 1, 1979

Barbara Sichtermann
Fetisch Verständlichkeit

Barbara Sichtermann

Heute stößt, wer unter den Fremdwörtern nicht bloß die inzwischen wohlbekannten benützt, wer Sätze mit Unter- und Nebengeschossen zu konstruieren wagt, auf einen stereotypen Vorwurf: er/sie sei nicht verständlich. Ich fürchte: Die Verständlichkeit, die da gefordert wird, wäre zunächst mal das Einverständnis darüber, dass man sich lieber wechselseitig bestätigen als befragen, dass man lieber Gewohntes wiederholen als »etwas Neues lernen« wolle, dass man die Geborgenheit des vertrauten und nicht die Kühle des fremden Wortes suche. Kurz: Die heute gängige Kritik an der Aufklärung akademischen alt-linken Zuschnitts, die plausibel scheint, weil sie etwas so Erstrebenswertes und Demokratisches einklagt wie Allgemeinverständlichkeit – diese Kritik könnte nach Art einer *self-fulfilling prophecy* wirken, also das herbeiführen, was sie beklagt. Es gab eine Zeit, in der die Wörter nicht fremd genug sein konnten – und doch ›massenhaft‹ gehört wurden.

Aber abgesehen von der historischen Konstellation – der Antrag: »Sag das doch mal einfacher«, ist ein unsittlicher. Wäre doch das Einfache einfach! Es zählt zu den Binsenweisheiten, dass der einfache Ausdruck der allerschwerste ist. Nicht alles, was einfach ist, ist ja Ausdruck. Ausdruck, der mit Gewalt einfach sein will, gerät manieristisch, er ist schließlich nicht weniger »schwer verständlich« als der gehorsam sich auf verschlungene Fährte komplizierter Zusammenhänge begebende »keuchende« Gedanke. Ferner: Zwischen einem Gedanken und seinem Ausdruck liegt ein Stück Arbeit. Warum nicht den Gedanken so präsentieren, dass er von der ihm in eine Formulierung hineinhelfenden Arbeit etwas mitteilt?

Die Stunde des spontanen Verstehens ist der »öffentlichen Arbeit des Denkens« gemäß. (Mit »verstehen« meine ich nicht oder nicht nur »akzeptieren«, sondern auch »streiten wollen«.) Die traditionelle linke Diskussion aber neigt dazu, den Konsens-Plausch zu präferieren und das harte Brot der Auseinandersetzung um grundsätzliche Positionen seiner Schwerverdaulichkeit wegen liegen zu lassen. Ich will nicht klagen. Ich will aber daran erinnern, dass Unverständnis auch immer mitproduziert wird von dem, der guten Gewissens nichts versteht.

Freibeuter 16, 1983

Carlo Ginzburg *Spurensicherung*

Dasselbe Indizienparadigma, das dazu gebraucht wurde, immer subtilere und kapillarere Formen sozialer Kontrolle zu erarbeiten, kann ein Mittel werden, um die ideologischen Nebel zu lichten, die die komplexe soziale Struktur des Spätkapitalismus immer mehr verschleiern. Wenn die Forderung nach systematischer Erkenntnis auch immer anmaßender zu werden scheint, sollte deshalb die Idee von einer Totalität noch nicht aufgegeben werden. Im Gegenteil: Die Existenz eines tiefen Zusammenhangs, der die Phänomene der Oberfläche erklärt, sollte man gerade dann betonen, wenn man behauptet, dass eine direkte Kenntnis dieses Zusammenhangs unmöglich ist. Wenn auch die Realität »undurchsichtig« ist, so gibt es doch besondere Bereiche – Spuren-Indizien –, die sich entziffern lassen. Aber kann ein Indizienparadigma konsequent sein? Die quantitative und antianthropozentrische Ausrichtung der Naturwissenschaften seit Galilei hat die Humanwissenschaften in ein Dilemma gebracht: Entweder sie akzeptieren eine wissenschaftlich unabgesicherte Haltung, um zu wichtigen Ergebnissen zu kommen, oder sie geben sich eine wissenschaftlich abgesicherte Ordnung, um zu Ergebnissen von geringerer Bedeutung zu kommen. Nur der Linguistik ist es im Laufe dieses Jahrhunderts gelungen, sich diesem Dilemma zu entziehen; deshalb stellt sie auch für andere Disziplinen ein – mehr oder weniger vollendetes – Modell dar.

Es ist jedoch nicht nur zweifelhaft, ob diese Art von Konsequenz erreichbar ist – es ist auch zweifelhaft, ob sie überhaupt wünschenswert ist für die Formen von Wissen, die an die tägliche Erfahrung oder genauer: an alle Situationen gebunden sind, in denen Einzigartigkeit und Unersetzbarkeit der Faktoren in den Augen der betroffenen Personen entscheidend sind. Irgendjemand hat einmal gesagt, dass die Verliebtheit eine Überbewertung unwesentlicher Unterschiede zwischen einer Frau und den anderen (oder einem Mann und den anderen) sei. Doch das gilt auch für Kunstwerke oder Pferde. In solchen Situationen erscheint die elastische Härte (man lasse uns dieses Oxymoron durchgehen!) des Indizienparadigmas als unzerstörbar. Es handelt sich hier um Formen eines tendenziell stummen Wissens – und zwar deswegen, weil sich seine Regeln nicht dazu eignen, ausgesprochen oder gar formuliert zu werden. Niemand erlernt den Beruf des Kenners oder Diagnostikers, wenn er sich darauf beschränkt, schon vorformulierte Regeln in der Praxis anzuwenden. Bei diesem Wissenstyp spielen unwägbare Elemente, spielen Imponderabilien eine Rolle: Spürsinn, Augenmaß und Intuition. *Spurensicherung*, 1983

Gianni Celati Vogelfrei

Kurz vor dem letzten Weltkrieg kam in die Gegend um Portomaggiore ein Mann, der in der ganzen Gegend Stoffe, Nadeln und Nähseiden feilbot. Der Mann reiste mit einem Automobil Marke Balilla, hatte seinen Borsalino tief ins Gesicht gezogen, lächelte immer und war nie um ein Wort verlegen. Er schlief im Auto oder in den Scheunen, aß bei seinen Kunden, rechnete den Preis für die Mahlzeit auf die Einkäufe an und nahm statt Geld auch Mehl, Bohnen oder Mais. Damals gab es auf dem Land noch keine Bars, und so versammelte der Mann abends zum Zeitvertreib eine ganze Pächterfamilie um sich und erzählte Geschichten.

Eines Abends, bevor er in die Scheune schlafen ging, streichelte er ein kleines Mädchen, das ihn mit weit aufgerissenen Augen ansah und das er offensichtlich mit seinen Geschichten sehr beeindruckt hatte. In der Nacht drangen zwei Männer in die Scheune ein und schlugen den fliegenden Händler fast tot, es gelang ihm nur mit Mühe, zu flüchten.

Etwa zwanzig Jahre später kam ein Einäugiger in dieselbe Gegend. Er fragte überall herum und sagte schließlich, als er vor einem Gehöft stand, hier hätte er vor zwanzig Jahren sein Auge verloren. Zwei Männer hätten ihn in der Nacht angegriffen, weil er in ihren Augen abartig war, und während er aus der Scheune geflohen sei, hätten sie ihn ins Auge getroffen.

Die Frau auf der Schwelle des Gehöftes, die ihn lange angesehen und seiner Erzählung zugehört hatte, sagte, sie erinnere sich an alles. Sie war das kleine Mädchen, das der Mann an jenem Abend gestreichelt hatte, sie erinnerte sich an seine Geschichten und an die Abende, an denen sie um den Küchentisch gesessen hatten. Sie hatte einen Pächter geheiratet, der sehr viel älter war als sie und der sie etliche Jahre lang geschlagen und misshandelt hatte und schließlich an einem Bluthusten erstickt war. Wahrscheinlich war es derselbe Pächter, der auch den fliegenden Händler mit einer Schaufel geschlagen hatte, so dass er das Auge verlor.

Während sie miteinander redeten, verheimlichte die Frau keineswegs, dass sie ihren verstorbenen Ehemann wegen seiner Brutalität immer noch hasste und dass sie dem unglückseligen ehemaligen Händler zugetan war. Sie hatte ihm etwas zu trinken angeboten und redete gern mit ihm. In dieser Gegend, so sagte sie, würde ein Mann nie ein kleines Mädchen streicheln; denn die Männer müssen immer alle finster anblicken, damit sie nicht von den anderen Männern auf frischer Tat ertappt werden.

Bevor der Einäugige wieder wegging, gestand er, schon unter der Tür, der Frau, dass er soeben aus dem Gefängnis kam, wo er achtzehn Jahre verblieben war. Er hatte ein kleines Mädchen erwürgt.

Erzähler der Ebenen, 1986

Javier Tomeo *Ratschlag eines älteren Herrn an seinen Diener Bautista über den Umgang mit Frauen im allgemeinen und Doña Beatriz im besonderen*

Javier Tomeo

Jetzt sind Sie allein, eingehüllt in ein peinliches Schweigen. Die Initiative geht von Doña Beatriz aus, wie ich Ihnen schon sagte. Sie seufzt tief auf und zwinkert Ihnen zu. Sie kneifen, und sie insistiert. Sie seufzt erneut, nähert sich Ihnen und versetzt Ihnen einen kleinen Schubser mit der Hüfte. (Ein Stoß, der in Anbetracht der Umfänglichkeit ihrer Hüften geringfügig, ja kaum mehr als ein Streifen sein dürfte.) Wir wollen einmal sehen: was würden Sie angesichts einer solchen Provokation tun, Bautista? Wie würden Sie reagieren? Ich möchte Ihnen nicht verhehlen, dass Sie sich in einem argen Dilemma befinden, mein Freund.

Sie sehen schon, wohin Sie auch schauen, überall lauern Gefahren. Denn wenn Doña Beatriz sich Ihnen schmeichelnd nähert und Sie den Drückeberger spielen, kann sie in Zorn geraten. Das ist schlecht. Sie wissen ja, was in solchen Fällen geschieht. Die Frauen vermögen demjenigen zu verzeihen, der sich bei ihnen vergisst, niemals jedoch dem, der eine günstige Gelegenheit nicht nutzt. Wenn die Frau Gräfin Ihnen also zuzwinkert und Sie errötend den Blick zu Boden senken, würden Sie Gefahr laufen, sie zu Ihrer schlimmsten Feindin zu machen. Die Alternative, vor der Sie stehen, ist folgende: den Handschuh dieser Liebesfehde aufheben oder ihn nicht aufheben; das heißt, sich der Laune von Doña Beatriz fügen oder ihr vom ersten Augenblick jede Illusion nehmen. Was meinen Sie, Bautista? Ich glaube, dass es in gewisser Weise vorzuziehen wäre, wenn Sie auf das Liebeswerben dieser Frau eingingen. Weshalb nicht? Was können Sie verlieren? Vorwärts also, mein tapferer Romeo! Wenn die Frau Gräfin Ihnen tatsächlich zuzwinkert, dann antworten Sie ihr, ohne zu erröten, auf der Stelle mit einem leidenschaftlichen Blick. Was von diesem Augenblick an geschehen kann, ist ein Rätsel, denn die Frauen haben keinen Hang zur Logik, sie funktionieren mit Wechselstrom.

Der Marquis schreibt einen unerhörten Brief, 1984

Lothar Baier *Die neue Unschuld*

Lothar Baier

Es ist nicht leicht, die neue Unschuld bei der Arbeit zu beobachten; dass man sich kleinmachen muss, wenn man rein bleiben will, das hat sie gelernt. Ein Zipfel von ihr ist aber in einem Interview zum Vorschein gekommen, das die ›taz‹ mit Jorge Semprún führte, einem Mann, dessen Vergangenheit als bewaffneter Widerstandskämpfer und als Führungsmitglied der Kommunistischen Partei Spaniens den Sinn für die Unschuld natürlich herausfordern muss.

Semprúns Auskunft, er habe, als Kommunist, zusammen mit anderen spanischen, französischen und italienischen Kommunisten, wirklich geglaubt, »die kommunistische Bewegung im Westen verändern zu können«, weckt in den Interviewern keineswegs Neugier. Sie wollen nicht wissen, welche Anhaltspunkte es für Semprún damals gegeben hat, an die Reformierbarkeit der kommunistischen Bewegung zu glauben. Wichtig ist nur, dass der Glaube ein Irrtum war; da ist die Unschuld ganz in ihrem Element:

»Warum kamen Sie erst so spät darauf? In den fünfziger Jahren gab es doch schon genügend Literatur über den Stalinismus, die Gulags.«

Eine aufschlussreiche Formulierung. Denn sie deutet darauf hin, dass die Frage nach dem Handeln sich auf die Frage nach dem Irrtum reduziert und dass sie sich nur noch in den Begriffen eines literarischen Rezeptionsproblems stellt. Es kommt nur darauf an, im richtigen Moment die richtigen Bücher zu lesen, dann bleiben uns Täuschungen erspart. Unter dem unerbittlichen Blick der Unschuldigen weicht die Geschichte auf, wird dann geglättet und durch die Mangel gedreht, bis sie zu Papier geworden ist. Unverständlich bleibt der neuen Unschuld eine Erkenntnis, die Peter Brückner (in *Psychologie und Geschichte*) aus den Affektstürmen gewann, deren Ausläufer die Deklaration der Menschenrechte 1789 begleiteten: »Wer in bestimmten geschichtlichen Augenblicken den Kopf nicht verliert, der hat keinen Kopf.« In der stillgestellten Geschichte, deren Produkt die neue Unschuld ist, gibt es keine »bestimmten geschichtlichen Situationen« mehr, die den Kopf verlieren lassen. Die Geschichte ist ganz zur Literatur geworden, in der man sich *à la carte* zusammenstellt, was einem schmeckt: die *nouvelle cuisine* des *posthistoire*.

Gleichheitszeichen, 1985

Edith Sitwell *Ein sportlicher Gentleman*

Im Flachland, nahe Doncaster, hätte man an einem Herbsttag um 1840 den stattlichen Mr. Jimmy Hirst antreffen können, wie er im Begriff stand, sein Haus zu verlassen, um schießen zu gehen. Sein hübsches, wenn auch grobes Gesicht glänzte wie blankpoliertes Leder, und alles an ihm hatte einen kräftigen Leder-Geruch.

Aber Mr. Hirst hatte, außer auf dem Rennplatz, mit Pferden nichts im Sinn; auf die Jagd ritt er auf einem Bullen von fülligen Proportionen und schwankendem Temperament, und anstelle von Vorsteherhunden benutzte er eine Schar lebhafter und pfiffiger Schweine, die alle auf Namen hörten und ihren Dienst tadellos versahen. Sein Personal bestand aus einem Hausdiener, einem weiblichen Dienstboten für alles, einem zahmen Fuchs und einem Otter; daneben aber besaß er einen Stall mit Mauleseln und Hunden.

Das Haus selbst gewann an Behagen durch einen großen Sarg im Speisezimmer. Mr. Hirst hatte sich als sehr weitblickend gezeigt, als er den Sarg kaufte, denn er wollte neunzig werden; in der Zwischenzeit ließ er sich als Büffet verwenden, und wenn ihn seine Freunde besuchten, holte er Alkoholika aus seiner Tiefe hervor. Mr. Hirsts sportliche Aktivitäten beschränkten sich nicht darauf, zu schießen und auf einem Bullen zur Jagd zu reiten; er war eine ebenso bekannte Figur auf der Rennbahn von Doncaster. Seine Ankunft verbreitete allseits beste Laune. In seiner schimmernden, aus Federn eines Enterichs gemachten Weste stolzierte er in der Umfriedung herum und zog, wenn er Wetten abschloss, selbstgefertigte Banknoten aus den Taschen.

Seine letzte Fahrt war bemerkenswert wie irgendeine zuvor. Der Sarg wurde aus dem Esszimmer herausgebracht und – nachdem man die Alkoholika entfernt und durch den Leichnam des neunzigjährigen Mr. Hirst ersetzt hatte –, gefolgt von einer riesigen Prozession von Sportsleuten und unter den Klängen eines flotten, auf einem Dudelsack und einer Fiedel gespielten Marsches, von acht kräftigen Witwen zu Grabe getragen.

Englische Exzentriker, 1987

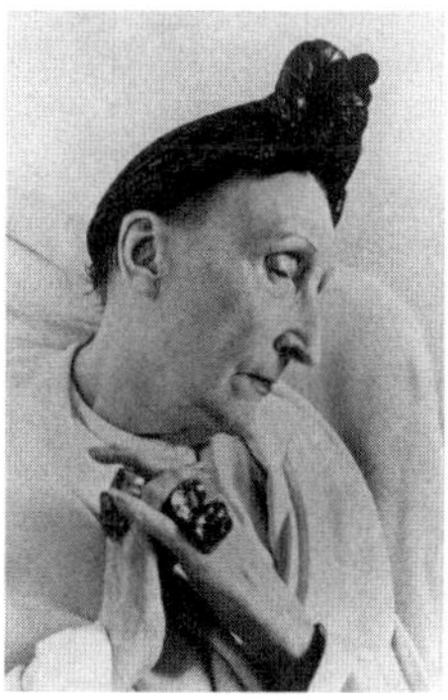

Edith Sitwell

Ein ziemlicher Haufen (Vertretersitzung von 1994). Stehend: Michael Orou, Konrad Singer, Rainer Groothuis, Stephan Lehmann, Petra Biesenkamp, Babette Giesecke, Christiane Jessen, Sunita Scheffel, Armin Abmeier, Andrea Turban, Piroska Boros, Katrin Haas, Ina Munziger, Susanne Schüssler, Gottfried Rother, Heinz Zirk. Sitzend: Jörg Wallenstein, H.U. Zbinden, Friederike Rother, Nina Wagenbach, Klaus Wagenbach und Heinrich v. Berenberg

1988 – 1995

Vom Geist der Zeiten

Die von Kurt Wolff beschworenen Ohnmachten sind glücklicherweise nicht nur vorübergehend, sondern finden auch nicht an allen Orten verlegerischen Interesses zugleich statt. So bat ich beispielsweise schon 1985 Ulrich Raulff, ein Taschenbuch über die »Neue Geschichtsschreibung« zusammenzustellen, das ein Jahr später unter dem Titel *Vom Umschreiben der Geschichte* erschien. Ein bescheidenes Büchlein, das dennoch die Erschließung eines neuen Arbeitsfeldes signalisierte: Mikrogeschichte, Mentalitätsgeschichte, historische Anthropologie. Zwar war der Boden mit zwei außerordentlichen Büchern vorbereitet – Carlo Ginzburgs *Erkundungen über Piero* und *Giorgiones Gewitter* von Salvatore Settis –, aber jetzt kamen Giovanni Levi und Alain Corbin hinzu, Natalie Zemon Davis und Georges Duby, Peter Brown und Roger Chartier, Yosef Yerushalmi, Jonathan Spence und Arlette Farge. Wenn gesagt worden ist, viele dieser Werke seien die »eigentlichen Romane unseres Jahrhunderts«, so gibt es dafür zumindest zwei gute Gründe. Einmal das Sichentfernen dieser Geschichtsschreibung von den sogenannten Hauptereignissen und ihr größeres Interesse an den tatsächlichen Lebensumständen der Leute, feierlicher ausgedrückt: an der Selbstkonstitution des Subjekts. Zweitens gestand diese Geschichtsschreibung offener ihre Unfähigkeit ein, alles und jedes erklären zu können, das heißt, sie bestand auch auf der Fremdheit von Geschichte, sah sich – wie es Paul Veyne schön bezeichnet hat – als »Wörterbuch der Unterschiede«. Kurz: Diese Geschichtsschreibung degradiert diejenigen, die vor uns gelebt haben, nicht zu wissenschaftlichen Abstrakta oder stummem Personal oder bloßen Vorläufern unserer herrlichen Zeiten, sondern erzählt, was anders war. Das Begreifen, warum etwas anders und fremd ist, macht eigene Gedanken.

Es scheint so, dass auch die Humanwissenschaften sich sowohl von den Allmachts- wie von den Ohnmachtsphantasien zu verabschieden beginnen. In Büchern gesprochen, bedeutet das auch den Abschied vom opus magnum, das die Welt erklären will, und das Willkommen für offenere Darstellungsweisen.

Ulrich Raulff (links)

An diesem Punkt der Überlegungen haben wir, 1988, eine neue (innerhalb kürzester Frist mehrfach nachgeahmte) Buchserie gegründet, die *Kleine Kulturwissenschaftliche Bibliothek*, die dem wissenschaftlichen Essay gewidmet ist. Eine Sammlung anstiftender Arbeitshefte, ebenso offen für wissenschaftliche Versuchsanordnungen wie für das, was Aby Warburg die »gute Nachbarschaft« (zu anderen Wissenschaften und Kulturen) nannte.

Es zeigte sich sofort, dass insbesondere der aus anderen Sprachen übersetzte wissenschaftliche Essay offenbar Neuland war: Unter den ersten zwanzig Titeln waren sechzehn fremdsprachige; elf stellten die Autoren im deutschsprachigen Gebiet überhaupt zum erstenmal vor. Und wir kamen mit so außerordentlichen Autoren wie Montgomery Watt, Pierre Nora, Enrico Castelnuovo, Krzysztof Pomian, Arnaldo Momigliano, Yosef Hayim Yerushalmi oder Keith Thomas zusammen. Die Bilanz am Ende des ersten Jahres hat uns dann allerdings auch klargemacht, warum dieses Feld von den Verlegern bislang eher gemieden worden war: zu viele Honorare und zu geringe Auflagen – das schlägt sich eher in Zu- als in Überschüssen

Alain Corbin

Yosef Hayim Yerushalmi

Natalie Zemon Davis

Arnaldo Momigliano

nieder. Für deren Beobachtung war und ist im Verlag freilich Petra Biesenkamp zuständig, seit je gleichmäßig gelassen und heiter, und also geht es weiter.

Wie viele Bücher aber brauchen Zuschüsse! Faustregel bei uns: Etwa zwei Drittel aller Neuerscheinungen. Von denen allerdings hie und da eine zweite oder auch erst die dritte Auflage dann doch noch die Kasse ein wenig auffrischen kann, so geschehen 1989 ausgerechnet bei der Gesamtausgabe aller Shakespeare-Übersetzungen Erich Frieds, als wir (drei umfangreiche Bände samt Begleitbuch!) kalkulatorisch schon alle Hoffnung hatten fahren lassen.

Doris Lessings »Das Leben meiner Mutter« in unterschiedlicher Verpackung. Oben: 1988, 1987. Unten: 2007, 2003

Im Prinzip heißt es aber doch eher, die durch die schönsten Verlustprojekte zu erwartenden Bilanzlöcher ein wenig vorsorglich zu stopfen, wenigstens versuchsweise. Durch Anmessen neuer Hosen zum Beispiel: 1987 veröffentlichten wir Doris Lessings *Das Leben meiner Mutter* als Taschenbuch, mit dem erfolgreichen Untertitel »Mit Bildern aus Afrika« (es waren damals, nicht nur im Film, afrikanische Jahre). Nach etwa 5–7 Jahren ließ der Erfolg nach. Wir haben dann mitten in einer Auflage das Taschenbuch vom Markt genommen und den gleichen Text als (teurere) *SVLTO*-Ausgabe neu veröffentlicht, diesmal nicht mit Bildern aus Afrika, sondern mit einem Bild von Mutter und Tochter – und so dem Buch, in rotem Leinen, als Mutter-Tochter-Bericht, neue Leser verschafft. Später, 2003, brachte es der immer noch gleiche Text, gebunden in schimmerndem Karton, elfenbein und rosé, in einer Taschenbuch-Aktion mit dem Titel *Wilde Weiber – ernsthafte Damen* immerhin innerhalb eines Jahres zu weiteren 4000 verkauften Exemplaren. »Tiderne skifter«, sagt mein freundlicher dänischer Kollege Claus Clausen und hat – nach Bob Dylan – seinen Verlag so genannt: Die Zeiten ändern sich.

Der anscheinend näherliegende ökonomische Rettungsversuch, die Erhöhung des Ladenpreises, ist nur mit großer Vorsicht zu empfehlen, weil Bücherkäufer fast jedes Buch für zu teuer halten. Ein empfehlenswerterer Rettungsversuch hingegen ist die Anthologie, und die Leser des Verlags kennen und lieben sie ja auch, von den früheren *Tintenfischen* zum *Lesebuch* bis zu *Kafkas Prag* (welch letzteres uns ein Unternehmen finanzieren half, für das

Alice Vollenweider und ihr Buch *Italiens Provinzen und ihre Küche*. Daneben: Luigi Pintor und Georges Duby

kein österreichischer und kein deutscher Staat oder Fonds einen Zuschuss geben mochte: die vierbändige Werkausgabe von Erich Fried).

Anthologien müssen allerdings zum richtigen Zeitpunkt erscheinen. So schneiderten wir 1989 der außerordentlich erfolgreichen *Italienischen Reise* (herausgegeben von Alice Vollenweider, die uns auch einen unserer größten Bestseller schenkte: *Italiens Provinzen und ihre Küche*) mit viel Geduld eine *Deutsche Demokratische Reise* nach; sie erschien fast auf den Tag genau zur Öffnung der Mauer, als kein Mensch sich mehr für die Befindlichkeiten der DDR-Bewohner interessieren zu müssen glaubte. Ich konnte das zuerst nicht glauben und bat zwei besonders erfahrene linke Autoren um zwei Bücher: Barbara Sichtermann um eine kleine Marx-Anthologie (*Der tote Hund beißt*) und Lothar Baier um ein Buch zum abstrusen Tempo der Wiedervereinigung (*Volk ohne Zeit*). Beides wurden keine Erfolge. Was freilich auch mit dem Geist der Zeiten zu tun hat, denn die Zeiten, in denen ein Buch eines unbekannten Autors über einen unbekannten Aufruhr in einer unbekannten Stadt (1972: Ferraris, *Die 100 Tage von Reggio*) eine Startauflage von 15.000 Exemplaren hatte, waren vorbei.

Und das hatte keineswegs nur zur Ursache, dass manche Linke ihr politisches Interesse aufgegeben hatten, sondern es lag auch, nach 1989, am Wegfall eines intellektuellen Kampfplatzes. Der in der DDR besonders hoch angesetzt und gehandelt worden war: Da hatte ja die ganze Nomenklatura vor einem Gedicht oder einer Handvoll Prosa gezittert, und das gesamte »Leseland DDR« hatte sich von diesem Zittern anstecken lassen. Der Schüttelfrost ging geradezu schlagartig vorbei: Zehn Jahre nach der Vereinigung lag der Umsatzanteil unserer Bücher in der ehemaligen DDR bei knapp 4 % (statt 20 %). 2013 ist die 5 %-Hürde immer noch nicht geschafft. Dabei hatte ich mir, notabene, die allerschönsten Umsatzsteigerungen erhofft, wo wir doch jahrzehntelang Tausende von Exemplaren unserer schärfsten Ware (von Biermann bis Dutschke) kostenlos in die DDR geschickt hatten, in der sie zudem noch fortwährend weitergereicht und -kopiert worden waren … Aber auch bei uns nahm durch den Wegfall der Hochschätzung von Literatur im Nachbarstaat die Aufmerksamkeit in litteris nicht gerade zu, im Gegenteil: Es wurde eher nachgetreten, am liebsten gegen DDR-Ikonen wie Christa Wolf oder Stephan Hermlin.

Das sind politische Ohnmachten, die ich nur zähneknirschend ertrage, das heißt eigentlich nicht ertrage, wie die immer wiederholten Versuche zeigen, von der Veröffentlichung des schönen Erinnerungsbuches von Luigi Pintor (*Servabo*, 1992) oder Pasolinis Ideologie-Satire (*Große Vögel, kleine Vögel*, 1992) bis zur Gründung eines Essay-Jahrbuchs (*Kopfnuss*, 1993 – wir mussten es nach drei Ausgaben wieder einstellen) und der Publikation von Norberto Bobbios Streitschrift *Rechts und Links* (1994). Alles Versuche, auch bei uns ein paar wichtigen politischen Begriffen wieder aufzuhelfen.

Dem diente auch die 1994 bis zum Ende der Zweistaatlichkeit fortgeführte Neuausgabe der Anthologie zur Auseinandersetzung zwischen Schriftstellern und Staat, *Vaterland, Muttersprache*, ein Buch, das sich also wandelte vom hundertsten *Quartheft* zum zehnten Titel einer neuen Serie, *Quartbücher*, die wir 1990 mit Pasolinis *Ragazzi di vita* begonnen hatten. Geblieben ist es natürlich ein Lesebuch, in dem man nicht nur unseren Staat, sondern auch die Haltung einzelner Schriftsteller über Jahrzehnte hinweg verfolgen und besser begreifen kann als manch schnell urteilender Journalist.

Barbara Herzbruch, KW und Michael Krüger, leicht flegelhaft im Frankfurter Hof, Buchmesse 1988

Fortgeführt hatte die Anthologie, wiederum in Marbach, eine junge Germanistin, Susanne Schüssler, die sich 1990 in den Verlag »eingeschlichen« hatte, wie schon so viele vor ihr. Seit 2002 leitet sie ihn. 1995 erreichte den Verlag nach längerer Zeit auch wieder ein sogenannter Bestseller. In der Rede zum dreißigjährigen Jubiläum (siehe Seite 113) hatte ich noch keck behaupten können, »dass in den sieben Jahren eines literarischen Quartetts noch nie ein Buch des Verlags gezogen wurde« – wenige Monate später traf es dann *Die nackten Masken* von Luigi Malerba. Mit einer Gesamtausgabe (!) von Boris Vian im Taschenbuch ab 1992 hatten wir weniger Glück.

Susanne Schüssler: Pressefrau, Lektorin, Verlegerin

Ein Bade-Ausflug ins frisch hinzugekommene Brandenburg

Aus der Not, in die ihn ein Nonkonformismus gebracht hatte, der im Osten wie im Westen Anstoß erregte, musste Wagenbach eine Tugend machen. Kein leichtes Kunststück, wollte er doch den dafür üblichen Preis, dem eigenen Nonkonformismus einfach abzuschwören, auf keinen Fall entrichten. Wagenbach leistete sich auch weiterhin den radikalaufklärerischen Luxus, in souveräner Umkehrung buchhändlerischer Üblichkeiten die kulturelle Nachfrage zunächst zu erzeugen, die seine Bücher daraufhin beliefern sollte. *Deutschlandfunk, 30.10.1989*

W. Montgomery Watt *Die Araber, das Papier und die Kunst des angenehmen Lebens*

Der heutige Reisende, bezaubert von der Schönheit des Alcázar in Sevilla oder der Alhambra, ahnt etwas von dem luxuriösen Leben derjenigen, die hier einst gelebt haben; und wer sich auf die Literatur einlässt, gewinnt weitere Eindrücke von diesem Stil des angenehmen Lebens aus Erzählungen und Gedichten.

Natürlich gab es im islamischen Spanien zahlreiche Industrien, die Luxusgüter sowohl für den Eigenbedarf als auch für den Export produzierten. Dazu gehörten hinreißende Textilien aus Wolle, Leinen oder Seide; manches davon ist erhalten geblieben. Pelze dienten als Kleiderbesatz oder wurden zu Kleidungsstücken verarbeitet. Die keramische Industrie war hochentwickelt, und aus dem Osten kamen Techniken wie das Bemalen von Kacheln. Das Geheimnis der Kristallglasverarbeitung wurde in der zweiten Hälfte des 9. Jahrhunderts in Córdoba entdeckt.

Zum »angenehmen Leben« gehörte aber auch die Kenntnis von Büchern, denn für die Araber war durch den Gebrauch von Papier der Besitz von Büchern erleichtert worden. Das Papier wurde in China erfunden; um die Mitte des 8. Jahrhunderts sollen einige chinesische Handwerksleute aus arabischer Gefangenschaft freigekommen sein, nachdem sie das Geheimnis der Papierherstellung gelüftet hatten. Schon bald erkannte man die Bedeutung des Papiers, zumal es viel billiger war als ägyptischer Papyrus. Etwa im Jahr 800 baute der Wesir des Hārūn ar-Rašīd, Yaḥyā der Barmakide, die erste Papiermühle in Bagdad. Die Erzeugung von Papier breitete sich in Richtung Westen über Syrien und Nordafrika bis nach Spanien hin aus und wurde allgemein gebräuchlich. Als großes Kuriosum brachten noch französische Wallfahrer im 12. Jahrhundert Papierstückchen aus Compostela mit nach Hause, obgleich Roger II. von Sizilien schon 1090 Papier für eines seiner Schriftstücke benutzt hatte. Von Spanien und Sizilien ging die Verwendung von Papier nach Westeuropa über, doch erst im 14. Jahrhundert wurden Papiermühlen in Deutschland und Italien gebaut.

Der Einfluss des Islam auf das europäische Mittelalter, 1988

Der Diakon begann, sich langsam auszuziehen, wobei er seine schwarzen Kleider zu denen des Mädchens auf ein kleines Strohsofa legte.

Er schloss die Augen und hielt sie so lange geschlossen, bis er sich, als er sie wieder öffnete, ganz nackt im Zimmer stehen sah und das auf dem Bett liegende Mädchen erblickte, auch sie nackt, die langen Haare kunstvoll über das Kopfkissen gebreitet. Einen Augenblick geriet er in Panik – es war das erste Mal, dass er sich in dieser Lage befand, die so natürlich war und doch so schwierig für einen, der vierundzwanzig Jahre alt geworden war, ohne jemals die glorreiche Sünde Adams begangen zu haben.

Das Mädchen hatte die Unerfahrenheit des jungen Diakons sofort erkannt und mochte ihm ihr Repertoire erotischer Phantasien nicht vorführen, um ihn nicht zu erschrecken. Sie drückte ihn mit Seufzen und Stöhnen an sich und half ihm beim Vollführen des Liebesakts mit zartfühlender Hand und einer Beteiligung, die ihm aufrichtig erschien.

Am Ende, noch atemlos von den Mühen der Liebe, fragte Margotta ihn, ob es ihm gefallen habe. Der Diakon antwortete, er habe den Eindruck gehabt, in einer gut gefederten Kutsche zu fahren, und am Ende habe er zu fliegen geglaubt. Das Mädchen lachte bei diesen so neuen und seltsamen Worten.

»In einer Kutsche fahren und dann fliegen: ich hab' noch nie so etwas Lustiges und Merkwürdiges gehört.«

Sie umarmten sich aufs Neue, und sie fragte ihn, ob er wiederkommen würde.

»Du weißt, wo du mich finden kannst, wenn du wieder Kutsche fahren möchtest.«

Der Diakon lächelte dem Mädchen zu, während sie ihre Kleider aus dem Haufen herauslas, in dem sie zusammen mit denen des Diakons auf dem Strohsofa lagen. Statt ihm seine zu geben, damit er sich anziehen konnte, öffnete Margotta das Fenster und warf sie mit großer Geste hinaus. Der Diakon sprang aus dem Bett.

»Was machst du da?«

»Ich habe deine Kleider aus dem Fenster geworfen. Sie sind aufs Dach eines Hauses gefallen, wo man sie unmöglich holen kann.«

Der Diakon beugte sich zum Fenster hinaus und sah seine Kleider unten auf dem Dach verstreut.

»Und wie komme ich jetzt nach Hause?«

»Du musst nackt nach Hause gehn. Ich mache das immer so bei den Priestern, die mit mir ins Bett gehn. Vor einem Monat habe ich die Kleider eines Monsignore aus dem Fenster geworfen. Auch er ist zu Fuß nach Hause gegangen.«

Der Diakon sah sie an, ohne zu begreifen.

»Ich bin sehr religiös. Auf diese Weise lasse ich dich für die Sünde der Unkeuschheit büßen. Im Grunde ist es kein so großes Opfer und danach wirst du dich besser fühlen und musst nicht mal mehr beichten.«

Die nackten Masken, 1995

Norberto Bobbio *Rechts und Links*

Norberto Bobbio

Das am häufigsten zur Unterscheidung von rechts und links angewandte Kriterium ist das der unterschiedlichen Haltung, die die in einer Gesellschaft lebenden Menschen im Hinblick auf das Ideal der Gleichheit einnehmen. Der Begriff der Gleichheit ist relativ, nicht absolut. Er ist relativ in Bezug auf wenigstens drei Variablen, die man immer vor Augen haben muss, wenn die Rede auf die größere oder geringere Wünschbarkeit der Gleichheit kommt: die Subjekte, unter denen die Güter verteilt werden sollen; die zu verteilenden Güter; das Kriterium, auf Grund dessen die Verteilung vorgenommen wird. Kein Verteilungsprojekt kann der Antwort auf die folgenden drei Fragen ausweichen: Gleichheit ja, aber »unter wem?«, »worin?«, »auf Grund welchen Kriteriums?«.

Wenn man sagt, die Linke sei egalitaristisch und die Rechte nichtegalitaristisch, bedeutet das durchaus nicht, dass man, wenn man zur Linken gehören will, die Maxime ausgibt, alle Menschen seien gleich in allem, unabhängig von jeglichem Unterscheidungsmerkmal. Sie sind gleich unter bestimmten Gesichtspunkten und ungleich unter anderen. Um das gängigste Beispiel zu nennen: Im Hinblick auf den Tod sind sie alle gleich, weil alle sterblich sind, aber im Hinblick auf die Art und Weise des Sterbens sind sie ungleich, weil jeder auf andere Weise stirbt.

Die augenscheinliche Widersprüchlichkeit dieser beiden Feststellungen – »Die Menschen sind gleich«, »Die Menschen sind ungleich« – hängt ausschließlich von dem ab, was man beobachtet. Also gut: Man kann diejenigen durchaus als Egalitarier bezeichnen, die, ohne zu verkennen, dass die Menschen ebenso gleich wie ungleich sind, eher dem größere Bedeutung beimessen, was sie gleich statt ungleich macht, um sie zu beurteilen und ihnen Rechte und Pflichten zu übertragen; Nichtegalitarier diejenigen, die, von der gleichen Feststellung ausgehend, um desselben Zieles willen dem größere Bedeutung beimessen, was die Menschen ungleich statt gleich macht. Es handelt sich dabei um einen Gegensatz zwischen subtilen Entscheidungsmöglichkeiten, die ihre Wurzeln in historischen, gesellschaftlichen, kulturellen, auch familiären und vielleicht biologischen Bedingungen haben. Die Rechte ist viel eher geneigt, das Natürliche und die zweite Natur zu akzeptieren, die sich in Gewohnheit, in Tradition, in der Kraft des Vergangenen ausdrückt. Der Artifizialismus der Linken gibt nicht einmal vor den offensichtlich natürlichen Ungleichheiten auf, denen, die nicht der Gesellschaft zugeschrieben werden können.

Ich sage nicht, eine größere Gleichheit sei etwas Gutes und eine größere Ungleichheit etwas Schlechtes. Ich will nicht einmal behaupten, dass eine größere Gleichheit immer und in jedem Fall anderen Gütern wie der Freiheit, dem Wohlstand, dem Frieden vorzuziehen sei. Mittels dieser historischen Hinweise will ich lediglich bekräftigen, dass, wenn es ein charakteristisches Element in den Doktrinen und Bewegungen gibt, die sich links nennen und als solche allgemein anerkannt werden, dies der Egalitarismus ist.

Rechts und Links, 1994

Natalia Ginzburg   Mein Vater: Simpeleien

Wenn, als ich noch ein Kind war, meine Geschwister oder ich bei Tisch ein Glas umstießen oder ein Messer fallen ließen, dann donnerte die Stimme meines Vaters: Benehmt euch nicht rüpelhaft!

Wenn wir die Sauce mit Brot auftunkten, rief er: Schleckt die Teller nicht aus! Macht kein Geschmier! Macht keine Sudeleien!

Geschmier und Sudeleien waren für meinen Vater auch die modernen Bilder, die er nicht leiden konnte.

Er pflegte bei Tisch die Leute, die er während des Tages gesehen hatte, zu kommentieren. Er war sehr streng in seinen Urteilen und bezeichnete fast alle als Dummköpfe. Ein Dummkopf war für ihn wie »ein Simpel«. Der scheint mir ein schöner Simpel, sagte er von einem neuen Bekannten. Neben den »Simpeln« gab es auch die »Neger«. Ein »Neger« war für meinen Vater, wer sich linkisch, ungeschickt und schüchtern benahm, wer sich unpassend kleidete, wer nicht bergsteigen konnte und wer keine Fremdsprachen kannte.

Natalia Ginzburg

Jede Handlung oder Gebärde, die ihm unpassend erschien, bezeichnete er als »eine Negerei«. Seid keine Neger! Macht keine Negereien! rief er ständig. Die Stufenleiter der Negereien war groß: Bergsteigen mit Stadtschuhen, ein Gespräch anfangen mit einem Reisegefährten im Zug oder einem Passanten auf der Straße, vom Fenster aus mit den Nachbarn schwatzen, die Schuhe im Wohnzimmer ausziehen, um sich die Füße am Heizkörper zu wärmen, sich beim Bergsteigen über Durst, Müdigkeit oder Blasen an den Füßen beklagen, auf die Wanderungen gekochte und ölige Speisen mitnehmen oder Servietten, um die Hände abzuwischen.

Auf die Bergwanderungen durfte man nur Fontinakäse, Marmelade, Birnen und hartgekochte Eier mitnehmen und nur Tee trinken, den mein Vater selber auf dem Spirituskocher zubereitete.

Eine Negerei war es, wenn man den Kopf mit einem Taschentuch oder Strohhut vor der Sonne schützte, Regenkapuzen trug oder Schals, alles Kleidungsstücke, die meiner Mutter lieb waren und die sie am Morgen vor dem Aufbruch für uns und sich in den Rucksack einzuschmuggeln versuchte, die mein Vater aber, wenn sie ihm in die Hände gerieten, zornig wegwarf.

Wenn wir auf den Wanderungen unsere genagelten Bergschuhe, die so schwer wie Blei waren, unsere wollenen Socken, Mützen und Gletscherbrillen auf der Stirn trugen, wenn die Sonne senkrecht auf unsere schweißbedeckten Köpfe brannte, dann betrachteten wir neidisch »die Neger«, die in leichten Tennisschuhen aufstiegen oder an den Tischen des Chalets Schlagsahne verzehrten.

Familienlexikon, 1993

Ich behaupte ja nicht, dass eine faschistische Machtergreifung vor der Tür steht. Aber diese Sache zum Schnee von gestern zu erklären, dazu gehört auch eine starke schönfärberische Energie. Eine Passage, mit der Martin Walser in seinem Text »Über Deutschland reden« besonders deutlich unter sein Niveau gerät, hat folgenden Wortlaut:

»An dieser Stelle mache ich gern den Fehler, meinen Widersachern vorzuwerfen, sie verewigten den Faschismus dadurch, dass sie auf antifaschistischen Haltungen bestünden ...«

Muss man eine solche Geschmacklosigkeit übergehen, nur weil ihr Autor kokett ankündigt, er mache nun einen Fehler? Mir scheint, dass er an dieser Stelle dem gesunden Volksempfinden sehr nahe kommt: Frauen sorgen für immer neue Vergewaltigungen, indem sie mit langen Haaren und kurzen Röcken herumlaufen; Juden halten mit ihrem jüdischen Getue den Antisemitismus am Leben; und die Antifaschisten haben nicht genug Verstand, zu erkennen, dass es längst keinen Faschismus mehr gäbe, wenn sie mit ihren Überreaktionen aufhören könnten. Einmal war ich Zeuge, wie ein Hundebesitzer zum Vater eines gebissenen Mädchens sagte: »Wenn Ihre Tochter stehen geblieben wäre wie ein vernünftiger Mensch, wäre das nicht passiert.«

Zur Not hätte man sich den zuletzt zitierten Walserschen Satz als Unbedachtheit erklären können, als eine Grube, in die Aphorismussucht einen Autor hat stürzen lassen. Doch diese Hoffnung macht er sofort zunichte: »Darüber müssen einmal Geschichtsschreiber sich wundern: Wie viele bedeutende Leute Jahrzehnte nach der Erledigung des Faschismus ihren Zorn und ihr gutes Gewissen lebenslänglich durch antifaschistische Regungen belebten ...«

Hier komme ich mit meinem Ärger nicht mehr aus, denn das ist empörend. Walser tut, als wäre Faschismus eine Streitigkeit innerhalb der Familie gewesen und als litten alle, die nicht müde werden, vor ihm zu warnen, an Einfallslosigkeit. Als fräßen sie von einer dummen Sache das Gras ab, das längst darüber gewachsen ist.

Tut mir leid, aber von meiner Familie sind an die zwanzig Personen vergast oder erschlagen oder verhungert worden, irgendwie spielt das für mich noch eine Rolle. Ich habe nicht so kuschelige Kindheitserinnerungen wie Walser. Sollte das der Grund sein, warum Deutschland eher seinesgleichen gehört als meinesgleichen?

Ich kann es nicht ändern, wenn er an dieser Stelle die Augen verdreht, weil ich schon wieder mit diesen langweiligen Geschichten von gestern komme. Vielleicht tröstet es ihn, zu hören, dass sie nicht nur ihm nicht gefallen, sondern auch mir nicht. Vielleicht muss er aber auch begreifen, dass es noch andere Empfindlichkeiten gibt als die eine, die er so sparsam vorführt.

Ich habe mich in Wut geschrieben und muss aufpassen, dass mir der Bremsweg nicht zu lang wird. Es hat ja wenig Sinn, Satz für Satz einer Rede zu zitieren, um sodann das Fragwürdige daran ans Licht zu zerren; und wenn es Sinn hat, dann ist es auf Dauer doch öde. Dabei wimmelt Walsers Text von Stellen, deren bloße Wiederholung wie üble Nachrede erscheint. Nationalistisches Geschwafel wird ja nicht dadurch erträglicher, dass der Redner zuvor einige schöne Bücher geschrieben hat. Umgekehrt: Ich muss mich dagegen wehren, dass mir diese Bücher nicht plötzlich in einem neuen Licht erscheinen.

Ohne Zweifel gibt es Themen, über die sich kaum vorurteilsfrei debattieren lässt, ohne Zweifel gehört das Thema »Deutsche Einheit« dazu, für mich. Fast jedesmal, wenn ich an solchen Gesprächen teilnahm, konnte ich eine Merkwürdigkeit beobachten: dass die anderen, die Vereinigungswilligen, auch noch ganz andere Positionen vertraten, die mir verdächtig vorkommen, und zwar stets dieselben. Sie fühlen sich, so lange nach Kriegsende, als Opfer der Sieger, herumgestoßen; für sie ist Faschismus ein erledigtes, enthauptetes exotisches Ungeheuer, nicht eine Möglichkeit, die gegenwärtig ist und im Auge behalten werden muss; sie sind Geschichtssentimentalisten; sie glauben, im vereinten Deutschland würden sie den Gerüchen und Geschmäcken ihrer Kindheit wiederbegegnen; sie haben ein (für meine Begriffe) übersteigertes Bedürfnis nach Verwurzeltsein, daher bluten sie aus Wunden, die niemand außer ihnen wahrnimmt. Sie können es nicht bei konservativen Ansichten belassen, sie müssen immer gleich reaktionär werden.

Vaterland, Muttersprache,
Erweiterte Ausgabe 1994

Klaus Wagenbach *Meinung und Kontinuität*

Der Verlag ist vor 30 Jahren freiwillig, ohne Einladung und Zuschüsse nach Berlin gekommen. Er ist ein Verlag in Berlin, aber kein Berliner Verlag. Er wird sich auch künftig nicht regionalisieren, sondern ein internationaler Verlag bleiben. Für die Hauptstadtentscheidung ist er dankbar, weil sie helfen wird, den Westberliner Schrebergarten aufzulösen.

Der Verlag ist und bleibt ein Meinungsverlag. Und er vertritt – im Gegensatz zu mancherorts eingerissenen Sitten – seine Meinung auf eigene Kosten. Die Meinung besteht darin, auch jetzt, nach dem glücklichen Jahr 1989, unsere Gesellschaft samt sozialer Marktwirtschaft nicht vorlaut zu feiern, sondern nachdenklicher zu betrachten. Und die Laune, die zu diesem Denken gehört, die schöne Literatur also, soll weit sein und nicht eng, unternehmungslustig machen statt nur betroffen, Licht verbreiten, auch wenn mal der Strom ausfällt. Da es aber auch bei uns in Deutschland viele trübe Tassen, Dunkelmänner und Schlafmützen gibt, ist der Import von Geschirr, Beleuchtungskörpern und Wachmachern aus dem Ausland notwendig. Ich denke dabei besonders an einen südlichen Nachbarn, der keineswegs nur aus der Toskana besteht. Obwohl ich darauf hinweisen muss, dass wir Mitbegründer der Toskanafraktion sind, freilich mit dem Zusatz meines Freundes Otto Schily, dass es sich bei der Toskana um einen Arbeiter- und Bauernstaat handelt; das hat die DDR offenbar zu spät erfahren.

Wir wollen mit der äußeren Form der Bücher unseren Respekt vor Autoren und Lesern ausdrücken. Ich will nicht sagen: deutsches Design und italienische Präzision, aber so ungefähr. Ein praktischer Protest gegen die Wegwerfgesellschaft. Unsere Bücher sagen: Fass mal an, riech mal, willkommen Eselsohr, hallo Bleistift – wenn Du willst, bleib ich länger bei Dir.

Jubiläumsfeiern in einem Pumpenhaus (1989, 1995). Links: Matthias Beltz bei seiner freien (!) Rede über die Linke

Ein solcher Verlag ist auf dauernden Widerspruch und dauernde Zuneigung angewiesen, auf aufmerksame Komplizen unter Kritikern, Buchhändlern und Lesern. Die ihn beobachten, auf Irrwegen folgen oder nicht folgen. Entscheidend ist dabei die Kontinuität. Die Arbeit unseres Verlags unterscheidet sich ja eben dadurch von der vieler anderer. Sie ist kein Lotterielos, und es ist deswegen auch kein Zufall, dass in den sieben Jahren eines literarischen Quartetts noch nie ein Buch des Verlags gezogen wurde. Kontinuität bedeutet auch, dass die Arbeit des Verlags im Kontext gesehen werden muss, im Kontext der eigenen Arbeit und Geschichte: Sie selbst wissen, dass dies zuerst ein Ost-West-Verlag zu unpassender Zeit war, dann ein Verlag der Studentenbewegung, den die Westberliner Justiz zu ersticken versuchte, dann ein Verlag, der durch freibeuterischen Import Bewegung in die Köpfe jener Freunde zu bringen suchte, die beim Marsch durch die Institutionen in denselben eingeschlafen waren, dann ein Verlag, der die Provokationen der Kulturwissenschaften verbreiten half, und heute, mit Ihrer Hilfe, ein richtiger, ordentlicher, auf vielen Gebieten tätiger Verlag, der auch das Wagnis größerer Projekte auf sich nehmen kann.

Aus der *Rede zum 30-jährigen Jubiläum*

Oben rechts:
KW vor zuschauenden Kollegen

Darunter: Tanzfeste und eine Kostümparty zur »guten alten Zeit« der siebziger Jahre.

Horst Bredekamp *Winckelmann*

Horst Bredekamp

Winckelmanns »Geschichte der Kunst des Alterthums« markiert einen tiefen Einschnitt. In ihr zeigt sich, daß die antiken Skulpturen aus der Korrespondenz mit der Mechanik entlassen sind, womit sowohl die Einheit von Kunst und Technik wie auch die Verkettung der Glieder: *Natur – antike Skulptur – Kunstwerk – Maschine* gesprengt ist. Der Verlust wird durch die neu gewonnene Funktion der Kunst, ein ideales Verhältnis des Menschen zur klimatischen, das heißt natürlichen, wie auch zur zweiten, politischen Natur zu verkörpern, in eine Besiegelung ihrer Höherwertigkeit umgemünzt.

Die Folgen waren so schwerwiegend wie anhaltend. Entlassen in die Freiheit der Zwecklosigkeit, stieg die Kunst zur Krone und zum Ziel aller menschlichen Tätigkeit auf. Ein erster Effekt lag darin, daß Winckelmanns Gleichsetzung von Klassizismus und republikanischer Freiheit die Kunstlehre der französischen Revolution maßgeblich prägte.

Die bedeutendste Wirkung von Winckelmanns klassisch-republikanischem und zugleich dem Reich der Zwecke enthobenem Kunstbegriff aber liegt darin, daß dieser die Theorie des modernen Kunstmuseums begründete. Als Gefäß der befreiten Menschheit übernimmt das Kunstmuseum im Zuge der französischen Revolution das gesamte Prestige, das bisher die Kunstkammer als enzyklopädische Institution beanspruchen konnte. Nachdem Teile des enteigneten königlichen Kunstbesitzes in die Grande Galerie des Louvre überführt worden waren, wurde dem Ikonoklasmus des Terreurs entgegengehalten, daß hier die bisher versklavten Kunstwerke befreit worden wären, um die Revolution zu bekrönen.

Antikensehnsucht und Maschinenglauben, 1993

Djuna Barnes *Gegen die Natur*

Djuna Barnes

Ich hasse die Natur. Die Natur und die Einfachheit.

Ich habe sie immer gehasst. Ich fühle, dass ich sie immer hassen werde. Ich habe die Einfachheit schon in der Wiege gehasst. Ich neigte im zarten Alter von sechs Monaten zu Perioden grimmigen Schweigens, weil ich wusste, dass mich eine einzige Sicherheitsnadel zusammenhält. Ich hätte gerne gefühlt, dass meine Persönlichkeit mindestens drei Sicherheitsnadeln verlangt. O ja, wie hätte ich geschwelgt in dem Bewusstsein, dass ich, als einziges Baby in meiner Gemeinde, drei Sicherheitsnadeln brauche, die verhindern, dass ich mich auswickle.

Ich bin stolz auf mein goldnes Haar und meine hohen Absätze und die rotbraunen Handschuhe, und an der Art, wie meine Nasenlöcher beben, ist zu erkennen, dass ich gar köstlich gelitten habe an Fragen wie dieser: Wem hat Conrad mehr abgewonnen, den Frauen oder der See?

Ich vertrete fortschrittliche Ideen, aber keine pöbelhaft fortschrittlichen. Ich halte mich schön der Zeit voraus, wobei ich am vorteilhaftesten aussehe; den Kopf halb über die Schulter zurückgewandt, winke ich meiner Generation.

Ich bin eine kultivierte Frau. Es ist nicht zu bestreiten, dass ich viel gereist bin. In allem, was ich tue, ist ein Quäntchen Europäisches: Beispielsweise versuche ich immer, wenigstens ein Land zwischen mich und meine politischen Überzeugungen zu legen – das ist unüblich bei einer Frau, geben Sie es zu.

Außerdem habe ich gute Manieren. An meinem Gang kann man sehen, dass ich Napoleons Gruft und das Grabmal von Oscar Wilde besucht habe und die Wachsfiguren im deutschen Gruselkabinett. Es ist etwas an der Art, wie ich im Sessel sitze, was Ihnen eine Ahnung davon gibt, dass ich die Satteltechnik der Jeanne d'Arc in allen besseren französischen Ortschaften studiert habe; und nur jemand, der die große Treppe der Opéra mit besonders ehrfürchtigem Schritt emporgestiegen ist, könnte die Füße mit dem Gefühl von Verhängnis heben, das ich ihm einflöße, wenn ich die meinen hebe.

Verführer an allen Ecken und Enden, 1994
Zeichnung von Djuna Barnes

Michael Krüger *Flüchtig*

1

Hinterm Schuppen, wo ein magerer Rasen
über dem ruhenden Hangschutt liegt, wächst,
seit der Schnee zergangen und der Boden –
Lehm und Ton, mit Sand und Kies vermengt –
wieder sichtbar, eine Pflanze, die es vorher
hier nicht gab. Auch der Briefträger, an Post
nicht interessiert, dafür botanisch beschlagen,
steht kopfschüttelnd vor dem zottig-drüsig
behaarten Stiel und der kopfigen Narbe,
streicht über den gelb gefärbten Unterwulst
und sagt, die Rechnungen übergebend: Kulturflüchter.

2

Und weiter oben, der Sonne schon näher,
zeigt er mir Pflanzen mit gewimperten Blättern,
zierlich geadert, deren Kronen, gegen den Saum zu,
violette Drüsenpunkte zieren. Nur in Braunau,
sagt er, bisher, und das Geblök der Lämmer,
die das Seltene achtlos zupfen, scheint ihm
recht zu geben. Die Pflanzen wandern schneller,
die Chemie macht ihnen Beine, das sieht man
an den dreizipfeligen Unterlippen hier an der
Blumenkrone. Stierbeutel, Fetter Maulaufreißer,
sagt er und ist mit seiner Tasche schon davon.

Idyllen und Illusionen, 1989

Dora Diamant *Kafka und die Puppe*

Als wir in Berlin waren, ging Kafka oft in den Steglitzer Park. Ich begleitete ihn manchmal. Eines Tages trafen wir ein kleines Mädchen, das weinte und ganz verzweifelt zu sein schien. Franz fragte es nach seinem Kummer, und wir erfuhren, dass es seine Puppe verloren hatte. Sofort erfindet er eine plausible Geschichte, um dieses Verschwinden zu erklären: »Deine Puppe macht nur gerade eine Reise, ich weiß es, sie hat mir einen Brief geschickt.« Das kleine Mädchen ist etwas misstrauisch: »Hast du ihn bei dir?« »Nein, ich habe ihn zu Hause liegen lassen, aber ich werde ihn dir morgen mitbringen.« Das neugierig gewordene Mädchen hatte seinen Kummer schon halb vergessen, und Franz kehrte sofort nach Hause zurück, um den Brief zu schreiben.

Am nächsten Tag trug er den Brief zu dem kleinen Mädchen, das ihn im Park erwartete. Da die Kleine nicht lesen konnte, las er ihr den Brief laut vor. Die Puppe erklärte darin, dass sie genug davon hätte, immer in derselben Familie zu leben, sie drückte den Wunsch nach einer Luftveränderung aus, mit einem Wort, sie wolle sich von dem kleinen Mädchen, das sie sehr gerne hätte, für einige Zeit trennen. Sie versprach, jeden Tag zu schreiben – und Kafka schrieb tatsächlich jeden Tag einen Brief, indem er immer wieder von neuen Abenteuern berichtete, die sich dem besonderen Lebensrhythmus der Puppen entsprechend sehr schnell entwickelten. Franz schrieb jeden Satz des Romans so ausführlich, dass die Situation der Puppe völlig fassbar wurde: die Puppe war gewachsen, zur Schule gegangen, hatte andere Leute kennengelernt. Sie versicherte das Kind immer wieder ihrer Liebe, spielte dabei aber auf andere Pflichten an, die ihr im Augenblick nicht gestatteten, das gemeinsame Leben wieder aufzunehmen.

Das Spiel dauerte mindestens drei Wochen. Franz hatte eine furchtbare Angst bei dem Gedanken, wie er es zu Ende führen sollte. Denn dieses Ende musste ein richtiges Ende sein, das heißt, es musste der Ordnung ermöglichen, die durch den Verlust des Spielzeugs heraufbeschworene Unordnung abzulösen. Er suchte lange und entschied sich endlich dafür, die Puppe heiraten zu lassen. Er beschrieb den jungen Mann, die Verlobungsfeier, die Hochzeitsvorbereitungen, dann das Haus der Jungverheirateten: »Du wirst selbst einsehen, dass wir in Zukunft auf ein Wiedersehen verzichten müssen.« Franz hatte den Konflikt eines Kindes durch die Kunst gelöst, durch das wirksamste Mittel, über das er persönlich verfügte, um Ordnung in die Welt zu bringen.

»Als Kafka mir entgegenkam …«, 1995

Nina Wagenbach, Susanne Schüssler und KW auf der Frankfurter Buchmesse (2000) bei der Erörterung der Frage: Wie geht es weiter?

1996 – 2001

Unabhängig ins Jahrtausend

Um die Mitte der neunziger Jahre zeigte sich, dass die Interessen der Buchkaufhäuser (resp. Buchketten) und der Einzelbuchhandlungen immer deutlicher auseinanderdrifteten. Dort die Konzentration auf das Gängige, den berüchtigten »Schnelldreher«, auf der anderen Seite entweder der (meist übel endende) Versuch, es den Großen gleich zu tun, oder aber wohlsortierter Widerstand: die Rückbesinnung auf Charakter und Profil. Um diese Buchhandlungen zu stützen, haben wir 1996 zum erstenmal (und seitdem stetig) eine Liste von Buchhandlungen in der *Zwiebel* veröffentlicht, die mindestens etwa zwanzig Prozent (ja, man soll nicht hochmütig sein!) unserer lieferbaren Bücher am Lager haben. Entgegen allen Untergangsprognosen hat sich übrigens die Zahl dieser Buchhandlungen kaum verändert, sie liegt stets zwischen 300 und 310 (in Österreich und der Schweiz bei je 20).

Im Fall der Verlage und was die Folgen der Konzernbildung für die Gesellschaft angeht, bleiben die Warnungen André Schiffrins in seinem Buch *Verlage ohne Verleger* bestehen. Aber das sind Gefahren keineswegs nur für das Neue, sondern das gilt auch für das allseitige Interesse, die Pflege der umfassenden Halbbildung, der der *Freibeuter* seine Beutezüge widmete – wir mussten ihn, mit großer Trauer, nach zwanzig Jahren einstellen.

Dagegen wurden 1997 den *Taschenbüchern* mehr als eine neue Hose verpasst, es war auch eine inhaltliche Wendung, die wir damals so beschrieben: »Wir wollen an der allgemeinen Läppischkeit ebenso wenig teilnehmen wie an den verbreiteten Erinnerungs- und Gedächtnisstörungen.«

Letzteres bezog sich insbesondere auf Italien, für das wir eine Reihe *Klassiker der italienischen Literatur des zwanzigsten Jahrhunderts* einrichteten, und die Schatzgräberbegeisterung oder Wiedersehensfreude waren groß: Pirandello, Gadda, Brancati, Landolfi, Moravia, Morante, Rodari, Parise, Bassani, Flaiano, Ortese, Sciascia, Verga – bei vielen Autoren hatten wir Glück und konnten ihnen zu neuen Lesern verhelfen, so wie es uns schon mit Pasolini, Malerba oder Natalia Ginzburg gelungen war. Das hing natürlich auch mit dem Erfolg anderer Italien-bezogener Taschenbücher zusammen: Brillis kulturgeschichtliche Reisebücher, Mantellis kurze Geschichte des Faschismus, Friederike Hausmanns immer wieder fortgeführte

Elsa Morante

Elio Vittorini

Goffredo Parise

Luigi Pirandello

Nachkriegsgeschichte Italiens oder die Polemiken von Paolo Flores d'Arcais, die, zwar italienisch, zugleich die Brücke herstellten zu anderen eingreifenden Essays, wie beispielsweise denen von Wolfgang Ullrich.

Meine Freude an Anthologien habe ich natürlich auch mediterran ausgelebt (etwa in *Die weite Reise – Lügengeschichten am Mittelmeer*), oder im *SVLTO*. Ich nenne nur zwei Beispiele: einmal *Nach Italien! Anleitung für eine glückliche Reise*, ein Lesebuch, das von der Vorstellung ausging, was wohl ein gutwilliger, wenn auch etwas kenntnisloser Reisender im Stau am Brenner lesen möge zur Information über italienische Kochtöpfe, Straßen, Literatur, Ansichten, Gesten (mit Abbildungen!) oder Redensarten. Es wurde (und blieb) ein großer Erfolg, der auch dem zweiten Projekt beschieden war, obwohl die Idee falsch und die Arbeit mühsam war:

Ich dachte mir (auch gerade noch einmal Vater geworden), dass es in diesem so unerhört kinderfreundlichen Land wie Italien eine ebenso unerhörte Menge an Geschichten für Kinder von bedeutenden Autoren geben müsse. Weit gefehlt. Ganze drei Autoren hatten mehrere Geschichten für Kinder geschrieben – Alberto Moravia, Luigi Malerba und natürlich Gianni Rodari. Alle anderen oft nur eine – von Italo Calvino über Stefano Benni bis Gianni Celati und Antonio Tabucchi. Den Italiener treibt offenbar nicht unseren ›furor paedagogicus‹ und so hat dieses Buch ganz konsequent auch nur eine deutsche Ausgabe. Eine italienische gab es nicht.

Das vergangene Jahrhundert beschlossen zwei sehr erfolgreiche Bücher und ein geglückter Umzug. Die Bücher waren Michel Houellebecqs *Ausweitung der Kampfzone* und Andrea Camilleris *Der unschickliche Antrag*. Den Umzug bescherte uns, verspätet, der Hauptstadtbeschluss: Das Haus am Nollendorfplatz, in dem der Verlag viele Jahre arbeitete, wurde kroatische Botschaft, wir mussten weichen, wollten aber nicht in die Neue Mitte wegen zu erwartender Miet- und anderer, gedanklicher, Erhöhungen. Auch hier hatten wir Glück und gerieten an den Ludwigkirchplatz in freundliche, geradezu professionelle Gegend.

In diesen neuen Räumen besuchte mich Heinz Berggruen, Kunsthändler und Schnurren-Erzähler. Plötzlich sagte er: »Hier war ich schon einmal«. Es stellte sich heraus, dass er vor seiner Emigration als junger Mann für die Zeitung des »Centralverbands deutscher Staatsbürger jüdischen Glaubens« gearbeitet hatte – so hatten wir unvermutet historisches Gelände gewonnen.

Das neue Jahrtausend feierten wir mit zwei ungewöhnlichen Büchern. Das eine Buch war Horst Bredekamps *Sankt Peter in Rom und das Prinzip der produktiven Zerstörung*, ein – wenn auch über Jahrhunderte – naheliegendes Paradigma für Abriss als Aufbau.

In derselben Zeit begann ich darüber nachzudenken, wer den Verlag in Zukunft führen solle. Bei derartigen Gelegenheiten fällt Verlegern, die vorher ihren Verlag gut geführt (manchmal aber auch ödipalisiert) haben, oft nichts Besseres als ein mehrköpfiges Führungs-Gremium ein. Seltsamerweise, sie sehen sozusagen vom eigenen Beispiel ab. Mit solchen Verlagsmodellen und -verfassungen, die im Ernstfall nichts taugen, hatte ich aber glücklicherweise Erfahrungen. Ein Gremium haftet nicht, ein Verleger ja, ökonomisch wie inhaltlich. Ein Verkauf des Verlags kam nicht infrage, also nur die Schenkung an *eine* Person. Ich fand sie in Susanne Schüssler, geboren 1962, die bereits seit über einem Jahrzehnt im Verlag arbeitete und zum Beispiel für die Neuausrichtung des Taschenbuchprogramms verantwortlich war. Im Lektorat, das aus Margit Knapp, Susanne Schüssler, Hans-Gerd Koch und mir bestand, werden die Titel ohnehin gemeinsam festgelegt, so wie wir im gesamten Verlag den Konsens bevorzugen, bis hin zu wöchentlichen Informationssitzungen. Daran ist also Susanne ebenso gewöhnt wie meine Tochter Nina, die gleichfalls seit über einem Jahrzehnt im Verlag arbeitet und den Vertrieb leitet.

Von oben links: Andrea Camilleri • Gianni Rodari • Paolo Flores d'Arcais • Giorgio Bassani

Giorgio Vasari, Selbstportrait

Ja, und ich? Ich gehe als heiterer Rentner jeden Tag in den Verlag und sehe mit Vergnügen alle Augen auf mich gerichtet, wenn es um eine schwierige Anthologie (wie diese) geht oder einen besonders ehrwürdigen Autor. Oder ein komplexes kunst- oder kulturhistorisches Buch. Da fiel mir 2003 ein Geschenk des Himmels zu, das ich seit fast zwanzig Jahren erhofft hatte: ein Brief von Alessandro Nova vom Kunsthistorischen Institut der Frankfurter Universität (an dem ich in grauer Vorzeit promoviert hatte!). Er bot dem Verlag eine Neuübersetzung und Neukommentierung der *Künstlerleben* von Giorgio Vasari an. Wir wurden uns auf der Stelle einig, die ersten sechs Bände erschienen 2004. Inzwischen sind (Ende 2013) 41 Bände lieferbar, vier gedruckte Bände (und fünf elektronische) stehen noch aus: Die umfangreichste – und dabei am meisten ausgeklügelte Edition in der Geschichte des Verlags, deren Abschluss manche Unke dem Verlag nicht zugetraut hatte.

Im Übrigen kann auch nach fünfzig Jahren für den Verlag (aber nicht nur für den Verlag) noch immer ein Satz Theodor Fontanes gelten, von Alexander Kluge im vierten *SVLTO* zitiert:

»Gewonnen kann durch Trübseligkeit nie etwas werden.«

Anarchie, Hedonismus, Geschichtsbewusstsein – diese Trias unkonventioneller linker Tugenden, auf die sich Wagenbach seit Jahrzehnten beruft, zielt auf die deutschen Leser ab, mit denen ihn eine »abneigende Zuneigung« verbindet.

Neue Zürcher Zeitung, 11.7. 2000

Andrea Camilleri *Die Hure von Sciacca*

An einem eiskalten Februartag erreichte die Polizeistation von Girgenti eine Mitteilung, wonach um 20 Uhr mit dem Postwagen eine Prostituierte eintreffen sollte, die mit Ausweisungsbescheid wieder in ihren Heimatort im Inneren Siziliens zurücktransportiert werde. Es ging also darum, diese Frau in die Sicherheitszelle zu bringen und sie am folgenden Tag in einen Zug zu setzen.

Mit dieser Sache wurde Agatino beauftragt, ein hervorragender Polizist. Wegen des schlechten Wetters kam der Postwagen erst um Mitternacht an. Da nun aber keinerlei Beschreibung der Prostituierten beigefügt war, dachte Agatino, es sei klug, sich neben jeder Frau aufzustellen, die aus dem Wagen stieg, ihr die Lampe dicht ans Gesicht zu halten und ganz arglos zu fragen:

»Sind Sie die Hure von Sciacca?«

Er wurde von den Ehemännern, Vätern, Brüdern, Cousins oder anderen Verwandten der so angesprochenen Frauen ziemlich übel zugerichtet. Benommen und blutend näherte er sich der letzten Frau und stellte auch ihr, mit hauchdünner Fistelstimme, seine Frage.

»Ja«, antwortete die Hure.

In seiner Dankbarkeit hätte nur wenig gefehlt, und Agatino wäre ihr um den Hals gefallen. Er brachte sie in die Sicherheitszelle, empfand aber Mitleid mit diesem vor Kälte erstarrten Geschöpf: Um keine Versuchungen unter den Männern des Begleitpersonals aufkommen zu lassen, hatte der Polizeikommandant verfügt, sie auf dem Zugdach, im Freien, mitfahren zu lassen.

Agatino machte Feuer in einem Holzkohlenbecken, aber das reichte nicht aus. Er brachte es nicht übers Herz, sie alleine zu lassen, und nahm sie mit zu sich nach Hause. Sie redeten die ganze Nacht. Am nächsten Tag fuhr die Frau nicht mit dem Zug ab, wie sie es hätte tun sollen, sondern blieb in Agatinos Wohnung.

Drei Monate später heirateten sie. Agatino, der Polizist, quittierte seinen Dienst und arbeitete als Maurer. Sie bekamen berühmte Kinder, die reinen Herzens aufwuchsen, so dass die besten Familien nur neidisch werden konnten. Und das ist auch der Grund, weshalb ich Agatinos Familiennamen hier nicht nennen will.

Fliegenspiel, 2000

Natalie Zemon Davis *Elternschaft*

Ende des siebzehnten Jahrhunderts – im Jahre 5451 nach der jüdischen Zeitrechnung – schrieb eine jüdische Kauffrau aus Hamburg, genannt Glikl, für ihre vielen Kinder eine Geschichte auf.

Sie erzählte von einem Vogel, der mit seinen drei Jungen am Ufer des Meeres lebte. Eines Tages kam ein großer Wind auf, der das Wasser auf das Ufer zutrieb. »Wenn wir nicht bald auf jener Seite vom Meere sind, so sind wir verloren«, sagte der alte Vogel zu den Jungen, die noch nicht flügge waren. So nahm er das erste Junge zwischen seine Füße und flog mit ihm über das Meer. Als sie mitten über dem Meer waren, sagte der alte Vater zu seinem Sohn: »Mein Kind, welche Nöte und Sorgen habe ich mit dir und wie wage ich mein Leben um deinethalben. Wenn ich nun alt sein werde, willst Du mich in meinem Alter ernähren?« Das Junge antwortete: »Mein herzlieber Vater, bring mich nur über das Wasser, ich will in deinem Alter alles für dich tun, was du von mir verlangst.« Daraufhin warf der alte Vogel seinen Sohn ins Meer und sagte: »So soll man es mit einem Lügner, der du bist, machen«.

Der alte Vogel holte das zweite Junge. Mitten auf dem Meer stellte er dieselbe Frage. Das Vögelchen sagte ihm auch, alles Gute in der Welt zu tun, gleichwie das erste geredet hatte. Wieder warf der alte Vogel sein Junges ins Meer. Als er mit dem dritten Vögelchen mitten auf dem Meer war, stellte er auch ihm dieselbe Frage. Darauf antwortete das kleine Vögelchen: »Mein lieber Vater, es ist alles wahr, dass du große Not und Sorge für mich hast. Ich bin schuldig, solches wieder an dir abzugeben, wenn es möglich sein wird, aber gewiss kann ich es nicht sagen. Aber wenn ich auch einmal werd Junge kriegen, so will ich bei meinen Kindern tun, wie du bei mir tust.« Da sagte der Vater: »Du redest recht, dich will ich leben lassen«.

Glikls Geschichte von dem Vogel, der nicht so leichtgläubig war wie König Lear, war nicht unmittelbar für ihre Kinder gedacht. Die Vogelgeschichte stand vielmehr zusammen mit anderen am Anfang einer sorgfältig konstruierten jiddischen Autobiographie, die sie über die Jahre hinweg zu vollenden und bei ihrem Tod ihren Kindern zu vermachen gedachte.

Mit Gott rechten. Das Leben der Glikl bas Judah Leib, 2003

Gianni Rodari *Die falsch erzählte Geschichte*

Der schöne Umschlag von Axel Scheffler für »Italienische Kindergeschichten«

»Es war einmal ein kleines Mädchen, das hieß Gelbkäppchen.«
»Nein, Rotkäppchen!«
»Ach ja, Rotkäppchen.
Seine Mutter rief es und sagte zu ihm: Hör mal, Grünkäppchen …«
»Aber nein, Rotkäppchen!«
»Ach ja, Rotkäppchen.
Geh zu Tante Diomira und bring ihr diese Kartoffelschalen.«
»Nein: Da hast du ein Stück Kuchen und eine Flasche Wein, bring das der Großmutter.«
»Schon gut. Das Mädchen ging in den Wald und begegnete einer Giraffe.«
»Du bringst alles durcheinander! Es begegnete dem Wolf, keiner Giraffe.«
»Und der Wolf fragte: Wieviel ist sechs mal acht?«
»Gar nicht wahr! Der Wolf fragte: Wo hinaus so früh?«
»Du hast recht. Und Schwarzkäppchen antwortete …«
»Es war Rotkäppchen, rot, rot, rot!«
»Ja, und es antwortete: Ich gehe auf den Markt, um Tomatensoße zu kaufen.«
»Nicht im Traum: Zur Großmutter, sie ist krank und schwach, aber ich weiß den Weg nicht mehr.«
»Richtig. Da sagte das Pferd …«
»Was für ein Pferd? Es war doch ein Wolf.«
»Klar. Und er sagte: Du fährst mit der Linie fünfundsiebzig, steigst am Domplatz aus, biegst rechts ab, dann wirst du drei Stufen und ein Geldstück auf dem Boden finden, lass die drei Stufen stehen, heb das Geldstück auf und kauf dir einen Kaugummi.«
»Großvater, du kannst wirklich keine Geschichten erzählen, du erzählst alles falsch. Aber Kaugummi kaufst du mir trotzdem.«
»Schon gut: Da hast du das Geld.«
Und Großvater las wieder seine Zeitung.

Das fabelhafte Telefon, 1997

Michel Houellebecq *Beim Psychiater*

Michel Houellebecq

Am Nachmittag lasse ich mir einen Termin bei einem Psychiater geben. Es gibt da ein System für dringende psychiatrische Fälle, das über Minitel funktioniert: Man tippt seinen Zeitwunsch in die Telefontastatur, und sie liefern einem den Arzt. Sehr praktisch. Der meine heißt Doktor Népote. Er wohnt im sechsten Arrondissement (wie viele andere Psychiater, nach meinem Eindruck). Ich komme um 19 Uhr 30. Der Mann sieht unglaublich psychiaterhaft aus. Seine Bibliothek ist tadellos geordnet, keine aufdringlichen afrikanischen Masken, keine Originalausgabe von ›Sexus‹; also kein Psychoanalytiker. Hingegen scheint er ›Synapse‹ abonniert zu haben. Die Vorzeichen könnten besser nicht sein.

Die Episode meiner schiefgegangenen Reise in die Ardèche scheint ihn zu interessieren. Er bohrt ein wenig nach und entlockt mir das Geständnis, dass meine Eltern aus dieser Gegend stammen. Schon hat er eine Fährte: Seiner Meinung nach bin ich auf der Suche nach einer »stabilen Identität«. Alle meine Reisen, verallgemeinert er kühn, seien »Wegstrecken einer Identitätssuche«. Schon möglich; trotzdem habe ich Zweifel. Die berufsbedingten Reisen zum Beispiel mache ich schließlich nicht aus freien Stücken. Aber ich will nicht mit ihm streiten. Er hat eine Theorie, das ist gut. Letzten Endes ist es doch immer besser, eine Theorie zu haben.

Wochenende ohne besondere Zwischenfälle; ich schlafe viel. Es wundert mich, dass ich erst dreißig bin; ich fühle mich viel älter.

Der Zwischenfall am nächsten Montag ereignete sich gegen zwei Uhr nachmittags. Das Büro war voller Leute. Ein Mädchen trat ein, warf missbilligende Blicke auf die Versammelten und wandte sich schließlich an mich, um mir zu sagen, dass ich zuviel rauche; ich sei unerträglich und würde nicht die leiseste Rücksicht auf die anderen nehmen. Ich antwortete mit einem Paar Ohrfeigen. Sie starrte mich entgeistert an.

Es vergeht eine Weile, dann sagt sie: »Gut ...«, mit idiotisch herabhängendem Kinn. Alle richten ihre Blicke auf uns. Schweigen. Ich drehe mich um, rufe mit lauter Stimme in den Raum: »Ich habe einen Termin beim Psychiater!« und gehe hinaus. Tod eines Angestellten.

Ausweitung der Kampfzone, 1999

Totó *Die Instruktion*

Am Abend, wenn die Sonne verschwindet
und dem Mond die Instruktion für die Nacht gibt,
sagt sie ihm ins Ohr: »Ich gehe nach Hause,
empfehle dir alle Verliebten.«

Neapel. Eine literarische Einladung, 1998

André Schiffrin *Die Notwendigkeit der Bücher*

Mittlerweile ist vielen Leuten bewusst, dass unsere Gesellschaft grundlegende Änderungen erfährt, seit dem Geld solch zentraler Stellenwert zugesprochen wird. Andere Werte, auf die man bislang als Gegenkräfte gebaut hatte, verschwinden rasch aus dem Blick. Nicht nur unser Besitz, auch unsere Arbeitsplätze und sogar wir selbst sind zu Waren geworden, die man nach Belieben kauft und weiterverscherbelt an den, der das meiste bietet. Gewiss gab es auch schon andere Zeiten, in denen man solche Umbrüche beobachten konnte – nur sind die Folgen diesmal im Zug der Globalisierung und der Industrialisierung der Medien überwältigend.

Was sich im Verlagswesen abgespielt hat, ist um keinen Deut schlimmer als das, was auch bei den übrigen Freiberuflern geschieht – und trotzdem kommt dem Umbruch in der Verlagswelt die allerhöchste Brisanz zu: Denn nur in Büchern lassen sich Argumente und Fragen ausführlich und im Detail darstellen. Bücher waren traditionell das einzige Medium, bei dem zwei Leute – sprich: der Autor und ein Verleger – sich darauf einigen konnten, dass etwas gesagt werden musste, und es dann mit vergleichsweise wenig Geld bewerkstelligten, mit ihren Thesen an die Öffentlichkeit zu treten.

Bücher unterscheiden sich ganz wesentlich von anderen Medien – anders als bei Zeitschriften spielen die Inserenten keine Rolle, und anders als Fernsehen und Kino ist das Buch nicht auf ein Massenpublikum angewiesen.

Bücher können es sich leisten, antizyklisch zu sein, neue Ideen zu präsentieren, den Status quo herauszufordern, all das in der Hoffnung, langfristig ein Forum für ihr Anliegen zu finden. Die Bedrohung, der sich solche Bücher und die in ihnen enthaltenen Ideen – eben das, was man früher als den Markt der Ideen bezeichnet hat – neuerdings ausgesetzt sehen, stellt nicht allein für die gewerbsmäßigen Büchermacher, sondern auch für die Gesellschaft als Ganzes eine gefährliche Entwicklung dar. Wir müssen daher neue Mittel und Wege zur Beibehaltung des Diskurses finden, der früher als unverzichtbarer Bestandteil einer demokratischen Gesellschaft galt.

Wir müssen darauf hoffen, dass in den kommenden Jahren immer mehr Leute hier in den Vereinigten Staaten, in Europa und anderswo begreifen werden, wie gefährlich es ist, in einer Kultur zu leben, die lediglich eine begrenzte Auswahl an Ideen und Alternativen bietet; wir müssen begreifen, wie unabdingbar es ist, dass in einer Gesellschaft viele und sehr unterschiedliche Standpunkte zur Diskussion stehen. Kurzum: Wir müssen uns wieder daran erinnern, wie wichtig Bücher schon immer in unserem Leben gewesen sind.

Verlage ohne Verleger, 2000

Wolfgang Ullrich *Deutsche Kunstbetrachtung*

Wolfgang Ullrich

Wer lange andachtsvoll und schweigend vor einem Kunstwerk stehen bleibt, müsste sich im Grunde als jemand verdächtig machen, dessen Erwartungen sich nicht erfüllten, der die Vergeblichkeit seines Bemühens aber auch nicht einsieht. Doch zieht man es im allgemeinen vor, in ihm einen Kunstkenner zu erblicken, der sich dem Werk angemessen, sakral hochgestimmt nämlich, nähert und deshalb auch um so stärker überwältigt wird.

Der Naumburger Westchor in seiner Rundung und Abgeschlossenheit bietet sich für diese Haltung der Ehrfurcht besonders an. Entsprechend suggerieren viele Beschreibungen eine andachtsartige Begegnung – eine »Weihestunde« –, bei der jeder andere Mensch als Störung empfunden würde. Dass man »der einzige Besucher« gewesen sei, wird eigens betont. Alles andere als »schweigende Ehrfurcht« wäre deplaziert.

Schweigen soll nicht nur die Kraft des Kunstwerks hervortreten lassen, sondern gilt häufig auch als Beleg der Überwältigung: Wer schweigt, gibt zu verstehen, dass er sich außerstande fühlt, das Empfundene sprachlich wiederzugeben. (Versucht er es doch, so wird das Pathos des Schweigens in Worte übersetzt, die ihrerseits mehr Pathos als Beschreibungsqualität besitzen.)

Vor allem den verunsicherten Kunstgläubigen war es wichtig, sich korrekt und im Einklang mit einer ehrwürdigen Tradition vor die Kunstwerke zu begeben. Wenn dann »nichts passiert« und um dem Eingeständnis zu entkommen, vor dem Werk versagt zu haben – nicht »willig« genug gewesen zu sein –, deutet der Betrachter sich sein Schweigen so weit um, dass daraus ein Ergriffenheitsschweigen wird, und spricht sodann all die sinnschweren Begeisterungsklischees nach, die er aus den Berichten anderer Kunstenthusiasten kennt.

In Naumburg konnte sich das Warten auf eine Kunstoffenbarung auch mit der Hoffnung auf eine große Zukunft verbinden. Der Westchor wurde so zum sakralen Warteraum, und die Stifterfiguren »scheinen einem Schweigen des Beschauers zuvorzukommen und schweigen dadurch um so mehr gegen ihn her«.

Zur großen Zukunft schreibt Lothar Schreyer dann 1934: »Der Freiheit des deutschen Menschen ist im Westchor ein Denkmal errichtet. Es ist die Freiheit der Gemeinschaft, erwacht in Menschen gleicher Art, errungen im heroischen Kampf. Sie opfert sich auf, damit der einzelne und das Volk, damit WIR leben.«

Uta von Naumburg, 1998

Uta von Naumburg

Stefano Benni
Melinda, du diabolische Wespe

Stefano Benni

Der Präsident denkt an Melinda. Die junge Frau ist oben in irgendeinem der endlosen Flure der Weißen Villa, umgeben von den wachsamen Blicken der Leibwache und dem Duft frischer Blumen. Vielleicht ist sie in einem der Spezialbüros, ihre gebräunten Beine baumeln von einem Ministersessel hinab, ihre Füßchen stehen auf einer Geheimakte, der Träger ihres rosa Hemdchens hängt schief auf ihrer Schulter, der Schulter, an der der Präsident so gern knabbert, gierig wie ein Säugling. Ach, violettäugige Melinda, seit einem Jahr begehrt er sie, doch bislang nichts als flüchtige Berührungen und verstohlene Küsschen. Melinda, die ihm unter Tischen auflauert und hinter Vorhängen, diese diabolische Wespe, dieses freche Tintenfischlein, und die ihn dann allein lässt, so dass er nur noch einsam und wütend wichsen kann, wahrscheinlich via Cosmonet auf die Maxpig.com-Site übertragen. Wie neulich, als der baltische Botschafter ihn am Telefon beschimpfte und sich von seiner brüchigen, ächzenden Stimme besänftigen ließ. »Ich sehe, dass Ihnen das Problem doch nicht gleichgültig ist«, hatte Anatoli Krevtschenko überrascht gesagt, doch Max stöhnte gar nicht wegen Azukistan, sondern wegen dem, was Melindas neckisches Mäulchen zwischen seinen Beinen trieb.

Oh baby, bad bad baby, du junge Praktikantin aus dem Süden mit seinen Baumwollfeldern und Sklavenhaltern, wie gern würde ich dich zu meiner Odaliske machen, wie gern würde ich dich zwischen den ausgestopften Bären des geschichtsträchtigen Rocky-Mountains-Saales jagen, wie gern würde ich dich auf dem Kriegsmodell flachlegen, unter den neugierigen Blicken der Zinnsoldaten. Doch auch heute kann ich dich nicht treffen, denn der Präsident muss fast gänzlich treu sein, das sagen die Staatssekretärin und der Geheimdienst-König.

»Oder soll ich aufhören zu spielen?« fragt der Präsident auf einmal mit Blick auf das ferne Loch Nummer drei, den halb blauen, halb schwarzen Himmel und den Hitzeschleier, durch den die Wolkenkratzer im Hintergrund flimmern. Ein einfacher Schlag, und alles ist in Butter. Aber genau dann versagt er immer. Je näher er dran ist, desto schwieriger wird das Einlochen, beim Golf wie bei Melinda.

Geister, 2001

Heinz Berggruen
Ein Fahrstuhl mit gepolsterten Türen

KW mit Heinz Berggruen

Unser Haus hatte, was als besonders vornehm galt, einen Fahrstuhl mit gepolsterten Türen und damastbespannten Wänden. Weil wir im ersten Stock wohnten, durften wir ihn allerdings nicht benutzen. Erst von der zweiten Etage aufwärts besaßen die Mieter einen Schlüssel zum Lift. Ich hatte einen gleichaltrigen Freund im dritten Stockwerk – er hieß Robert Lantz, wir nannten ihn Robby -, mit dem ich mich regelmäßig zum »Fahrstuhlfahren« verabredete, rauf und runter, rauf und runter. Das fanden wir aufregend, obwohl gar nichts geschah. Aber es war nun einmal verboten.

Eines Tages wurden wir von unserem unwirschen Portier ertappt und mit barschen Worten herausexpediert. Zwei Tage später erhielt Robbys Vater einen strengen Verweis vom Hausverwalter, daß das Benutzen des Lifts Kindern ohne Begleitung streng untersagt sei. Das war das Ende unserer Fahrstuhlreisen.

Wie es sich damals gehörte, gab es einen Vorder- und einen Hintereingang. Der Hintereingang führte über eine halsbrecherisch enge und steile Wendeltreppe mit trostlos matter Beleuchtung und bereitete mir immer Unbehagen. Der Vordereingang war für Personal und Lieferanten tabu. An der gewichtigen Gußeisentür des Haupteingangs war ein Emailleschild angebracht mit der Aufschrift »Nur für Herrschaften«.

Vergeblich zermarterte ich mir mein Hirn. Einen Herrn Schaften hatte ich in unserem Haus noch nie gesehen. Wer denn Herr Schaften sei, fragte ich meinen Vater, und ob es stimme, daß nur Herr Schaften diesen Eingang benutzen dürfe. »Wie kann ein Kind nur so dummes Zeug reden«, wies mich mein Vater zurecht. Aber der Herr Schaften ging mir jahrelang nicht aus dem Kopf.

Das Haus in der Konstanzer Straße gibt es nicht mehr. Mein Freund Robby lebt wohl irgendwo in Amerika, und sollten wir, zwei leicht gebeugte weißhaarige alte Herren, uns treffen und Fahrstuhl fahren wollen, dann gäbe es nicht einmal mehr einen schlechtgelaunten Portier.

Und längst habe ich auch begriffen, daß es keinen Herr Schaften gibt, sondern nur Herrschaften.

Monsieur Picasso und Herr Schaften, 2001

Die Mitarbeiter des Verlags, 2004: Stehend, von links: Katrin Haas (Vertrieb), Doreen Engel (Lehrlingin), Inga Kolk (Kommunikation), Julie August (Herstellung), Margit Knapp (Lektorat), Beatrice Faßbender (Presse), Hans-Gerd Koch (Lektorat), Birgit Thiel (Herstellung). Sitzend: Petra Biesenkamp (Finanzen/Rechte), Susanne Schüssler (Leitung), KW (Lektorat), Nina Wagenbach (Vertrieb), Annette Wassermann (Presse/Lektorat)

2002–2007

Generationswechsel

Als ich 1991 anfing, für den Verlag zu arbeiten, beäugten sich beide Seiten mit einiger Skepsis. Ich kam aus dem aufgeräumten München, hatte bei verschiedenen aufgeräumten Verlagen gearbeitet und war gerade frisch promoviert. Die ganze Welt schien offenzustehen, man musste nur zupacken. Der Verlag machte mir einen fröhlichen, dafür aber weniger aufgeräumten Eindruck: überall wurde improvisiert, man blieb die halbe Nacht, um Texte zu schreiben oder ein Buch druckfertig zu machen, und ging anschließend noch ein Glas trinken. Verblüfft stellte ich fest, dass auch auf diese Art präzise und wunderschöne Bücher entstanden. Und in gewisser Weise kam mir die anarchische Arbeitsweise entgegen: wer Lust hatte, etwas auszuprobieren oder Neues zu wagen, der wurde ermutigt, Ideen wurden aufmerksam angehört, und waren sie noch so versponnen.

Dem anfänglichen Fremdeln folgte der Ausbau der Pressearbeit, die Organisation der Lesungen kam hinzu, dann die ausländischen Prüfexemplare, die Autoren- und Lizenzverträge, schließlich immer mehr Lektoratsarbeit, worunter auch die inhaltliche Neugestaltung der Taschenbuchreihe fiel.

Kurz vor mir war Nina Wagenbach in den Verlag gekommen, sie war gelernte Buchhändlerin und übernahm den Vertrieb, krempelte ihn um. Gemeinsam haben wir eine Neuerung mit beträchtlichen Folgen im Verlag eingeführt – eine technische Errungenschaft, die wir bis heute oft beklagen: Der erste Computer zog in die Räume der Ahornstraße ein. Ein unersättlicher Zeitfresser, der zwar beachtliche Möglichkeiten bot, dessen Tücken aber bis heute immer wieder zu lautstarken, durch den Verlag hallenden Wutausbrüchen führen. Nur aus dem (computerfreien) Büro von Klaus Wagenbach tönt hin und wieder der zarte Ruf: »Mein Farbband ist zu Ende!«

Als Klaus Wagenbach mir vorschlug, den Verlag weiterzuführen, kam dies nicht aus ganz heiterem Himmel (obwohl: der Himmel war heiter!). Seit 1996 war ich Mitgeschäftsführerin, viele wichtige Entscheidungen hatten wir seit einiger Zeit gemeinsam getroffen. Leicht fiel mir die Antwort dennoch nicht:

Ist es möglich, einen von einem Gründungsverleger geprägten und auf eine Person zugeschnittenen Verlag autonom weiterzuführen?

Kann es gelingen, in einer evasorischen Zeit das Programm neu auszurichten, ohne das klare Profil zu verlieren? In einer zunehmend auf das leicht Verkäufliche schielenden und Bestseller-betrunkene Branche weiterhin für anspruchsvolle Bücher die notwendigen Auflagen zu erreichen?

Können neue Leser gewonnen werden, ohne die treuen, mit dem Verlag älter gewordenen zu verlieren?

Würde ich neue Organisationsstrukturen einführen und dabei alte, sinnvolle Modelle am Leben halten können?

Aber vor allem: Würde Klaus Wagenbach dies alles zulassen? In Kauf nehmen, dass ich Entscheidungen anders treffen, andere Inhalte in den Vordergrund stellen, dass ich »Fehler« machen würde?

Das Wagnis wollte ich eingehen, wissend um den ein oder anderen rauen Wind, der mir um die Nase blasen würde und der nur mit einem sonnigen Selbstbewusstsein (leicht gesagt!) zu ertragen wäre (noch heute möchte mancher doch lieber mit dem »Chef« selbst sprechen – auch nach der Jahrtausendwende sind die autoritären und machistischen Verhaltensweisen nicht verschwunden). Gelingen konnte dies alles meiner Überzeugung nach nur mit einem fließenden Übergang.

Schon in den Jahren zuvor hatten wir vorsichtig angefangen, neue programmatische Schwerpunkte zu setzen, die nun deutlicher sichtbar wurden. Die Zahl der Neuerscheinungen nahm zu, mit einer Verlagerung hin zur Literatur. Viele junge Autoren stellten wir erstmals vor, wie Tiziano Scarpa, Davide Longo, Santiago Gamboa, Martin Page, Christophe Honoré, Tanguy Viel, A.L. Kennedy, Colin McAdam, Keith Ridgway, Thomas Lang und Hans Aschenwald. Und wie diese Aufzählung zeigt, wurde das Programm »internationaler«, wenn auch mit Italienschwerpunkt. Zu den deutschen und italienischen Autoren gesellten sich englische und kanadische; vor allem blieb unser Blick aber auf die romanischen Sprachen gerichtet, auf die Literatur aus Frankreich und Spanien und besonders aus dem spanischsprachigen Amerika.

Einige dieser Autoren brachten es gleich mit dem ersten Buch auf deutsch zu einer beachtlichen Auflage von 20 bis 30 000 Exemplaren (Longo, Page, Kennedy). Für den Verlag war das ein Glücksfall – was umgekehrt jedoch nicht bedeutet, dass wir die anderen Autoren nicht hätten publizieren sollen: Manche Autoren erfreuen das Lektoren- und Verlegerherz mit schönen Auflagen, manche mit hymnischen Rezensionen (und

Die jungen Autoren: Colin McAdam • Martin Page • Davide Longo • Santiago Gamboa • Tanguy Viel • Tiziano Scarpa
Die reiferen Herren: Alan Bennett mit Schwein • Ricardo Piglia • Manuel Vázquez Montalbán

Margit Knapp, KW, Susanne Schüssler auf der Suche nach italienischen Autoren in Turin (unter anderem). Rechts: Nina Wagenbach

bleiben doch bei 2000 verkauften Exemplaren stecken); andere brauchen einen längeren Anlauf zum Erfolg (z.B. Scarpa), müssen aber bis dahin mit anhaltendem Enthusiasmus gefördert werden.

Apropos: Die »Pflege von Autoren« haben sich ja viele Verlage auf die Fahne geschrieben und bezeichnen sich gar als »Autorenverlag« (was anderes als Autoren bitteschön soll ein Verlag veröffentlichen?). Dennoch passiert es nicht selten, dass kapitale Autoren bei ausbleibendem oder abnehmendem Erfolg wieder fallengelassen werden oder – obwohl mit beachtlicher Liste – erst gar keinen deutschen Verlag finden, weil ihre Bücher als zu schwierig für den hiesigen Markt gelten.

Der Veröffentlichung solcher »arrivierter« literarischer Autoren, die viel Ehr, aber nicht unbedingt Umsatz versprechen, sollte neben der Vorstellung junger Autoren ein fester Raum im Programm reserviert sein. Neu gewinnen konnten wir in diesen Jahren u.a. den Argentinier Ricardo Piglia, den Mexikaner Sergio Pitol, den Engländer Alan Bennett und den k.u.k.-amerikanisch-deutschen Juden George Tabori. Gegen das schnelle Vergessen und die Sucht nach Neuem richteten sich auch die Wiederauflagen wichtiger Titel als Taschenbuch im eigenen Programm. Und unsere Büchertrüffelschweine wur-

KW beim 80. Geburtstag von Tilmann Buddensieg

Ulrich K. Preuß

Josef H. Reichholf

Paul Ginsborg

Dieter Richter

den öfters auch in Archiven und Bibliotheken fündig (manchmal lohnt auch ein Blick ins eigene Bücherregal). Es erschienen z.B. *Der Mann der Donnerstag war* von G.K. Chesterton und *Terra!* von Stefano Benni. Unendlich viel gab es zu entdecken und wiederauszugraben, darunter auch die seit sehr langer Zeit vergriffene Dissertation von Klaus Wagenbach über die Jugend Kafkas, neu kommentiert.

Schwieriger gestaltete es sich, unsere Vorstellung von einem eingreifenden, jedenfalls interessanten Sachbuch in ein Programm umzusetzen, das ein Publikum fand. Eine neue Generation von Lesern schien das Interesse an komplexen theoretischen Büchern verloren zu haben. Politik und Geschichte fanden weniger Leser, zumindest hatten diese Themen an Reputation eingebüßt. War es in den siebziger Jahren noch verächtlich, gewisse Bücher *nicht* im Bücherregal stehen zu haben, so wuchs umgekehrt das Ansehen

Zum 50. Jubiläum von Feltrinelli: Gary Fisketjon, Christian Bourgois, Inge Feltrinelli, Ed Victor, Jorge Herralde, Matthew Evans, Peter Mayer und ins Bild geholt: Youngster Susanne Schüssler (siehe Seite 74)

mit der *richtigen* Bibliothek. Mein Verdacht: Auch damals wurde wenig davon wirklich gelesen (geschweige denn verstanden). Heute schmücken sich selbst akademische Haushalte nur noch selten mit einer ordentlichen Bibliothek; die Statussymbole sind nicht mehr zum Blättern, sondern zum Tippen (und mittlerweile zum Wischen).

Von politischen Büchern wollten wir trotzdem nicht lassen. So hatte der Politologe Ulrich K. Preuß unter dem Eindruck des 11. September 2001 ein luzides und dabei mutiges, weil auch moralisch-religiös argumentierendes Buch über *Krieg, Verbrechen, Blasphemie* geschrieben (es erlebte immerhin eine zweite Auflage als Taschenbuch). Zwei Bücher setzten sich mit dem für Mitteleuropäer nur schwer fassbaren Phänomen Berlusconi auseinander: Paul Ginsborgs kühle Biographie des Unternehmer-Politikers (2004) und eine in der Not von uns selbst für deutsche Leser zusammengestellte Anthologie (2002), da es kein passendes Buch zum Übersetzen gab. Drittes Beispiel war ein Fanal gegen den Ökokolonialismus in Europa von dem Evolutionsbiologen Josef H. Reichholf, inzwischen in der 3. Auflage.

Viel leichter war das vertrackte Sachbuchproblem mit kulinarisch ausgestatteter Kulturgeschichte im weitesten Sinn zu lösen. 2005 kam Dieter Richter mit seiner hervorragend recherchierten und dabei unterhaltsam geschriebenen Neapel-Biographie in den Verlag, es folgten die Geschichte des Vesuv (2007) und des Südens (2009). In schöner Leinenausstattung mit aufgeklebtem Schild, Prägung und farbigem Vorsatzpapier erschienen auch Tilmann Buddensiegs Nietzsche-Buch, eine Neuüber-

Betriebsausflug zu unserer Auslieferung Koch, Neff & Oetinger, 2003 • Begeisterung bei einer Computer-Schulung

Alle waren bei uns tätig! Alumnitreffen 2006

setzung des *Kamasutra* und – 15 Jahre später als verabredet (Verleger brauchen Geduld) – die Biographie Federicos da Montefeltro von Bernd Roeck und Andreas Tönnesmann.

Und was geschah sonst? Die Branche wurde von einer handfesten Krise gebeutelt, der härtesten seit langem. Insolvenzen im Handel, reihenweise Verlagsverkäufe, drastische Einschnitte in der Kultur, in den Medien insbesondere für Buchbesprechungen, und erneut der Rotstift bei großen Verlagen. Wieder einmal setzten die Abwehrversuche nicht beim abnehmenden Kaufwillen der Kunden an, stattdessen brach ein Verteilungskampf aus: Die Buchhandelsketten wollten die Verlage zwingen, sich Regalmeter in ihren Läden zu kaufen (logischerweise zu Lasten der kleineren Verlage). Die Leser sollten sich mit einer begrenzten Titelzahl zufriedengeben, bei Weltbild-plus waren für jede Filiale nur noch 1 000 Titel vorgesehen (eine mittlere Buchhandlung führt etwa 48 000), Bestellungen wurden nicht angenommen. Die Barsortimente (Zwischenhändler) definierten A-, B- und C-Verlage (natürlich nach Umsatz und nicht nach Inhalten) und boten den kleineren Buchhandlungen zur Kostendämpfung fertig gepackte Warengruppen- (Themen-) Pakete mit Büchern aus unterschiedlichen Verlagen an. Die Verlage wehrten sich mit dem Modell von Versandgemeinschaften.

Nach dem Motto »Geiz ist geil« wurden das Preisgefüge und die Einsicht in die Notwendigkeit eines festen Ladenpreises durch die Billig-Editionen erschüttert – ohne ästhetische und inhaltliche Absicht, vielmehr bestimmt durch die Verfügbarkeit von Lizenzen und durch Verkäuflichkeit. Kurzum: Allseits wurde gekämpft – gegeneinander. Die Wurzel des Problems blieb unberührt. Aber diese Krise sollte erst der Anfang einer grundlegenden Umwälzung sein.

Und bei uns?

Niederlagen Djuna Barnes, *Im Dunkeln gehn.* Die dunkle Seite der Kultautorin mit hohen Auflagen traf auf sehr mäßiges Interesse. Und die von Hanns Zischler herausgegebenen Naturgedichte wurden von den Buchhändlern erst gar nicht in die Regale gestellt.

Preise Aby-M.-Warburg-Preis (2005) und Max-Planck-Forschungspreis (2006) an Horst Bredekamp (2001 war der Sigmund-Freud-Preis vorausgegangen – er ist in der Wissenschaft unser »Preiskönig«), Premio Cervantes an Sergio Pitol (2005), Österreichischer Toleranzpreis an Klaus Wagenbach (2006), Österreichischer Staatspreis an A. L. Kennedy (2007).

Außerdem 2006 fand die erste der jährlichen Versammlungen der Wagenbach-Alumni statt.

Der Generationswechsel, der viele deutsche Verlage im Familienbesitz gefährdet, ist Klaus Wagenbach ziemlich lautlos geglückt. Politisch, qualitätsorientiert und unabhängig – mit diesen drei Motiven präsentiert sich Susanne Schüssler als zeitgemäße Verkörperung des Wagenbach-Mythos. *Stuttgarter Zeitung, 26. 6. 2004*

Vierzig Jahre, gefeiert am Wannsee. Rechts außen: Festredner Wolfgang Thierse. Im Übrigen: Getümmel

A. L. Kennedy *Gespräch unter Liebenden*

A. L. Kennedy

»Ich weiß, wir hatten vereinbart, dass ich dich nicht anfasse, und das verstehe ich auch. Du hast Prinzipien, und gewisse Dinge kannst du nicht zulassen. Aber ich finde ... du bist so weit weg. Findest du nicht auch, dass du weit weg bist?«

»Ich glaube schon.«

»Darf ich deine Hand halten?«

Das ließ Helen zu: eine kleine, formelle Berührung, wie sie auch auf der Straße möglich wäre.

»Ich liebe dich, Helen.« Noch bevor sie den Sinn der Worte erfasst hatte, fuhren sie heiß durch ihren Körper, in jede erdenkliche Richtung.

Helen wusste keine Antwort, also drückte sie seine Hand.

»Ich dachte, ich könnte ... also, es ist nichts Schlimmes, sonst würde ich dich nicht darum bitten, aber du musst nicht. Aber ich dachte, nachdem du dich für mich ausgezogen hast, könnte ich etwas für dich tun.« Er sah sie geduldig an, sie konnte nichts verbergen. »Und natürlich auch für mich.«

Er holte eine kleine Schere aus der Tasche. »Ich möchte dir die Haare schneiden. Wenn ich darf.«

»Meine Haare?«

Er ließ seinen Blick über ihren Körper wandern, bis sie merkte, was er meinte. »Nicht auf dem Kopf.« Er neigte den Kopf in Richtung des angenehmen Schmerzes, der sie bis zum Rückgrat durchzog. »Da. Ich möchte dich dort ... zurechtmachen. Es muss nicht sein, absolut nicht, aber du hast mich schauen lassen – und du bist herrlich anzuschauen –, und wenn ich die Haare abschneide, dann könnte ich ... noch mehr sehen.«

Als nur noch ihr Gewissen zwischen ihr und Edwards Wunsch stand, merkte sie, wie klein und geschmeidig ihr Gewissen war. Ein kleiner Druck von Edward, und schon floss es davon, und sie sah die glänzende Schere näher kommen und fragte sich freudig, wie kühl und seltsam sie sich wohl anfühlen werde. Sie spürt das Ziehen, die Anziehungskraft des Mannes neben ihr, das Verlangen, das durch ihr Blut kreist, und sie wird ihm nachgeben.

Edward kniete vor ihr und schnitt die Haare dicht über der Haut ab. Besonders behutsam an ihren feuchten Schamlippen. Helen sah zu, wie sie unter der Schere jünger wurde und wie sie sich einem neuen, hungrigen Gefühl öffnete. Als sie kam, hielt Edward die Schere still, aber dicht an sie, betrachtete sie aufmerksam, sah in sie hinein wie in ein feuchtes Fernglas.

Dann sprach er mit ihr: ein angespannter, flüsternder Monolog bei seiner Arbeit. »Wenn du jetzt ganz still hältst ... wirklich ganz still, ja, so. Du bist perfekt. Vollkommen. Einfach sehr, sehr schön.«

Sie vertraute ihm. Egal, was er tat, sie würde ihm vertrauen. Egal, worum er bat, sie würde es gewähren. Dieser Gedanke erfüllte sie mit dumpfer, süßer Furcht. Sie fand heraus, wer sie war.

Edward sprach schon eine ganze Weile, aber sie hatte nicht zugehört, denn sie konzentrierte sich darauf, unter dem rhythmischen Hauch seines Atems still zu verharren.

»Ich kann nicht an die Bilder denken, wenn ich dich ansehe. Dies hier ist ganz anders. Die Bilder enden immer gleich. Das finde ich schrecklich. Sie enden immer mit dem Eindringen in die Frau, hier hinein.« Sie reckte sich ihm ein wenig entgegen, um seiner Beschreibung entgegenzukommen. »Man hat den Eindruck, sie suchen etwas, sie tasten herum.« Seine Worte trafen warm auf ihre Schenkel. »Sie tasten darin herum, wie in einer Jackentasche oder wie in der Sofaritze nach verlorenem Kleingeld –, und dies hier ist etwas ganz anderes. Dafür ist es nicht gemacht.« Er strich mit dem Daumen über ihre neue, glatte Oberfläche. »Es ist kein Ding. Das bist du. Aber auf den Bildern geht es immer nur hinein, als wollten sie die Standardgröße feststellen, die richtige Passform.«

Gleissendes Glück, 2000

Hans Aschenwald *Im Hochwald*

Schlafen die Bäume
Werden leicht und jung
Gönnen uns von Herzen dieses Leben
Im Alter unsere nackten Körper auf das Moos gebettet
Kein Wort im Mund kein Satz im Bauch
Schlafen wir mit ihnen ein
Halten unser Auge offen

aus: *Wurzelfieber*, 2003

Ricardo Piglia *Die Geschichte von der Cabaret-Tänzerin Coca*

Marcelo, der Bruder meiner Mutter, hatte eine vermögende Frau mit dem unglaublichen Namen Esperancita geheiratet, von der es hieß, sie habe ein schwaches Herz, schlafe immer bei Licht und bete in traurigen Stunden laut vor sich hin, damit Gott sie auch ja hören könne. Mein Onkel Marcelo war nach sechs Monaten Ehe mit dem Geld seiner Angetrauten durchgebrannt, um mit einer Cabaret-Tänzerin mit Spitznamen Coca zusammenzuleben. Kühl und höflich wie immer, zeigte Esperancita den Diebstahl an und setzte alle Hebel in Bewegung, bis die Polizei ihn etwas später aufspürte; er lebte in Saus und Braus unter falschem Namen in einem Hotel in Río Hondo.

Ich erinnere mich an die Zeitungsausschnitte, in denen über den Fall berichtet wurde und die in einer mehr oder weniger geheimen Schublade im Kleiderschrank aufbewahrt wurden, dieselbe, in der mein Vater auch die *Physiologie der Leidenschaften und die sexuelle Technik* von Professor van de Velde zusammen mit Briefen und verschiedenen Papieren und Urkunden, darunter auch meine Geburtsurkunde, aufbewahrte. Nach komplizierten Manövern, mit denen ich mir als Kind die Zeit der Siesta vertrieb, öffnete ich die Schublade und spionierte die Geheimnisse des Mannes aus, von dem zuhause alle nur ganz leise sprachen. »Überführt und geständig« lautete eine der Überschriften, und diese hatte es mir ganz besonders angetan.

Marcelo war fast drei Jahre in Haft. Von da an weiß man kaum noch etwas von ihm; ab da fangen die Mutmaßungen, die erfundenen, traurigen Geschichten über sein Schicksal und sein extravagantes Leben an; anscheinend wollte er von der Familie nichts mehr wissen. Eines Abends war die Coca dann vorbeigekommen. Stolz und reserviert brachte sie einen Teil des Geldes zurück und versprach, es würde alles ersetzt werden. Ich kenne all die Auslegungen und Geschichten, die sich um dieses Treffen ranken, und ich weiß, dass Esperancita »Mein Kind« zu dieser Frau sagte, die ihre Mutter hätte sein können, und dass Coca ein Parfüm benutzte, das mein Vater nie mehr vergaß. Bevor sie ging, soll sie gesagt haben:

»Sie werden nie erfahren, was für ein Mann Marcelo ist.«

Künstliche Atmung, 2002

Sergio Pitol *Mordgedanken*

Seit der ersten Nacht, die sie mit Gaspar verbracht hatte, verspürte sie auf einmal unbändige Lust, mit ihrem Mann zu schlafen. Je mehr die Mordpläne voranschritten, desto glühender wurde ihr Begehren. Nicolás Lobato war ehrlich überrascht von den Wonnen, in deren Genuss er bei derlei Gelegenheiten mit ihr mehr als mit jeder anderen kam. Die beiden Männer verhalfen Jacqueline in ihrer gegenseitigen Ergänzung zu einer neuen Art der Erotik. Gaspars Unlust war die ideale Ergänzung zum Ungestüm von Nicolás. Der Duft nach Seife und Deodorant bei ihrem Mann war das perfekte Pendant zum erregenden Körpergeruch ihres Cousins.

Sie würden konsequent vorgehen müssen, wiederholten sie sich; eine Reihe von Details war noch zu berücksichtigen, damit kein offenes Ende blieb. Gaspar meinte, Nicolás Lobatos Beseitigung solle auf der Landstraße nach Cuernavaca erfolgen. Jacqueline sollte an dem Tag den Wunsch äußern, ihn zu begleiten, um nach den Bauarbeiten zu schauen, die in Las Palmas ausgeführt wurden; als Erklärung würde sie sagen, sie wolle anschließend nach Tepoztlán weiterfahren, um sich dort mit ein paar alten Studienkolleginnen zum Essen zu treffen.

Sie würde also mit Nicolás aufbrechen. Unter dem Vorwand, man wolle ihm ein altes abbruchreifes Haus zeigen, wo Türen, Balken und schmiedeeiserne Arbeiten zum Verkauf stünden, würde man ihn zu einem Bauernhof locken, den man über die alte Landstraße erreichte, denn so umginge man die Mautposten der Schnellstraße, wo sie vielleicht später jemand identifizieren könnte. Gaspar sollte Jacquelines Wagen fahren, wo die Pistole im Handschuhfach lag.

Eheleben, 2002

Sergio Pitol nach der Verleihung des Cervantes-Preises. Hinter ihm: Ministerpräsident Zapatero, 2005

Ulrich K. Preuß *Der Krieg. Ein völkerrechtliches Institut*

Jene Form organisierter Gewalttätigkeit, die unter dem Namen Krieg Eingang in das Völkerrecht gefunden hat, kann begrifflich nur zwischen Staaten stattfinden. Der Krieg ist als Rechtsverhältnis eine Beziehung zwischen Staaten.

In der durch den Westfälischen Frieden von 1648 geschaffenen politischen Welt ist der Staat das Einzige Kollektiv, das legitime Gewalt anwenden kann. Ein Einzelner – Michael Kohlhaas – oder eine Gruppe, die etwa durch Geiselnahme, Androhung verheerender Zerstörungen oder durch direkten bewaffneten Angriff das Gewaltmonopol des Staates herausfordern, führen keinen Krieg gegen ihn, sondern verletzen seine Ordnung und verfallen seiner Strafgewalt. Umgekehrt führt der Staat, der seine Zwangsmittel mobilisiert, um dieser Straftäter habhaft zu werden und seiner Gerichtsbarkeit zuzuführen, keinen Krieg gegen sie, sondern macht von seiner polizeilichen Ordnungs- und strafrechtlichen Gerichtsgewalt Gebrauch, selbst wenn er ihnen zuweilen den Status von politischen Straftätern zuerkennt, der ihnen bei aller Feindschaft gewissermaßen die Ehrenhaftigkeit ihrer Motive einräumt.

Auch gegenüber strafbaren Handlungen von Tätern, die sich außerhalb der Grenzen des verletzten Staates befanden, war diese »westfälische Ordnung« souveräner Staaten keineswegs machtlos. Zum einen sichert der zwischen den meisten Staaten geregelte Rechtshilfeverkehr die wechselseitige Auslieferung von Straftätern, und zum anderen haftet jeder Staat völkerrechtlich für die von seinem Territorium ausgehenden Angriffe auf die Rechtsgüter anderer Staaten. So ändert also auch die zunehmende Internationalisierung der Freizügigkeit von Personen, Ideen, Gütern, Dienstleistungen und Kapital nichts an dem Prinzip staatlicher Verantwortlichkeit für die innerstaatliche Ordnung und den zwischenstaatlichen Frieden.

Die »neuen Kriege« oder die »Kriege der dritten Art« sind Erscheinungsformen zerfallener Staatlichkeit und lassen bereits erkennen, was eine staatenlose Welt unter Umständen auch bedeuten kann. Nicht zufällig weisen sie eine große Ähnlichkeit mit den mörderischen Raubzügen des europäischen Mittelalters auf.

Krieg, Verbrechen, Blasphemie, 2002

Alan Bennett *Die Überraschung*

Bei den Ransomes war eingebrochen worden. »Wir sind überfallen worden«, sagte Mrs. Ransome. »Es ist eingebrochen worden«, korrigierte Mr. Ransome. In Häuser wurde eingebrochen, Personen wurden überfallen. Mr. Ransome war von Beruf Anwalt und fand, daß es auf Worte ankam. Allerdings war ›eingebrochen‹ ebenfalls das falsche Wort. Einbrecher sind wählerisch; sie suchen aus. Sie nehmen den einen Gegenstand mit und ignorieren andere. Es gibt eine Grenze dessen, was Einbrecher mitnehmen können: Sie nehmen beispielsweise selten Sessel mit, und Sofas sogar noch seltener.

Diese Einbrecher taten das. Sie nahmen alles mit.

Die Ransomes waren in der Oper gewesen, in *Così fan tutte* (oder *Così*, wie Mrs. Ransome zu sagen gelernt hatte). Mozart spielte in ihrer Ehe eine wichtige Rolle. Sie hatten keine Kinder, und ohne Mozart hätten sie sich wahrscheinlich bereits vor Jahren getrennt.

Mr. Ransome nahm stets ein Bad, wenn er von der Arbeit nach Hause kam, und danach sein Abendessen. Nach dem Abendessen nahm er noch ein Bad, diesmal in Mozart. Er schwelgte in Mozart; er räkelte sich in ihm; der kleine Wiener wusch all den Schmutz und Ekel von ihm ab, den er den ganzen Tag lang in seinem Büro ertragen musste. An diesem besonderen Abend hatte er ein öffentliches Bad genommen, in Covent Garden, wo sie direkt hinter dem Innenminister saßen. Auch der badete in der Musik und wusch die Sorgen des Tages von sich ab, Sorgen, die demnächst, wenn auch nur in Form einer Statistik, die Ransomes mit einschließen würden.

Così fan tutte, 2003

Tiziano Scarpa *Verliebte in Venedig*

Zum Abschluss vielleicht noch etwas Besinnliches. Geh noch einmal zurück zu den Säulen des Dogenpalastes und zähle sie erneut vom Eckpfeiler aus, diesmal jedoch zur Piazzetta hin, gegenüber der Biblioteca Marciana. An der siebten Säule richtest du den Blick nach oben auf das Kapitell und siehst eine Art Comicstrip, einen Zeichentrickfilm ohne Worte, die traurigste und herzerweichendste Liebesgeschichte aller Zeiten. Eine achteckige Liebe, gegen den Uhrzeigersinn: sie fängt vorne bei der Fassade an.

Erstes Bild: Ein junger Mann spaziert auf der Straße. An einem Fenster zeigt sich ein Mädchen mit langen Haaren.
Zweites Bild: Das erste Rendezvous. Der junge Mann und die junge Frau unterhalten sich anmutig.
Drittes Bild: Die junge Frau streichelt über seine Stirn.
Viertes Bild: Sie küssen sich.
Fünftes Bild: Sie schlafen miteinander.
Sechstes Bild: Ein Kind ist zur Welt gekommen. Mama und Papa schmusen mit dem in Windeln gewickelten Kleinen.
Siebtes Bild: Das Kind wächst heran.
Achtes Bild: Das Kind ist tot. Die Eltern weinen auf seinem Grab.

Auf drei Dinge möchte ich dich bei dieser betrüblichen Historie aufmerksam machen. Erstens: auch im Mittelalter haben die Mädchen die Initiative ergriffen und den ersten Schritt getan. Zweitens: auch im Mittelalter ist man miteinander ins Bett gegangen, ohne vorher zu heiraten. Drittens: alles geschieht in einer gesitteten vertikalen Position. Die Personen sind stets symmetrisch angeordnet, Gesten finden eine parallele Entsprechung, die beiden sind in gerade herabfallende Tuniken und Gewänder gehüllt – außer im fünften Bild. Unter den sich sanft kräuselnden Laken, einem üppigen Faltenwurf, liegen die Liebenden, von der Stoffflut mitgerissen, auf einer Art Rhombus, einem schiefen Rechteck: es ist das Bett, das verrutscht ist, die Matratze ist trapezförmig. Die Leidenschaft hat das Bett durchs Zimmer gezerrt, hat es nach und nach über den Boden trippeln lassen. Die Liebe ist diagonal: sie erschüttert ästhetische Maßstäbe, bringt die strenge Choreographie eines gotischen Basreliefs ins Wanken.

Venedig ist ein Fisch, 2002

George Tabori *Damenwahl*

Fragwürdigen Gerüchten zufolge, ausgestreut von den Damen der Familie, wollte ich nicht geboren werden. O nein, mein Kleinod, du warst recht glücklich in deiner Mutter, sagten sie, ruhend in Uteruswassern und nur dir selbst verpflichtet, sagten sie, glückselig in Unkenntnis der kalten Welt draußen, als in der Nacht des 23. Mai im Jahre 1914 der Ungnade deine Mutter einen Lachanfall hatte – nicht, dass sie das Ereignis amüsant gefunden hätte, aber der Hausarzt, ein gewisser Dr. Wehmut, ein kahlwerdender Verwandter mit Haaren in den Ohren, hatte ihr geraten zu lachen, nicht fröhlich, als hätte sie etwas Komisches gehört, sondern um die abdominale Spannung zu lösen. Diesem etwas altmodischen Rat folgend, begann sie, wurde gesagt, schallend zu lachen und mich, mit dem Kopf zuerst, in die zuvor erwähnte kalte Welt auszutreiben; in diesem Augenblick stürzte Großmutter Fanny, eine winzige, etwas abergläubische Frau, in das elterliche Schlafgemach – in jenen Tagen fanden Geburten, auch meine, in der Privatheit eines bürgerlichen Heimes statt – und rief, mit den Armen fuchtelnd: »Warte, warte noch ein Weilchen, Elsa. Der 24. morgen ist ein Sonntag, mach es zu einem Sonntagskind.«

Also zog ich mich wieder zurück, bis es Sonntag war. Endlich hatte ich meinen Auftritt, eine pummelige kleine Nudel, ganz wie andere Babys, Millionen andere, anmaßend, auf mysteriöse Weise gezeugt, tolle Sache, die in eben diesem Moment in die kalte Welt glitschte. Ich nehme hier Abstand davon, schmutzige medizinische Einzelheiten auszubreiten, außer dass ich von der Nabelschnur, die um meinen Hals gewickelt war, beinahe stranguliert wurde; es genügt, dass ich gewaschen und von Großmutter Fanny hochgehalten wurde, woraufhin meine erschöpfte Mutter hoffnungsvoll fragte: »Ein Mädchen?«, Fanny hob mich höher und sah nach, »Verdammt, nein!« und fügte mit ihrem trockensten Humor hinzu: »Schließlich gibt es nur zwei Möglichkeiten.« (In jenen Tagen der Unschuld gab es nur einen Homosexuellen in Budapest, der in einer rosafarbenen Montur des 19. Jahrhunderts herum-

Maria Sommer, George Tabori, 1994

lief: mit stark geschminktem Gesicht stolzierte er den Korso am Fluss entlang.) Sie legte mich zwischen die Brüste meiner Mutter, während ich, etwas frühreif, meine Abneigung auszudrücken begann, indem ich gegen sie und die kalte Welt aushieb und -trat. Großmütterlich belehrend fuhr sie fort: »Es ist Sonntagmorgen, der 24. Mai, mit anderen Worten, er ist, astrologisch gesehen, ein Zwilling, das einzige doppelgesichtige Zeichen, ein liebes und ein böses.« Sie hatte leider recht: ich bin ein heimtückisches Exemplar. Verborgen hinter blauäugiger Nettigkeit trinke ich, in der Hitze der Nacht, Blut.

Dann näherte sich, im Nachthemd und gütig lächelnd, auf Zehenspitzen mein Bruder Paul, sechs Jahre älter, mit einem leichten Schielen im linken Auge. »Ich gratuliere, liebe Mutter!« strahlte er. »Da ist es ja, ich bin nicht mehr der einzige. Ah, ein Junge.« Das Glück leuchtete ihm aus den Augen. »Darf ich ihn halten?« Tiefgerührt sagte mein Mutter: »Gewiss, aber vorsichtig.« In seine Arme gehoben, boxte ich ihm instinktiv auf die Nase, woraufhin er mich, noch immer lächelnd, fest umarmte und verkündete: »Ich schmeiße ihn in die Donau.« Er lief los, durch die Wohnung. Nach einer Schrecksekunde rannte Großmutter Fanny kreischend hinter ihm her, holte den Beinahe-Mörder an der Wohnungstür ein, die er aufzuziehen versuchte. »Tu das Ding hin, wo es hingehört!« rief sie. »Du verstehst nicht«, erwiderte mein Bruder, ein gebildeter Intellektueller, ungeachtet seiner sechs Jahre. »Moses, der Biblische, trieb als Kleinkind auch in einem Fluss.« – »Lass Moses aus dem Spiel!« Ein kleines Handgemenge befreite mich aus seinen Armen, ich wurde sicher auf meine bleiche Mutter zurückgelegt. Erst Jahre später wurde mir klar, dass es gegen die Familie keine Rettung gibt.

Autodafé, 2002

Dieter Richter *Der Berg als* spectaculum

Auch wenn wir von einigen Besteigungen des Berges im 16. Jahrhundert wissen, so wird doch der Berg erst nach den schrecklichen Ereignissen im Dezember 1631 zum eigentlichen *spectaculum.* Dabei spielte natürlich von Anfang an die Neugier eine wichtige Rolle – sie wird die Geschichte der Reise bis hin zum modernen Katastrophen-Tourismus begleiten.

Schon wenige Monate nach dem Ausbruch unternehmen die ersten Mutigen die Exkursion. Der erwähnte württembergische Diplomat Hieronymus Welsch, der im Dezember in Neapel Zeuge des Ausbruchs geworden war und dem wir die eindrucksvolle Schilderung der großen Volksaufläufe und Prozessionen in der Stadt verdanken, wagt sich im Jahr darauf »mit Mühe auff den Berg«, gerät dabei sogar in Lebensgefahr, indem, wie er berichtet, »ich je länger je mehr in die Aschen eingesuncken, dass, wo mir mein Gott nicht geholfen, [ich] schwerlich darvon kommen seyn möchte«. Es wundert daher nicht, dass der französische Abenteurer Jean-Jacques Bouchard (Paris 1606 – Rom 1641) im April 1632 zunächst Schwierigkeiten hat, einen einheimischen Begleiter für den Aufstieg zu finden: Alle, die auf den Berg gegangen seien, wären nicht mehr zurückgekehrt, erhält er zur Antwort. Als ein Mann aus Torre del Greco, den er schließlich für sehr viel Geld engagiert, ihn unter großen Mühen bis zum Rand des rauchenden Kraters begleitet hat, löst sich neben ihnen eine Steinlawine und donnert in den Abgrund. Dies und die Angst, sich an den ausströmenden Dämpfen zu vergiften, treibt die beiden rasch wieder zu Tal. Im übrigen gibt Bouchard eine eindrucksvolle Beschreibung der Schäden, die der Ausbruch in Portici, Resina und Torre del Greco, den am schlimmsten betroffenen Ortschaften, angerichtet hatte: Ganze Häuser seien von dem »Strom« mitgerissen worden und noch immer suche man unter den Trümmern nach Toten. »Und wenn man die Leute fragt, was aus dem Berg herausgekommen sei, so nennen sie es alle *il diluvio*«. ›Il diluvio‹, die Sintflut: Mit diesem der religiösen Sprache entlehnten Begriff bezeichnen die Bauern das, was ihnen widerfahren ist und für das ihnen jegliche Erfahrung fehlte.

Der Vesuv. Geschichte eines Berges, 2007

Die Zwiebel, sie lebe hoch! Der Verlag feiert das Erscheinen des Almanachs 2012/13.
Von links: Dörte Nielandt, Nina Wagenbach, Marco Thomas Bosshard, Anne Hackenberg, Jörg Englbrecht, Susanne Schüssler, Annette Wassermann, Lena Luczak, Klaus Wagenbach, Rolf Pohl, Susanne Müller-Wolff, Petra Biesenkamp

2008 – 2013

Groß und Klein

Klar war, dass wir uns mit dem Auseinanderdriften der Auflagen bei gleichzeitig immer niedriger werdenden Zahlen an beiden Enden (also auch bei den sogenannten Bestsellern) auseinandersetzen mussten. Es galt zu vermeiden, dass die bemerkenswertesten Bücher bei 600 verkauften Exemplaren stecken blieben – um ein ökonomisches Desaster zu verhindern, aber auch um den Autoren eine Enttäuschung zu ersparen. Nach langen Diskussionen im Lektorat, mit dem Vertrieb und der Presseabteilung, nach endlosen Rechenhausaufgaben für die Herstellung kristallisierte sich folgende Strategie heraus:

* Die Reduktion des Programms (2002 gab es 64 Neuerscheinungen, 2013 waren es noch 44); ein Weg, den auch andere Verlage gingen. Dies ermöglichte uns, für jeden einzelnen Titel mehr zu tun in Buchhandel, Werbung und Presse. In der Tat landete Wagenbach bei einer Erhebung des ›Buchreports‹ trotz dieser Reduktion auf Platz 13 der meistrezensierten Verlage – umringt von den Großen der Branche mit einem Vielfachen an Neuerscheinungen und Umsatz.
* Im Unterschied zu einem Großteil der Verlage und bei Strafe des Untergangs mussten und wollten wir an den hohen Qualitätsmaßstäben festhalten: Sowohl in der herstellerischen Sorgfalt und den Materialien, aber vor allem bei den Inhalten. Nur wenn wir als kleiner Verlag mit einem klaren Profil sichtbar blieben, wenn wir nicht auf Verkäuflichkeit schielten und Bücher nach diesem Kalkül ins Programm nähmen, wenn wir uns nicht auf Spekulationen mit hohen Vorschüssen und den damit häufig verbundenen hohen Verlusten, einließen, hatten wir langfristig eine »Überlebenschance«.
* Taktiken waren zu ersinnen, wie der Verlag diese schönen, von uns geliebten, für den Handel »beratungsintensiven« Bücher überlebt. Bunt und gut sichtbar waren unsere Bücher ohnehin, das Erscheinen in Reihen garantierte eine Wiedererkennung (*SVLTO* sogar als patentgeschützte Marke). Als weitere erfolgreiche List stellte sich die Erfindung von Themenaktionen heraus: Aus unserer Backlist suchten wir die schönsten italienischen Romane unter dem Thema *Libri al dente* (Bücher mit

Biss) aus und gaben ihnen sonnig strahlende, neue Umschläge; nach dem gleichen Prinzip schlugen wir den Lesern *Kleine Romane für eine Nacht* vor. Als besonders attraktiv und verkäuflich stellten sich unsere Vorschläge zu Argentinien und Brasilien zu den jeweiligen Buchmessen heraus: oft unbekannte Titel, die unter anderen Umständen nur schwer zu ihren Lesern gefunden hätten, im Schutz eines Pakets und unter dem

Lob dem gedruckten Wort: Long live the books

Bibliophilie im Manufakturbetrieb: Schildchenkleben bei der Druckerei Kösel, von Nina Wagenbach überwacht

Flaggschiff einer eigens zusammengestellten Anthologie mit den ganz jungen, meist noch unbekannten Autoren des jeweiligen Landes (da waren wir genauso neugierig wie unsere Leser).

Inmitten dieser Überlegungen traf uns einigermaßen unverhofft der erste Bestseller des Verlags: Alan Bennett mit seiner lesenden Queen schaffte es innerhalb einer Woche auf die ›Spiegel‹-Liste und ging bisher 450 000 mal über den Ladentisch (Longseller wie Erich Frieds Gedichte bei ähnlichen Auflagen können natürlich nie auf irgendeiner Liste auftauchen). Der Geldsegen war höchst willkommen. Wir freuten uns über dieses kleine rote Buch, das sich auf den Bestsellerregalen recht bescheiden ausnahm. Außerdem war es ein schönes Beispiel für unsere Programmarbeit: Vor der *souveränen Leserin* hatten wir bereits drei andere Bücher des Autors veröffentlicht, mit mehr oder weniger Erfolg. Was, wenn wir nicht an dem Autor festgehalten hätten?

Der eigentlich schwierige Teil kam aber erst jetzt: Das schöne Geld festhalten und bloß nicht gleich wieder ausgeben – oder nur für Investitionen in die Zukunft. So konnten wir uns wieder einmal Nachdrucke vieler wichtiger Bücher im Taschenbuch leisten, die für die nächsten Jahre den Backlist-Verkauf stärken sollten, getreu dem Motto: jedes Jahr gibt es – zumindest theoretisch – etwa 900 000 neue junge Leser, die ein Recht haben sollen auf die Verfügbarkeit von (modernen, besonders italienischen) Klassikern.

Noch bevor die Bennett-Euphorie über uns hereinbrach, hatte unser Unbehagen hinsichtlich der politischen Bücher Form angenommen. Die im Programm verstreuten Autoren von Norberto Bobbio bis Paolo Flores d'Arcais sollten sichtbarer werden, eine eigene Reihe erhalten, und so wurde *Politik bei Wagenbach* nach mehr als 25 Jahren wiederbelebt, als Herausgeberin konnte ich die Bremer Politikwissenschaftlerin und ehemalige Lektorin Patrizia Nanz gewinnen. Was wir im Sinn hatten, waren nicht die üblichen fetten Politikerbiographien oder das xte Buch zum Luftkrieg der Nazis. Ein Ort sollte geschaffen werden, wo von Analysen über Streitschriften bis hin zu Perspektiven komplexe, auch theoretische Überlegungen auf

Susanne Schüssler und Patrizia Nanz, Buchmesse 1998

Umschläge aus der Reihe Politik

knappen hundert Seiten dargestellt werden – und das Ganze möglichst zugänglich und flüssig formuliert (letzteres eine eher angelsächsische Tugend). Inzwischen sind über 30 Titel erschienen, nicht wenige haben eine zweite oder dritte Auflage erlebt. Verblüffend für uns war die Rezeption: Während die Reihe in politischen Stiftungen und Organisationen präsent war und die Autoren diskutiert wurden (und mitdiskutiert haben), wollten sich Buchhandel und Presse nur sehr vereinzelt (eine Ausnahme war zum Beispiel der Deutschlandfunk) zum Einmischen und Mitstreiten einladen lassen. Die intellektuellen Auseinandersetzungen finden nicht mehr an den hergebrachten Orten statt.

Und sonst? Die Informationsbeschaffung und Kommunikation auf elektronischem Weg bedeutete für die Welt der Bücher – wie für das gesamte gedruckte Wort – zunächst einen mächtigen Konkurrenten um das Zeitbudget der Leser, aus dem freigebig immer mehr für die flüchtigen, digitalen Buchstaben ausgegeben wurde. Im Nordamerika explodierte der E-Book-Markt und auch bei uns zog bald der ein oder andere Publikumsverlag einen nennenswerten Teil seines Umsatzes aus den elektronischen Büchern – eine Entwicklung, die den ohnehin angeschlagenen Buchhandel weiter in Bedrängnis brachte, Amazon hingegen noch mehr stärkte. Aber schon im Handel um das gedruckte Buch hatte der Internet-Händler das stationäre Geschäft in die Bredouille gebracht, insbesondere die Buchhandelsketten, die auf Fläche und nicht auf Beratung gesetzt und dabei nicht selten den alteingesessenen Sortimenter zur Aufgabe seines Geschäfts gezwungen hatten. Wo diese überdimensionalen Flächen geschlossen oder mit allem möglichen Lillifeekrempel zugemüllt wurden, blieb dann eine buchhändlerische Wüstenei, die den Käufer wiederum zu Amazon trieb.

Erik Wegerhoff, Alexander Markschies, Andreas Tönnesmann, Susanne Schüssler, Andreas Beyer und Vittorio Magnago Lampugnani, 2013

Und noch ein Ärgernis: Die schöne Netzwelt schien alles jederzeit verfügbar zu halten, für viele gleichbedeutend mit *kostenlos* verfügbar. Kleine Piraten enterten laptop-schwingend den Schauplatz, machten ordentlich Radau – und verschwanden wieder. Das angerichtete Unheil war jedoch beträchtlich. Mit ihren populistischen Forderungen trieben sie die etablierten Parteien vor sich her und zu kurzsichtigen netzpolitischen Überlegungen: das Urheberrecht – Lebensgrundlage für Autoren wie Verlage, mehr noch als der feste Ladenpreis – geriet plötzlich in Gefahr.

Untergegangen John Berger, *Mit Hoffnung zwischen den Zähnen* (2008): Politisch zu unkorrekt war der scharfe Blick auf heutige globale wirtschaftliche und militärische Tyrannei. Außerdem: *Russland. Kein Weg aus dem postkommunistischen Übergang?* von Lev Gudkov und Victor Zaslavsky, die einen autoritären Staat beschreiben, der immer noch die Weltgeschicke mitbestimmt, von dem man bei uns aber offenbar nichts wissen möchte.

Gewagt Das Opus Magnum des Architekturhistorikers Vittorio Magnago Lampugnani über die Stadt im 20. Jahrhundert mit 640, meist farbigen Abbildungen von Plänen und Entwürfen auf 960 Seiten in zwei großformatigen Bänden im Schuber verlangte dem Verlag nicht nur ein beträchtliches ökonomisches Risiko ab, sondern okkupierte zwei Mitarbeiterinnen für

Victor Zaslavsky

Daniel Alarcón, Preisverleihung für den Internationalen Literaturpreis

Ins Wasser gesprungen: die vom Feiern erhitzten Autoren und Mitarbeiter des Verlags vor toskanischer Kulisse.

Botticellis Primavera, nachgestellt von der Laienspielgruppe des Verlags anlässlich des 80. Geburtstags von Klaus Wagenbach.

Ins Wasser gefallen: Betriebsausflug nach Florenz zu Vasari: Easyjet strich den Flug in letzter Minute. Gefeiert wurde trotzdem, auch in der italienischen Botschaft – stehend: Horst Bredekamp, Susanne Müller-Wolff, Julie August, Alessandro Nova (Hrsg. d. Edition), Sabine Feser (Herausgeberin), Ulrich Pfisterer (Festredner). Sitzend: Victoria Lorini (Übersetzerin), Klaus Wagenbach, Susanne Schüssler und Michele Valensise (Botschafter)

ein Jahr (Lektorat und Herstellung) – und kostete mich manche schlaflose Nacht. Wir wurden schon im ersten Jahr mit 5 000 verkauften Exemplaren belohnt.

Preisgekrönt Nach dem schönen warmen Geldregen 2008 prasselten im folgenden Jahr die Auszeichnungen auf unsere Autoren nieder: Für *Lost City Radio* erhielten Daniel Alarcón und seine Übersetzerin Friederike Meltendorf den ersten Internationalen Literaturpreis; Emmanuelle Pagano wurde der Literaturpreis der Europäischen Union verliehen, Dieter Richter der NDR Sachbuchpreis, Tiziano Scarpa gewann den begehrten Premio Strega und Victor Zaslavsky wurde für sein Buch über Katyn mit dem Hannah-Arendt-Preis ausgezeichnet.

Susanne Schüssler wurde vom italienischen Staatspräsidenten Giorgio Napolitano zum »Commendatore del merito« ernannt.

2011 konnten wir uns über die Wahl der LG Buch zum Verlag des Jahres freuen und über die Vergabe des mit 100 000 Euro höchstdotierten lateinamerikanischen Preises, des Premio Rómulo Galleros, an Ricardo Piglia. 2012 schließlich erhielt die wunderbare Natalie Zemon Davis die National Humanities Medal.

Gefeiert haben wir mir Begeisterung alles mögliche Runde: 2010 den 80. Geburtstag von Klaus Wagenbach mit *Die Freiheit des Verlegers*, einem Sammelband seiner Erinnerungen, Festreden und Seitenhiebe, sowie mit

drei von ihm selbst herausgegebenen *Oktavheften* (Kurt Bartsch, Johannes Bobrowski und Christa Reinig) und einer Matinée im Berliner Ensemble. Im Herbst 2013 erschien dann das 200. *SVLTO* (100 000 m² in rotem, extra für uns gefärbtem Leinen, 2 600 km Faden, über 2 Millionen handgeklebte Schildchen, Prägung und durchgefärbtes Vorsatzpapier in allen möglichen und unmöglichen Farben, nachhaltig produziertes Papier, passende Kapitalbändchen – kurz handwerklich hochwertig und wenn Sie ein Exemplar aufschlagen: die Bücher müssen auch gut riechen). 2008 gelang es uns, die Deutsche Post anzuregen, Kafka zu seinem 125. Geburtstag mit einer Sondermarke zu ehren: 55 Cent – den notorischen Briefeschreiber hätte es gefreut. Den ehrwürdigsten Geburtstag galt es 2011 zu begehen. Der Autor, von dem wir die meisten Bücher veröffentlicht haben (derzeit sind es 41), konnte sich in aller Frische zu seinem 500. Geburtstag gratulieren lassen: Giorgio Vasari.

Seit Susanne Schüssler den Wagenbach-Verlag leitet, hat sich das Programm leicht verändert: mehr Bücher von Frauen, eine neue Reihe mit politischen Taschenbüchern, mehr Titel aus der lateinamerikanischen und englischen Literatur. Bei allen Veränderungen hat der Verlag sein Profil, seine Identität nicht verwässert. Was den Verlag auszeichnet, ist die Haltung seiner Macher: Neugier, Eigensinn, undogmatisches Denken, eine ausgeprägte Diskussionskultur und die Entscheidung, nur Bücher zu veröffentlichen, hinter denen alle Lektoren stehen. *Brand eins, 2010*

Hans-Gerd Koch und Klaus Wagenbach anlässlich Kafkas 1
Geburtstag in der Berliner Akademie der Künste, 2(

Zum 80. Geburtstag von KW: Gratulanten im Berliner Ensemble

ben von links: Buchhänd-
rchor: Rudolf Müller, Stefanie
etze, Selinde Böhm, Ruth
inkenberg, Thomas Gralla
dirigiert von Hermann Beil
nsichtbar). Inge Feltrinelli,
atherine Fried.

Der Jubilar mit Günter Grass
und Otto Schily

ks: Paul Pustet, Julie August und Roger Kandziora. Rechts: Otto Sander und Nina Wagenbach

Daniel Alarcón *Norma*

Ihre Stimme war ihr größtes Kapital, ihre Karriere und ihr Schicksal. Elmer nannte sie Gold, das vor Mitgefühl stinkt. Vor seinem Verschwinden behauptete Rey, er verliebe sich jedes Mal von neuem, wenn sie ihm guten Morgen sage. Du hättest Sängerin werden sollen, sagte er, obwohl sie nicht einmal einen Ton halten konnte.

Norma hatte ihr Leben lang beim Radio gearbeitet, zunächst als Reporterin, bis sie die Nachrichtensprecherin wurde, die die von ihr vorgetragenen Tragödien wiedergutmachte. Sie war ein Naturtalent. Sie wusste, wann ihre Stimme zittern, wann ein Wort nachklingen sollte, welche Texte heruntergerissen werden mussten, gelesen, als stünden die Worte in Flammen. Die schlimmsten Nachrichten las sie weich, unaufgeregt, als wären sie Poesie. An dem Tag, als Victor kam, gab es einen Selbstmordattentäter in Palästina, eine Ölpest vor der Küste Spaniens und einen neuen amerikanischen Baseballmeister. Nichts Besonderes und nichts, was das Land betraf. Das Lesen von Auslandsnachrichten empfand Norma als Heuchelei, ein Auflisten alltäglicher Vorkommnisse als Bestätigung, wie unbedeutend wir sind: eine Nation am Ende der Welt, ein Scheinland jenseits der Geschichte. Bei Inlandsnachrichten folgte sie der Politik des Senders, die den Regierungsrichtlinien entsprach. Gute Nachrichten waren gleichgültig vorzutragen, schlechte Nachrichten sollten hoffnungsvoll klingen. Niemand konnte das besser als Norma. In ihren stimmlichen Streicheleinheiten klangen Arbeitslosenzahlen wie bittersüße Klagelieder und Kriegserklärungen wie Liebesbriefe. Nachrichten von Schlammlawinen wurden zu ergreifenden Meditationen über die Geheimnisse der Natur, die zwanzig oder fünfzig oder einhundert Toten verschwanden im Erzählen. An den Wochentagen war das ihr Leben: das morgendliche Vortragen von Auslands- und Inlandskatastrophen – Busse, die von Serpentinen stürzen, Schießereien, die in den Slums am Flussufer widerhallen, und, in weiter Ferne, der Rest der Welt. Samstags hatte sie frei, und Sonntagabend kam sie wieder in den Sender für ihre eigene Sendung, Lost City Radio, eine Sendung für Vermisste.

Die Idee war einfach. Wie viele Flüchtlinge waren in die Stadt gekommen? Wie viele von ihnen hatten den Kontakt zu ihren Familien verloren? Hunderte oder Tausende? Millionen? Für den Sender war es ein Weg, von den Unruhen zu profitieren; und Norma hatte darin im Laufe der zehn Jahre, die sie auf Sendung war, eine Möglichkeit entdeckt, ihren Mann zu suchen.

Lost City Radio, 2008

Emmanuelle Pagano *Meine Nachbarin*

Emmanuelle Pagano

Ich steuere mit Pierre auf den großen Platz zu. Heute Abend werde ich ihn verlassen, denn morgen ist es so weit (der Zug geht um sechs). Speziell aus diesem Anlass habe ich Titouan meiner Mutter anvertraut.

Ich habe den Bus genommen, zum ersten Mal bin ich mit Pierre in der Stadt. Wir werden Enten angucken und Eis essen gehen. Und das war's. Er wird bestimmt vor mir sterben, hat der Dorfarzt gesagt. Der Kaiserschnitt hat mir noch Monate später wehgetan. Weder seine Schultern noch seine Hüften habe ich gespürt, ich habe überhaupt nichts gespürt, warum tut es dann jetzt so weh. Ich hielt mein T-Shirt hoch, damit er es sah, er stand von seinem Schreibtisch auf, doch anstatt meine Narben zu untersuchen, nahm er meine Hand, das T-Shirt fiel leicht und kühl wieder herab, ich glaube nicht, dass er das Erwachsenenalter erreichen wird, man weiß zwar nie, aber. Aber besser wäre, wenn nicht. Ja, besser er wird nie erwachsen. Sein Körper ist jetzt schon zu schwer.

Ich schäme mich für seinen Körper, er ist völlig verwachsen. Ich schäme mich so sehr, dass ich nicht einmal richtig traurig sein kann.

Ich versuche, ihn aufrecht in den Kinderwagen zu setzen, zurre das Gurtwerk fest, aber der Oberkörper und die Schultern und der Nacken, der Kopf kippen zur Seite. Ich klemme seine Schuhe auf die Fußstützen über den Rädern. Er murrt ein bisschen. Es geht mir auf die Nerven, zu sehen, wie seine Augen in die Luft stieren, seine Augen, die immer hinter Wolken versteckt bleiben, aber heute ist es nicht bewölkt, also sieh mich an, Pierre, lass es doch zu, hör her, halt dich gerade, sieh mich an, sieh mich doch an. Ich zwinge mich, nicht zu schreien.

Die Haarschublade, 2009

Lucía Puenzo *Die Puppe*

Lucía Puenzo

Im Morgengrauen fuhr José auf eine Tankstelle gleich hinter der Wüstenstraße. Als er aufschaute, sah er das Mädchen vom Vortag aus einem mit Koffern vollgestopften Citroën herausklettern und auf den kleinen Laden zulaufen. Ohne dass sie es bemerkte, verlor sie auf halber Strecke ihre Lieblingspuppe, die kopfüber auf dem Asphalt landete. Er ging hinüber zu der Puppe, sein Schatten legte sich über ihren perfekten Körper: Der Mund war halb geöffnet, durch die mit beneidenswert ruhiger Hand gezogenen Lippen sah er eine winzige rosafarbene Zunge hervorlugen. Es handelte sich um ein Porzellangeschöpf, die Haut so fein geschliffen, dass sie sich samtig anfühlte wie die eines Neugeborenen. Sein Medizinerauge entdeckte ein paar Unvollkommenheiten, winzig kleine Spuren, die belegten, dass die Puppe Handarbeit war (auch wenn man zweifellos eine importierte Puppe als Muster genommen hatte, eine, wie er sie in den Armen so vieler kleiner deutscher Mädchen aus der Oberschicht gesehen hatte). Dann vernahm er ein beinahe unhörbares Tick-Tack. Er hielt sich die Puppe ans linke Ohr ... Konnte das eine Uhr sein? Ja, befand er kurz darauf, es war eine Uhr. Im Innern des Körpers versteckt, ganz fest und mitten in der Brust saß sie und tickte. Der Effekt war verwirrend, die Puppe hatte also ein mechanisches Herz. Nie zuvor hatte er eine Porzellanpuppe mit solcher Aufmerksamkeit betrachtet: Es war ein Kunstwerk, das dem Leben allzu nahe kam.

»Das ist meine.«

Die Hände in die Hüften gestemmt, hatte sich Lilith mit ihren ein Meter dreißig jetzt vor ihm aufgebaut. Er war es gewohnt, Körper auf einen Blick zu erfassen: Das Mädchen wog etwa fünfunddreißig Kilo; gute Ernährung, perfektes Gebiss, alte, aber saubere Kleidung, keine Spuren von Vitaminmangel an Haut, Haar und Nägeln.

Wakolda, 2012

Richard Leising *Homo sapiens*

Der Mensch lebt nicht vom Brot allein
Er will auch sein Rettich und Eisbein.

Unsertäglichbrot genügt ihm nich
Er schreit nach seinem Brotaufstrich

Von der Wiege bis zum Sarg
Einmal in der Woche Quark.

Mein Herr, wie wollen Sie Ihr Ei?
Mein Herr, ich will zwei.

Der Mensch braucht seine Freunde schier
Da schuf der Mensch das Bier.

Käse muß auch sein
Der Mensch lebt nicht vom Brot allein.

Er braucht zum Leben Ideale.
Aale.

Zu einem richtigen Arbeiterstaat
Gehört ein richtiger Kartoffelsalat.

Der Mensch lebt nicht vom Brot allein
Es müßte ganz schnell Kommunismus sein.

100 Gedichte aus der DDR, 2009
(1. Fassung, etwa 1974)

Vittorio Magnago Lampugnani *Die Stadt im 20. Jahrhundert. Visionen, Entwürfe, Gebautes*

Lewis Edward Hickmott, World's Columbian Exposition in Chicago, 1894, Ansicht

Herr Lampugnani, Sie haben für dieses große Buch das Thema der Stadt im 20. Jahrhundert gewählt. Warum?

Weil es eines der wenigen Themen ist, von denen ich etwas verstehe, aber auch, weil es mir für unsere Gesellschaft zentral erscheint. Über die Hälfte der Menschen, die auf unserer Erde leben, wohnen und arbeiten in Städten, in vierzig Jahren werden es 70 Prozent sein, also knapp 6,4 Milliarden. Es scheint mir nicht nutzlos, sich mit diesen Städten etwas genauer zu beschäftigen.

Ihr Buch handelt aber vom 20. Jahrhundert, das bereits Geschichte ist.

Es ist unsere Geschichte: die Geschichte, die über 80 Prozent unserer Städte hervorgebracht hat. Wir müssen uns mit ihr auseinandersetzen, und wir müssen aus ihr lernen; auch aus ihren Fehlern.

Wie kann ein solches Lernen aus der Geschichte aussehen?

Die Grundlage der Städte, die wir heute entwerfen und bauen, sind die Städte, wie sie existieren: gebaut oder auch nur erdacht. Sie sind die Modelle, die sich bewährt oder nicht bewährt haben. Wir können sie nicht wörtlich übernehmen, wohl aber darauf aufbauen und uns an ihnen messen.

Das Werk, das nun vorliegt, ist schon auf Grund seines Ausmaßes beeindruckend: über tausend Seiten. Waren Sie sich zu Beginn der Arbeit über deren Umfang bewusst?

Zugegeben, als ich vor ein paar Jahrzehnten mit der Arbeit begonnen habe, hatte ich ein handlicheres Buch im Auge. Im Laufe der Forschungsarbeit hat sich aber gezeigt, dass es neben den bekannten Entwicklungslinien des Städtebaus des 20. Jahrhunderts viele Neben- und Gegenlinien gibt, die bei genauerem Hinsehen nicht minder bedeutsam sind als die Entwicklungen, welche die orthodoxe Geschichtsschreibung untersucht. Ich wollte sie nicht auslassen, und dadurch ist das Buch dicker geworden. Ich hoffe, auch interessanter und innovativer.

Außergewöhnlich ist auch die große Zahl der Abbildungen. Wie konnten Sie diese zusammentragen?

Sie sind mein ganzer Stolz. Viele der abgebildeten Pläne und Zeichnungen waren bislang unbekannt, und auch die bekannten wurden in der Regel nie so veröffentlicht, wie wir es tun: Wir haben sie zum großen Teil direkt von den Originalen reproduziert, die wir in den verschiedensten Archiven ausfindig machen konnten.

In welcher Tradition sehen Sie ihre Arbeit?

Es gibt große historische Abhandlungen zur Stadt, von jener Lewis Mumfords bis hin zu der Leonardo Benevolos. Was das 20. Jahrhundert betrifft, so kennen wir vertiefte Untersuchungen zur Architektur, aber eben nicht zur Stadt. Das habe ich versucht und das ist neu.

Wollen Sie mit Ihrem Buch die Wissenschaft oder die Stadt ändern?

Beides. Die Wissenschaft, indem die Stadt im 20. Jahrhundert in ihrer gesamten Komplexität neu gelesen wird, dabei aber immer mit Blick auf ihre physische Form. Und die Stadt, weil diese Lesart neue kritische und konzeptionelle Instrumente bereitstellt, die – so hoffe ich wenigstens – der Planung unserer Städte zugute kommen werden.

2010

Michela Murgia *Maria*

Michela Murgia

Wenn es wahr ist, dass die Erde von denjenigen erzählt, die sie besitzen, erzählten die Hügel im Umland von Soreni eine komplizierte Geschichte. Die kleinen, unregelmäßigen Grundstücke sprachen von Familien mit zu vielen Kindern und Zwistigkeiten, zersplittert in verschiedene Einzelteile, die durch kleine Trockenmauern aus schwarzem Basalt voneinander getrennt waren, über deren Aufrechterhaltung jeder Einzelne missgünstig wachte.

Die Ländereien der Bastíu waren ein wenig größer als die umliegenden, weil Gott es so gefügt hatte, dass es über die Jahre mehr Testamentsvollstreckungen als Erben gegeben hatte.

Im Weinberg auf dem Hügel, der Pran'e boe genannt wurde, war es zehn Uhr an einem milden Oktobermorgen, als sich die Hand Andría Bastíus unbeholfen auf das dünne Handgelenk Marias legte, um die Bewegungen der Gartenschere zu bremsen.

»Pass auf, da nicht!«

»Warum, was ist denn da?«

»Ein Netz der Schwarzen Witwe.«

»Ich hab' keine Angst vor Spinnen.«

»Weil du keine Ahnung hast«, sagte er ernst. »Wenn die Schwarze Witwe dich beißt, buddeln sie dich in Mist ein und lassen sieben Frauen um dich herumtanzen, erst Witwen, dann alte Jungfern und schließlich verheiratete Frauen, so lange, bis sie den Charakter der Spinne verstehen.«

»Wer erzählt dir denn so einen Unsinn, Andría?« Lachend schnitt Maria die große Traube ab und legte sie vorsichtig in den Plastikeimer. Dabei schüttelte sie ihren Kopf mit dem gelb geblümten Kopftuch, das bereits von den Ernten der vergangenen Jahre ausgebleicht war.

Der Weinberg der Bastíu bestand aus zweitausend Weinstöcken, dunkle Trauben mit Beeren groß wie Wachteleier. Wenn man sie zerdrückte, trat ein schwarzer Saft hervor, der aussah wie gekochtes Schweineblut und auch genauso süß war. Die beiden Kinder hatten sich die Arbeit nach ihrem Kräfteverhältnis aufgeteilt und versuchten, mit den Erwachsenen in der Reihe nebenan mitzuhalten.

»Hör zu, das stimmt wirklich. Als mein Papa klein war, ist ihm das einmal passiert. Er hat mir gesagt, dass sie ihn zwei Stunden lang im Misthaufen schwitzen lassen mussten, sonst wäre er verloren gewesen.«

»Ist dein Vater nicht auch derjenige, der zweimal im Krieg gefallen ist? Wirklich, wenn man dich in den Laden schickte, um hundert Gramm gemahlenes Nichts zu kaufen, ich bin sicher, du würdest gehen.«

Maria fuhr fort, die Trauben zu schneiden und Andría mit ihren lebhaften Augen zu necken. Der Junge wurde sichtbar rot und senkte die Augen auf den beinahe vollen Eimer. Sie waren gleich alt, doch mit diesem erwachsenen Lächeln auf den vom Wein geröteten Lippen war Maria wie immer besser darin, Worte zu finden, die ihn klein machten.

»Ich gehe den Eimer in den Wagen ausleeren.«

»Ja, geh schon. Ich trinke inzwischen was. Und nimm dich in acht vor der Schwarzen Witwe, ich bin nicht sicher, ob ich sieben Verrückte finde, die auf Kuhfladen herumtanzen, um dich zu retten!«

Maria wartete den ganzen Sommer voller Vorfreude darauf, dass sie zum Helfen gerufen wurde, denn es machte Spaß, mit Andría zusammen um die Wette zu pflücken. Man wusste nie genau, wann die Weinlese beginnen würde, denn es war der blinde alte Chicchinu Bastíu, der entschied, wann der richtige Moment gekommen sei. Das bedeutete, er musste exakt den Tag bestimmen, bevor der Geruch der reifen Weintrauben in der Luft lag, die bereit waren, zu Most verarbeitet zu werden. Die Enkel führten ihn jeden Tag auf den Weinberg, und er sog mit geschlossenen Augen den Windhauch ein, der auf dem Weg vom Meer über den Weinberg strich. In der Brise, die die Blätter zum Erzittern brachte und zwischen die Trauben fuhr, behauptete der Alte, die Stimme des noch ungeborenen Weins zu hören, wie eine erfahrene Hebamme. Maria konnte nie genug bekommen von dieser Legende.

Accabadora, 2010

Ein Blick in die POLITIK bei Wagenbach

Christoph Möllers *Demokratie. Zumutungen und Versprechen, 2008*

Viel vom Ressentiment gegen die Demokratie entstammt der Kränkung darüber, dass wir weder allein auf der Welt noch wichtiger als die anderen sind. Wir wollen unseren Willen bekommen, doch in der Demokratie bekommen wir ihn eher selten als öfter. Wir sind uns selbst näher als den anderen, aber die Demokratie reduziert uns – nicht überall, aber doch für den wichtigen Bereich der Politik – zu Gleichen, gleich mit Dummen und gleich mit Armen. Es ist leicht zu sehen, warum Demokratie gerade bei Gruppen, die sich selbst für Eliten halten, nicht immer beliebt ist. Aber die demokratische Zumutung der Demut mag ihnen nicht nur im politischen Leben weiterhelfen.

Petra Dobner *Quer zum Strom. Eine Streitschrift über das Wasser, 2013*

Angesichts des Zustands der Wasserressourcen, angesichts der Tatsache, dass immer noch eine knappe Milliarde Menschen keinen Zugang zu Trinkwasser haben, ist die sinnfreie, aber mit Macht durchgesetzte Privatisierung eine schuldbeladene Vergeudung von Geld und Energien, die gebraucht würden, um dringende Menschheitsprobleme zu lösen.

Albrecht von Lucke *68 oder neues Biedermeier. Der Kampf um die Deutungsmacht, 2008*

Heute hat man dagegen den Eindruck, dem Ende der utopischen Energien beizuwohnen. Nachdem 1989 nicht das beschworene ›Ende der Geschichte‹ in Demokratie und Freiheit bescherte, sondern globale Unübersichtlichkeit und fortschreitende ökologische und soziale Zerfallsprozesse, erscheinen die westlichen Gesellschaften zunehmend ratlos. Anstatt eine kritische Bestandsaufnahme des westlich-kapitalistischen Weges vorzunehmen, verharren sie in rasendem Stillstand und bloßer Affirmation des Bestehenden, getreu dem fatalistischen Motto: Nach uns die Sintflut.

Joscha Schmierer *Keine Supermacht, nirgends. Den Westen neu erfinden, 2009*

Wir sollten mit einem langen XX. Jahrhundert rechnen, einem gefährdeten, aber Erfolg verheißenden Jahrhundert. Die Finanz- und Wirtschaftskrise, so global wie nie zuvor, zeigt die Gefahr der Fragmentierung und gibt doch vor allem Anstöße zu besserer weltweiter Kooperation. Das lange XXI. Jahrhundert globaler Integration hat gerade erst begonnen.

Wolfgang Kaleck *Mit zweierlei Maß. Der Westen und das Völkerstrafrecht, 2012*

Von einer universellen Strafjustiz wird man erst dann sprechen können, wenn sich auch die Planer und Organisatoren von Guantánamo oder der Greueltaten in Tschetschenien zu verantworten haben.

Dominic Johnson *Afrika vor dem großen Sprung, 2013*

Afrika hat ein neues Selbstbewusstsein gelernt, das sich nicht mehr auf das pompöse Auftreten der Herrschenden auf globalen Gipfeltreffen bezieht, sondern auf den Mut der Entrechteten und Benachteiligten, bestehende Verhältnisse zum Tanzen zu bringen. Diese demokratische Errungenschaft, und nicht die vielen guten Wirtschaftsdaten, ist heute das eigentliche Signal für eine bessere Zukunft.

Tom Koenigs *Machen wir Frieden oder haben wir Krieg? Auf UN-Mission in Afghanistan, 2011*

Viel Geld ist ausgegeben worden. Viele Soldaten sind bewegt worden, viel Benzin verfeuert und viel Zeit vergeudet worden. Alle haben gesagt und gehört, was sie sollten und wussten, und man hat sich verabschiedet, um sich vielleicht das nächste Mal auf irgendeiner Zeremonie (Fahnen, Heiliges Land, Nationalhymne, Reden der anderen, meine Rede, Essen, Fahren, Ende) wiederzusehen. Werde ich genau dafür bezahlt, dabei mitzuspielen?

Tom Koenigs (Mitte), als Friedensstifter in Afghanistan

Milena Michiko Flašar *Taguchi Hiro*

Miteinander zu sprechen wäre zu diesem Zeitpunkt noch eine Übertretung gewesen. Da war eine Grenze. Hier meine, dort seine Bank. Dazwischen Grashalme, ein rollender Ball, ein Kind, das hinterherpurzelte.

Zwei Jahre lang hatte ich mich darin geübt, das Sprechen zu verlernen. Zugegeben, es war mir nicht gelungen. Die Sprache, die ich gelernt hatte, durchdrang mich, und sogar wenn ich schwieg, war mein Schweigen beredt. Ich sprach innere Monologe, sprach unentwegt in die Sprachlosigkeit hinein. Der Klang meiner Stimme jedoch hatte sich in mir verfremdet. Nachts wachte ich zuweilen schweißgebadet aus einem Albtraum auf, nur um ihn fortgesetzt zu finden in dem rohen Aaah, das aus meinem Bauch, meinen Lungen, meiner Kehle drang. Wer ist das, der da schreit, fragte ich mich und schlief wieder ein. Wanderte durch eine Landschaft, in der jeder Laut im Moment seines Entstehens verhallte. Der letzte Satz, den ich ausgesprochen hatte, war gewesen: Ich kann nicht mehr.

Mein Zimmer glich nach wie vor einer Höhle. Hier war ich groß geworden. Hier hatte ich im eigentlichsten Sinne meine Unschuld verloren. Ich meine, groß zu werden bedeutet einen Verlust. Man glaubt zu gewinnen. In Wahrheit verliert man sich. Ich trauerte um das Kind, das ich einmal gewesen war und das ich in raren Momenten in meinem Herzen wild um sich schlagen hörte. Mit dreizehn war es zu spät gewesen. Mit vierzehn. Mit fünfzehn. Die Pubertät ein Kampf, an dessen Ende ich mich verloren hatte. Ich hasste mein Antlitz im Spiegel, das Sprießende, Treibende darin. Die Narben an meiner Hand stammen alle von dem Versuch, es wiedergutzumachen. Unzählige Spiegel, zerschlagen. Ich wollte kein Mann sein, der glaubt, er gewinnt. In keinen Anzug hineinwachsen. Kein Vater sein, der seinem Sohn sagt: Man muss funktionieren. Vaters Stimme. Mechanisch. Er funktionierte. Wenn ich ihn ansah, sah ich eine Zukunft, in der ich langsam, zu langsam ums Leben kommen würde. Nichts funktioniert, hatte ich zurückgegeben. Und dann: Ich kann nicht mehr. Dieser letzte Satz war mein Leitspruch. Das Motto, das mich überschrieb.

Ich nannte ihn Krawatte, 2012

Susanne Schüssler, Milena Michiko Flašar und Annette Wassermann bei der Verleihung des Literaturpreis Alpha in Wien 2012

Andreas Tönnesmann
Die Stadt, das Kapital und das Glück

Andreas Tönnesmann

Mein Schicksal ist besiegelt. »Rücke vor bis Schlossallee« – dieses Kommando kann so gut wie niemand länger als zehn Minuten überstehen, der sich durch die Straßen Monopolys bewegt. Schon bald werde ich Konkurs anmelden und als erster ausscheiden müssen, wie so oft schon. Warum spiele ich trotzdem immer wieder mit?

Warum ist Monopoly auch heute noch, 75 Jahre nach der Markteinführung, das richtige Heilmittel gegen die drohende Depression regnerischer Nachmittage? Es gehört zu den Geheimnissen von Monopoly, dass es mehr ist als ein Gesellschaftsspiel. Man spielt auch dann, wenn man weiß, dass man nie gewinnt. Monopoly ist nicht Schach und nicht »Mensch ärgere dich nicht«, es ist ein Spiel ohne intellektuellen oder pädagogischen Ehrgeiz, ein Spiel für Jugendliche, die es oft verfluchen und doch später mit ihren eigenen Kindern spielen werden.

Ein Spiel, das in der Kritik steht, seitdem es existiert – schon die Manager von Parker Brothers, der Firma, die später Millionen an Monopoly verdienen wird, listen penibel »52 schwerwiegende Fehler« auf, als ihnen 1934 das Patent zum Kauf angeboten wird. Monopoly ist ein Unding von einem Spiel: es dauert zu lang und hat kein klares Ziel, es appelliert an niedrige Instinkte und hat so unsinnige Regeln, dass man kaum umhinkommt, sie planmäßig zu brechen.

Dafür bietet es Topographie und Form, Maß und Raum in vollendeter Gültigkeit. Monopoly ist zwar Spiel, aber vor allem ist es Stadt. Eine Stadt, in der nichts wirklich funktionieren muss, in der dafür alles seinen Ort gefunden hat, die allen gehört und jedem Heimat bietet. Das Spielbrett wird zum parallelen Zuhause, in dem man jede Ecke kennt und das sich nie verändert. Man bewegt sich in dieser scheinbaren Welt mit einer Sicherheit, die man sich in der wahren kaum erobern kann. Entscheidend ist, dass alles dort bleibt, wo es ist. Es wäre blanker Unsinn, denn niemand würde mehr Monopoly spielen.

Monopoly, 2011

Susanne Schüssler

Die Zukunft der Bücher

Es gibt sie natürlich.

Wie viele Verleger haben den Untergang der Lesekultur besungen – allen voran Samuel Fischer, der schon vor beinahe hundert Jahren befürchtete, »daß das Buch augenblicklich zu den entbehrlichsten Gegenständen des täglichen Lebens gehört. Man treibt Sport, man tanzt, man verbringt die Abendstunden am Radioapparat, im Kino, man ist neben der Berufsarbeit vollkommen in Anspruch genommen und findet keine Zeit, ein Buch zu lesen.«

Aber die Umwälzungen durch die elektronischen Medien haben eine andere Dimension – ließe sich einwenden. Mag sein, dass wir in Zukunft mit weniger Lesern zu rechnen haben, dass die Auflagen für anspruchsvolle Bücher noch weiter schrumpfen und die Ladenpreise in der Folge deutlich steigen werden. Kann sich jedoch jemand ernstlich vorstellen, es gäbe in zehn, fünfzig, hundert Jahren keine *wilden* Leser mehr, die in Romanen versinken, mögen sie *Schuld und Sühne* oder *Familienlexikon* heißen, keine Verliebten, die zur Lyrik greifen, oder keine gescheiten Neugierigen, denen eine Kulturgeschichte Indiens oder die Baugeschichte des Petersdoms nicht wissenswert erscheint?

Der deutschsprachige Buchmarkt war seit je und ist noch heute der differenzierteste, am besten organisierte, mit den meisten Verlagen, Buchhandlungen, Festivals, Bibliotheken, Literaturhäusern und Buchbesprechungen pro Einwohner. Wir haben die Chance, das zu erhalten als einen Komplex, dem der Normierungsdruck von außen (Europa, Globalisierung) wegen seiner auf den ersten Blick sicheren Grenzen des Sprachraums wenig anhaben kann. Zur Erhaltung der Vielfalt *und* Tiefe des Marktes lassen sich einige (glücklicherweise immer wieder vorgebrachte) Voraussetzungen formulieren. Ich fasse mich kurz, nicht ohne einige persönliche Gedankenschlenker (bzw. Prognosen) hinzuzufügen.

1. Das Urheberrecht Nur ein starkes Urheberrecht sichert dem Autor die Freiheit der Kreativität, die Möglichkeit von seinem Beruf zu leben und den Schutz seiner Persönlichkeit. Wer beim Bäcker sein Brötchen nicht stiehlt,

sondern bezahlt, sollte auch das Werk des künstlerischen Urhebers vergüten, sei es Musik, Film oder eben ein Text. Der Autor lebt – wie der Bäcker – von dem, was er geschaffen hat und verkauft. Ebenso müssen die Verlage angemessen beteiligt werden für den Teil der Leistung, den sie erbracht haben (siehe 5).

An diesen Grundsätzen muss in der digitalen Welt festgehalten werden: Wir, die Verwerter, sind gehalten, uns neue Modelle der Lizensierung, also der bezahlten Überlassung an die Leser zu überlegen, anstatt uns beleidigt als Bestohlene zu geben. Zugang für alle zu allem: ja – aber nicht kostenfrei!

Die Rechtsgüter, die das deutsche Urheberrecht bereithält, müssen zudem – und vielleicht vor allem – gegen die international agierenden und in den USA beheimateten Unternehmensgiganten wie Google geschützt werden. Wenn Daten von Texten, auch ungefragt gescannte Bücher, in unvorstellbarer Menge gespeichert werden, begibt sich jeder in die Hände dieses Monopolisten: der Suchmaschinennutzer wie der Autor, dessen Persönlichkeits- und Nutzungsrechte missachtet werden. Hier ist politisches Handeln notwendig.

2. Das gedruckte Buch ist eine der schönsten Erfindungen der Neuzeit. Im besten Falle koppelt es handwerkliches Können und Materialkenntnis mit Geschmack, selbst als Industrieprodukt. Das Buch und noch mehr eine ganze Bibliothek umgibt zudem eine Aura, die sich nicht nur in ausgewählter Typographie, richtigem Papier in passender Grammatur und ausgewogenem Satzspiegel oder Fadenheftung erschöpft. Gemeint ist damit gerade nicht das sich gegen die E-Books absetzende Zeitgeistgerede von »Wertigkeit« und »schön gemachten Büchern«, das plötzlich fröhliche Urständ feiert und Blüten von absurdem Schnickschnack treibt.

Der Gegenstand Buch stellt uns vor Entscheidungen: Welchen Platz soll er im Regal erhalten? Weisen wir ihm einen Ort zu, auf den regelmäßig der Blick trifft? Der auffällige Buchrücken zieht uns an und schon denken wir an das Ende des Romans oder erinnern uns der heiteren Ferien, in denen wir ihn gelesen haben. Wir fragen uns wieder, warum der Held so bodenlos dumm sein konnte, grußlos wegzurennen. Das stand doch auf einer rechten Seite, ganz oben, etwa auf Seite 250. Schon nehmen wir das Buch zur Hand, um so lieber, wenn es sorgfältig hergestellt ist. Und da entdecken wir das Eselsohr mit der besagten Stelle und daneben einen Kommentar, der auf Seite 125 verweist. Spätestens jetzt hat das Buch uns wieder eingefangen.

Auf der Frankfurter Buchmesse mit Antonio Sellerio, Friedmar Apel und Giulio Einaudi

Hinter der Frage: »Sie publizieren auch E-Books?« steht oft die kaum verhohlene Überheblichkeit des Fortschrittsgläubigen. Wer das gedruckte Wort vorzieht, muss nicht zu den Gestrigen gehören: Nicht die Verlage sind der Technik nicht gewachsen, sondern die Anforderungen an Technik und Ästhetik können nicht erfüllt werden. Noch nicht.

Trotzdem gibt es gute Gründe, schon jetzt E-Books zu lesen: zu volle Bücherregale etwa, die Möglichkeit, ganze Bücherstapel in einem kleinen Kästchen mit sich zu tragen, die meist niedrigeren Preise (mit deutlich sichtbaren Folgen für das Taschenbuchgeschäft) oder ein Defekt der kaufkräftigsten Lesergruppe: die Altersweitsichtigkeit (in der Tat nutzen derzeit mehr Ältere als Jüngere und mehr Frauen als Männer Lesegeräte). Hat in Amerika das elektronische Buch seine gedruckte Schwester beinahe eingeholt, so sind für den hiesigen Markt die Schätzungen bei einem Anteil von 20%. Mehr Gelassenheit, liebe Buchfreunde! Das gedruckte Buch wird nicht aussterben.

3. Der Buchhändler spielt die zentrale Rolle bei der Verbreitung von schöner Literatur und Sachbüchern. Es lohnt, dafür zu kämpfen, dass es so bleibt. Die letzten Jahre haben dem Handel einen dramatischen Umbruch beschert: Zunächst provozierten die großen Buchhandelsketten wie Thalia und die Hugendubel-Weltbild-Gruppe mit einem aggressiven Herangehen das reihenweise Sterben von alteingesessenen Buchhandlungen.

Dann durchzog der Versandbuchhändler Amazon wie ein Krake das Lesemeer und manche Buchkäufer ließen sich zu gern von der angeblichen Verfügbarkeit und Bequemlichkeit blenden. Über die Folgen dachten wenige nach: die prekären Arbeitsbedingungen, die Nutzung von Infrastrukturen (z. B. Straßennetz) ohne Steuerbeitrag, das Ausbluten der Innenstädte, die ökologische Belastung.

Die oben erwähnten Ketten gerieten ins Schlingern. Den gigantischen Flächen mit austauschbarer, genormter »Befüllung« (ohne Ansehen des Standorts) stand ein verkleinertes und in seinen Kompetenzen beschnittenes Personal gegenüber (z. B. das Verbot, eigenständig bei den Verla-

Mit Eva Cossée, Christoph Buchwald und Claus Clausen

gen zu bestellen). Da war die »Beratung« bei Amazon besser. So musste die Hugendubel-Weltbild-Gruppe innerhalb von fünf Jahren einhundert ihrer fünfhundert Filialen schließen. Zigtausende von Quadratmetern Buch waren aus den Großstädten verschwunden und die verbliebenen Flächen wurden mit sogenannten »Non-Books« zugemüllt (bis zu 30 %).

Trotzdem scheint der klassische Buchhandel alles andere als nur ein überkommenes Modell zu sein. Die Bandbreite reicht vom kleinen inhabergeführten Vollsortiment über Stadtteilbuchhandlungen mit Spezialisierungen, über das Berliner Kulturkaufhaus Dussmann bis hin zu einem Familienunternehmen wie die Osianderschen Buchhandlungen mit zahlreichen Filialen. Bei genauem Hinsehen erfüllen sie alle zwei Voraussetzungen: ein wohlüberlegtes, autonomes Sortiment sowie ein individuelles Konzept zur Kundenbindung.

Jedes Sortiment (von sortieren, also auswählen) hängt von der Größe und der Lage des Ladens ab. Soweit einfach. Spannend wird es, wenn sich der Buchhändler für Spezialisierung entscheidet, z. B. auf *Shades of Grey* verzichtet, aber das umfangreiche Programm eines kleinen Verlags führt, der in den Ketten mit keinem Buch vorkommt. Inhaltliches Interesse und Neigung versus Umschlaggeschwindigkeit und Verkäuflichkeit. Ein derartiges individuelles Sortiment verlangt nach Angeboten für Leser, die sie bei Amazon oder einer Kettenfiliale nicht finden: Information und Beratung, einen Ort zum Stöbern, zum Austausch, der den Besuch des Geschäfts nicht zum Erledigungstermin herabwürdigt, sondern wie jede bessere Weinhandlung zum Treffpunkt macht. Dazu kann ein Lesecafé gehören, Veranstaltungen, Weihnachtstipps der Buchhändler, für die Kunden organisierte Buchmessenbesuche oder die Initiative »Buy local« für politisch verantwortliches, lokales Einkaufen. Ein gut geführter Online-Shop zählt genauso dazu wie E-Book-Angebote – und der selbstverständliche Service, *jedes* Buch zu bestellen (auch solche, die in den Barsortimentskatalogen fehlen). Diese Buchhandlungen, darunter viele kleine, in den letzten Jahren neu gegründete, werden zu wahren Schatzinseln für Leser. Vor allem aber garantieren sie das Fortbestehen der ungewöhnlichen, schwierigen, beratungsintensiven Bücher.

Mit Giuseppe Laterza (links) und Umberto Eco

Nachsatz Oft gesagt und geschrieben, deshalb nicht weniger richtig und wichtig: Basis für die flächendeckende Versorgung mit einer breiten Auswahl ist der feste Ladenpreis (wie auch der reduzierte Mehrwertsteuersatz). Wie beim Urheberrecht muss er ebenfalls für die E-Books gelten.

4. Der Leser Das Objekt der Begierde unserer Branche wird immer seltener, ist in die Jahre gekommen und abgeklärt. Das Buch als Statussymbol hat ihm ausgedient. Seine Aufmerksamkeit und Zeit verteilt der Leser auf verschiedene Medien. Er sammelt schnell und ständig neue Informationen, dafür ist ihm ein wenig die Fähigkeit verloren gegangen, geduldig und in Ruhe einen längeren zusammenhängenden Text zu lesen. Was ihn früher gerade gereizt hat: je schwieriger, umso interessanter, ermüdet ihn heute. Eine leichte, häppchenweise Aufbereitung zieht er vor…

Wir hören Samuel Fischer jammern.

Sieht man jedoch genau hin, dann findet man sie überall: die souveränen, gebildeten, anspruchsvollen Leser, die kenntnislos neugierigen Leser, die durch Rezensionen in Zeitungen, durch Diskussionen im Funk oder Hinweise im Netz hervorragend informierten Leser. Die verführbaren Leser. Für sie machen wir unsere Bücher.

5. Der Verlag soll angeblich nicht mehr nötig sein in Zeiten von selbstgebasteltem E-Publishing. Altherrenpessimismus oder naive Zukunftseuphorie? Eher ein Missverständnis: Neue Techniken führen zu grundlegenden Umwälzungen, nicht zum hektisch herbeigeredeten und -geschriebenen Untergang. Über die Zukunft der globalen Gesellschaft entscheiden die Neugier auf Unbekanntes und die Bereitschaft, sich mit komplexen Fragen zu beschäftigen, nicht Form und Wege der Verbreitung. Richtig ist: Noch nie waren Verlage so notwendig wie heute. Wenn sie inhaltliche Absichten haben.

So möchte ich zum Ende über die Arbeit in unserem Lektorat berichten, dem Herzstück des Verlags. Kurt Wolff hat sehr präzise seine Vorstellung des Verlegers beschrieben (S. 17). Will man wie er Bücher aus Überzeugung veröffentlichen, kann das Programm nicht ausgewogen sein, es wird literarische Vorlieben zeigen und eine politische Haltung; das heißt der Verlag ist ein Meinungsverlag. Das setzt einen Inhaber-Verleger voraus – ein angestellter Verleger muss Rechenschaft über Gewinn und Verlust geben und damit seinen Entscheidungen andere Überlegungen zugrunde legen. Vertritt man aber ein Programm von circa 50 Titeln im Jahr auf eigene Kosten, braucht es ein belastbares System der Entscheidungsfindung. Unserem Konsenslektorat gehören derzeit sechs Lektoren an (eingeschlossen Klaus Wagenbach und mich), das ist die Hälfte des Verlags. Jeder Lektor macht Vorschläge in der wöchentlichen Lektoratssitzung zu Themen, von denen wir etwas verstehen, aus den fünf Sprachen, die wir lesen können. Gelingt es ihm, Begeisterung zu wecken, hat das Buch die zweite Hürde (die erste ist der Lektor selbst) geschafft. Die dritte – und schwierigste – folgt in der/den nächsten Sitzungen: Wir diskutieren, und zwar solange, bis wir zu einem Konsens finden – oder eben nicht. Nur bei einem einstimmigen positiven Votum wird das Buch angenommen. Ist auch nur einer dagegen (»Nur-über-meine-Leiche-Klausel«), hat das Buch keine Chance. Wichtig ist dabei, dass alle Stimmen vom Prinzip her das gleiche Gewicht besitzen, sich aber die Gewichte je nach Sprache oder Thematik und je nach Kompetenz von Buch zu Buch verschieben. Ein mühsamer Prozess, ein oft langwieriger und manchmal zu langsamer, aber immer ein spannender und lehrreicher und oft auch lustiger. Was aber, wenn alle abwinken, nur einer überzeugt und begeistert bleibt? Er greift zur »Herzklausel«, und das Buch wird veröffentlicht. Das sind oft die interessantesten Bücher, sie verhelfen zur Einsicht, dass auch Mehrheiten irren können.

Inhalts- und qualitätsbezogene Entscheidungen dieser Art ziehen manchmal Konsequenzen nach sich, die bedauerlich sind, wie etwa die Ablehnung eines Manuskripts eines Hausautors mit der Gefahr, den Autor zu verlieren. Sie setzen aber auch eine Grenze für die Größe des Verlags: Mehr Lektoren können nicht sinnvoll diskutieren, mehr Bücher im Jahr können nicht auf diesem Weg entschieden werden.

Im übrigen gelten (cum grano salis): Seiten 73, 84 ff. und 112 f.

Ein letztes Wort zu den von Klaus Wagenbach 1979 beschriebenen drei Begriffen über die Absichten des Verlags: Anarchie, Geschichtsbewusstsein und Hedonismus. In einer Zeit, in der Beliebigkeit und politische Korrektheit die Spaßgesellschaft dominieren, sollten wir unserer Maxime eine kleine Verschiebung angedeihen lassen: Widerständigkeit, Überzeugung und Sorgfalt, und natürlich: Lust und Laune.

Postscriptum: Gegen zweitausend Jahre Buch wollen Sie mit einem Plastikkästchen anstinken? Denken Sie doch mal hundert Jahre weiter: Ihr Urenkel findet auf dem Dachboden ein Buch, daneben einen digitalen Datenträger. Vom Buch muss er nur den Staub wegpusten, um es zu lesen. Das Kästchen ist ramponiert, das Programm für die Daten ist weg. Festplatte gibt es nicht, wo ist die nächste Steckdose?
Also: Wegwerfen. *Klaus Wagenbach, in* Die Freiheit des Verlegers, *2010*

Verzeichnis aller im Verlag erschienenen Bücher*

Um den Umfang dieser Bibliographie möglichst gering zu halten, wurden zahlreiche Abkürzungen verwendet:

* Titel vergriffen (Stand: Oktober 2013)
Abb(ildungen)
Akt Aktionsbuch
AP Allgemeines Programm bzw. Titel außerhalb der Serien
Aufs(ätze)
A(us) d(em) Amerik(anischen), Chin(esischen), Engl(ischen), Franz(ösischen), Ital(ienischen), Neugr(iechischen), Niederl(ändischen), Portug(iesischen), Russ(ischen), Span(ischen)
Ausw(ahl)
Dt. EA Deutsche Erstausgabe (Nur bei WAT angegeben)
eb e-book
Einf(ührung)
Erz(ählung)
Erzz(ählungen)
Ged(ichte)
Gesch(ichten)
Hrsg. (Herausgeber)
Illustr(ation)
KKB Kleine Kulturwissenschaftliche Bibliothek
Komm(entar)
kt. (kartoniert)
LO LeseOhr
Nachw(ort)
NA Neuauflage
OA Originalausgabe (Nur bei WAT angegeben)
P Reihe Politik
P Politik bei Wagenbach
Qb Quartbuch
Q Quartheft
Qp Quartplatte
R Rotbuch
S *SVLTO*
s(iehe) S(eiten)
Vorw(ort)
WAT Taschenbuch
Zus(ammengestellt)

Die Bibliographie ist alphabetisch nach Autorennamen, Titel eines Autors sind chronologisch geordnet. Anthologien finden sich unter dem Titel. Bei Nach- oder Neuauflagen wurden Seitenzahlen bei einer Änderung zur vorherigen Auflage angegeben.

*Stand: Oktober 2013

100 Gedichte aus der DDR
Hrsg. und mit Nachw. Christoph Buchwald und Klaus Wagenbach 2009, AP, 176 S.

113 dada-Gedichte
Hrsg. Karl Riha. OA 1982, WAT 91, 192 S. *. NA 1992, WAT 213 *. NA 2003, WAT 477, 208 S. mit zahlr. Abb.

131 expressionistische Gedichte
Hrsg. Peter Rühmkorf
OA 1976, WAT 18, 160 S. *. NA 1993, WAT 220. *. NA 2004, WAT 504, 176 S. mit neuen Bildern

1848–1849: Bürgerkrieg in Baden
Chronik einer verlorenen Revolution
Hrsg. Wolfgang Dreßen
OA 1975, WAT 3, 160 S. *

A

Abad, Héctor
– **Kulinarisches Traktat für traurige Frauen**
A. d. Span. Sabine Giersberg 2001, *SVLTO* 103, 128 S. *
NA 2006, WAT 546, 128 S.
– **Kulinarisches Traktat für traurige Frauen**
Gelesen von Mechtild Großmann 2007, LO, CD, Laufzeit 64 Min. *

A Casa Nostra
Junge italienische Literatur
Hrsg. und mit Vorw. Paola Gallo u. Dalia Oggero. 2011, Qb, 208 S.

Accetto, Torquato
Von der ehrenwerten Verhehlung.
Wie schön ist die Wahrheit, wie notwendig die Verheimlichung und warum ist der Zorn ihr Feind? Wie man Schmähungen missachtet, wie es die Kunst des Verbergens zwischen Liebenden geben kann und warum die Verhehlung eine Arznei ist
Vorw. Giorgio Manganelli
Erläuterungen Salvatore S. Nigro
A. d. Ital. Marianne Schneider
1995, KKB 52, 104 S. *

Affenmensch und Menschenaff
Gesch. und Ged. Hrsg. Margit Knapp. 1999, *SVLTO* 85, 144 S. mit vielen Abb. *

Agnoli, Johannes
Überlegungen zum bürgerlichen Staat
1975, P 46, 144 S. *

Aira, César
Die nächtliche Erleuchtung des Staatsdieners Varamo
Roman. A. d. argentinischen Span. Matthias Strobel. 2010, WAT 636, 96 S. *

Alarcón, Daniel
– **Lost City Radio**
Roman. A. d. Amerik. Friederike Meltendorf. 2008, Qb, 320 S.
– **Stadt der Clowns**
Erzz. A. d. Amerik. Friederike Meltendorf. 2012, Qb, 192 S.

Albrecht, Roland
Museum der Unerhörten Dinge
2005, *SVLTO* 128, 120 S.

Allam, Fouad
Der Islam in einer globalen Welt
A. d. Ital. Karl Pichler
Dt. EA 2004, WAT 490, 208 S.

Als Kafka mir entgegenkam …
Erinnerungen an Franz Kafka
Hrsg. Hans-Gerd Koch. 1995, AP, 208 S. mit 57 Photos. *. Erweiterte NA 2005, WAT 528, 256 S.

Die ältesten Geschichten der Welt
A. d. Engl. Walle Bengs. Hrsg. Theodor H. Gaster
Dt. EA 1983, WAT 90, 224 S. *

Amore! oder: Der Liebe Lauf
Wollust, Seitenpfade, Irr- und Unsinn
Hrsg. Klaus Wagenbach. 1994, Akt, 240 S. *. NA 1996, *SVLTO* 61, 160 S. *

Antiautoritäres Lager und Anarchismus
Mit einem Lesebuch. Hrsg. Wolfgang Dreßen. 1968, R 7, 160 S. *

Antonello, Paola / Chima, Alex / Decke, Bettina / Egbuna, Obi B. / Lee, Franz J. T. / Schmelz, Herbert
Nigeria gegen Biafra?
Falsche Alternativen. 1969, R 6, 160 S. *

Antonioni, Michelangelo
– **Bowling am Tiber**
Erzz. A. d. Ital. Sigrid Vagt 1985, Q 142, 144 S. *
– **Chronik einer Liebe, die es nie gab**
Erzz. A. d. Ital. Sigrid Vagt 1995, *SVLTO* 52, 160 S. *
NA 2012, Nachw. Claudius Seidl, *SVLTO* 52, 168 S.

Arbasino, Alberto / Calvino, Italo / Ceronetti, Guido / Eco, Umberto / Malerba, Luigi / Manganelli, Giorgio / Sanguineti, Edoardo / Sciascia, Leonardo
Unmögliche Interviews
A. d. Ital. Renate Heimbucher-Bengs, Burkhart Kroeber und Elke Wehr. 1987, *SVLTO* 3, 96 S. *. NA 1996, Akt *

Arendt, Hannah
Israel, Palästina und der Antisemitismus
Aufs. 1991, WAT 196, 128 S. *

Arendt, Hannah / Nanz, Patrizia
Wahrheit und Politik
2006, WAT 553, 96 S. *

Arguedas, José María
Die tiefen Flüsse
Roman. A. d. peruanischen Span. Suzanne Heintz
2011, WAT 670, 288 S.

Ariès, Philippe
Saint-Pierre oder Die Süße des Lebens. *Versuche der Erinnerung*
A. d. Franz. Holger Fliessbach
1994, KKB 48, 96 S. *

Aristophanes / Erich Fried
Lysistrata
Kommentiert von Barbara Sichtermann, mit einer Materialsammlung von Heinke Lehmann
OA 1985, WAT 127, 144 S. *
NA 1992, WAT 206 *
NA 2000, WAT 364

Arnaldi, Girolamo
Italien und seine Invasoren
Vom Ende des Römischen Reiches bis heute
A. d. Ital. Friederike Hausmann
2005, AP, 208 S. mit vielen Abb.

Aschenwald, Hans
Wurzelfieber
Ged. 2003, Qb, 80 S.

Asado verbal
Junge argentinische Literatur
Hrsg. und mit Vorw. Timo Berger und Rike Bolte
OA 2010, WAT 634, 144 S.

Athen. *Eine literarische Einladung*
Hrsg. und mit Nachw. Birgit Hildebrand und Konstantinos Kosmas
2009, *SVLTO* 162, 144 S.

Atlas. Deutsche Autoren und ihr Ort
Hrsg. Klaus Wagenbach
1965, AP, 320 S. *. NA 1979, WAT 64, 264 S. *. NA 2004, Qb, 320 S. mit vielen Abb.
NA 2004, Sonderausgabe, Qb, 320 S. mit vielen Abb.

Auf dem langen Marsch. 1934/35
Die Wende in der chinesischen Revolution, von Teilnehmern erzählt
Ausw. Dietmar Albrecht, Dirk Betke. OA 1976, WAT 7, 160 S. *

Austen, Ralph A.
Sahara. *Tausend Jahre Austausch von Ideen und Waren*
A. d. Engl. Matthias Wolf
2012, AP, 224 S. mit vielen Abb. und Karten. *
NA 2013, WAT 716, 272 S.

Axworthy, Michael
Iran – Weltreich des Geistes
Von Zoroaster bis heute
A. d. Engl. Gennaro Ghirardelli
2011, AP, 352 S. mit zahlr. Abb.

Azúa, Felix de
Fahnenwechsel
Roman. A. d. Span. Peter Schwaar
1993, Qb, 200 S. *

Azzeddine, Saphia
Zorngebete
Roman. A. d. Franz. Sabine Heymann. 2013, Qb, 128 S. 2013, eb

Azzurro: endlich Sommer!
Zus. Susanne Schüssler. 1997, Akt, 160 S. *. 2001, WAT 405 *

B

Babeuf
Der Krieg zwischen Reich und Arm. *Artikel, Reden, Briefe*
Hrsg. Peter Fischer
Dt. EA 1975, WAT 9, 128 S. *

Bachmann, Ingeborg
Ein Ort für Zufälle
Mit 13 Zeichnungen von Günter Grass. 1965, Q 6, 72 S. *
NA 1999, Bleisatz und Buchdruck, Qb, 64 S. *

Baier, Lothar
– **Die große Ketzerei.** *Verfolgung und Ausrottung der Katharer durch Kirche und Wissenschaft*
OA 1984, WAT 108, 208 S. *
NA 1991, WAT 191. *. NA 2001, WAT 410, 208 S. mit Abb.
– **Gleichheitszeichen.** *Streitschriften über Abweichung und Identität*
OA 1985, WAT 124, 120 S. *
– **Firma Frankreich**
Eine Betriebsbesichtigung
OA 1988, WAT 155, 144 S. *
– **Volk ohne Zeit**
Essay über das eilige Vaterland
OA 1990, WAT 182, 128 S. *

Baier, Lothar / Gottschalch, Wilfried / Reiche, Reimut / Schmid, Thomas / Schmierer, Joscha / Sichtermann, Barbara / Sofri, Adriano
Die Früchte der Revolte
Über die Veränderung der politischen Kultur durch die Studentenbewegung
OA 1988, WAT 162, 160 S. *

Baier, Lothar / Erler, Gisela / Heinsohn, Gunnar / Kluge, Alexander / Preuß, Ulrich K. / Reiche, Jochen / Schmid, Thomas / Sichtermann, Barbara
Die Linke neu denken
Acht Lockerungen
Aufs. OA 1984, WAT 112, 128 S. *

Bainbridge, David
Das X in Sex
Wie ein Chromosom unser Leben bestimmt
A. d. Engl. Sebastian Vogel
Dt. EA 2005, WAT 507, 240 S. *

Baran, Paul A. / Fried, Erich / Salvatore, Gaston
Intellektuelle und Sozialismus
1968, R 2, 128 S. *

Baratay, Eric / Hardouin-Fugier, Elisabeth
Zoo. *Von der Menagerie zum Tierpark*
A. d. Franz. Matthias Wolf. 2000, AP, 256 S. mit vielen Abb. *

Baricco, Alessandro
City
Roman. A. d. Ital. Anja Nattefort
2007, WAT 568, 336 S. *

Barnes, Djuna
– **Die Nacht in den Wäldern**
Short Stories. A. d. Amerik. Karin Kersten. 1984, Q 133, 160 S. *
– **Ladies' Almanach**
Mit Zeichnungen und Photos
A. d. Amerik. Karin Kersten
Nachw. Brigitte Siebrasse
1985, AP, 144 S. *
NA 1997, *Verfasst und illustriert von einer Lady of Fashion,* Akt *
NA 2003, WAT 465
– **Portraits**
A. d. Amerik. Karin Kersten
Hrsg. Alyce Barry. Vorw. und Komm. Douglas Messerli
1985, AP, 208 S. mit zahlr. Abb. *
– **Leidenschaft**
Neun Erzz. A. d. Amerik. Karin Kersten. 1986, Q 147, 128 S. *
– **New York.** *Geschichten und Reportagen aus einer Metropole*
A. d. Amerik. Karin Kersten
1987, AP, 192 S. mit Abb. *
– **Saturnalien**
Erz. A. d. Amerik. Karin Kersten
1987, Q 157, 112 S. *
– **Paris, Joyce, Paris**
Nachw. Kyra Stromberg
A. d. Amerik. Karin Kersten. 1988, *SVLTO* 5, 96 S. mit vielen Abb. *
– **Paprika Johnson und andere Stories**
Zus. Barbara Herzbruch
A. d. Amerik. Karin Kersten. OA 1989, WAT 173, 128 S. mit Abb. *
– **Solange es Frauen gibt, wie sollte da etwas vor die Hunde gehen?**
A. d. Amerik. Karin Kersten. 1991, *SVLTO* 28, 96 S. NA 1996, Akt *
– **Die Frau, die auf Reisen geht, um zu vergessen.** *Reisebilder*
A. d. Amerik. mit einem Nachw. Inge Weidenbaum. 1992, *SVLTO* 34, 88 S. mit vielen Photos *
– **Hinter dem Herzen**
Mit zahlr. unbekannten Texten
Zus. Susanne Schüssler
1994, Akt, 192 S. NA 1996, *SVLTO* 59, 144 S. *
– **Verführer an allen Ecken und Enden.** *Ratschläge für die kultivierte Frau*
A. d. Amerik. Inge von Weidenbaum. 1994, *SVLTO* 48, 80 S. *

– **Alles Theater!**
A. d. Amerik. Inge von Weidenbaum. 1998, *SVLTO* 72, 96 S. mit Abb. *
– **Eine Nacht mit den Pferden**
Gesammelte Erzz. A. d. Amerik. Karin Kersten. 1999, Qb, 352 S.
– **Eine Nacht mit den Pferden**
Gelesen von Sophie Rois. 2001, LO, MC/CD, Laufzeit 67 Min. *
– **Im Dunkeln gehn**
Briefe an Emily Coleman
Hrsg. und mit einem Vorw. Mary Lynn Broe. A. d. Amerik. Robin Cackett. Bibliophile Ausgabe 2002, Qb, 196 S.

Barock-Gedichte
Hrsg. Herbert Heckmann
OA 1976, WAT 27, 128 S. *
NA 1994, WAT 229 *

Baroja, Julio Caro
Der Inquisitor, der Eroberer, der Herr. *Drei Berufsbilder aus der spanischen Geschichte*
A. d. Span. Susanne und Gerhard Herrera. 1990, KKB 25, 112 S. *

Barolsky, Paul
– **Warum lächelt Mona Lisa?**
Vasaris Erfindungen
A. d. Engl. Robin Cackett
1995, AP, 168 S. *
– **Giottos Vater**
Vasaris Familiengeschichten
A. d. Engl. Ebba D. Drolshagen
1996, AP, 180 S. *

Baron, Hans
Bürgersinn und Humanismus im Florenz der Renaissance
A. d. Engl. Gabriele Krüger-Wirrer. 1992, KKB 38, 96 S. *

Bartelt, Dawid Danilo
Copacabana
Biographie eines Sehnsuchtsortes
OA 2013, WAT 709, 224 S.

Bartsch, Kurt
– **Die Lachmaschine**
Ged., Songs und ein Prosafragment. 1971, Q 50, 72 S. *
– **Tango Berlin**
Neue und ausgewählte Gedichte Klaus Wagenbachs Oktavhefte Ausw. und Zeichnungen vom Autor. 2010, Qb, 80 S.

Bassani, Giorgio
– **Die Gärten der Finzi-Contini**
Roman. A. d. Ital. Herbert Schlüter. 2001, WAT 404, 368 S.
NA 2008, WAT 586, 320 S. *
– **Der Reiher**
Roman. A. d. Ital. Herbert Schlüter. 2007, WAT 574, 160 S.
– **Die Brille mit dem Goldrand**
Erz. A. d. Ital. Herbert Schlüter 2007, *SVLTO* 143, 144 S. *
NA 2013, WAT 700, 112 S.
– **Ferrareser Geschichten**
A. d. Ital. Herbert Schlüter
2007, WAT 564, 256 S.
– **Hinter der Tür**
Roman. A. d. Ital. Herbert Schlüter. 2008, WAT 596, 144 S.
– **Der Geruch von Heu**
A. d. Ital. Herbert Schlüter
2009, WAT 613, 112 S.

Baudelaire 1848
Gedichte der Revolution
Hrsg. und kommentiert von Oskar Sahlberg, OA 1977, WAT 35, 160 S. *

Baxandall, Michael
Die Wirklichkeit der Bilder
Malerei und Erfahrung in der Renaissance
A. d. Engl. Hans-Günter Holl
1999, AP, 192 S. mit 90, meist farbigen Abb. *
NA 2013, WAT 693, 240 S.

Beauvoir, Simone de
Sie kam und blieb
Roman. A. d. Franz. Eva Rechel-Mertens. 2003, WAT 466, 384 S. *

Beck, Barbara / Kurnitzky, Horst
Zapata. *Bilder aus der mexikanischen Revolution*
OA 1975, WAT 14, 160 S. *

Beckford, William
Die Geschichte des Kalifen Vathek. *Ein Schauerroman aus dem britischen Empire*
Kommentare von Gisela Dischner, 1975, WAT 10, 192 S. *

Befreiung von falscher Arbeit
Thesen zum garantierten Mindesteinkommen
Hrsg. Thomas Schmid
OA 1984, WAT 109, 144 S. *
Veränderte NA 1986, WAT 109, 160 S. *

Behan, Brendan
Die Geisel und andere Stücke
A. d. Engl. Annemarie und Heinrich Böll sowie Jürgen und Astrid Fischer. Nachbemerkung von Heinrich Böll. Hrsg. und mit einem Nachw. Ute Nyssen. 1977, Q 88, 228 S. mit vielen Photos. *
NA 1993, Q 187 *

Belben, Rosalind
Gut und schön
Roman. A. d. Engl. Hannah Harders. 1990, Q 172, 128 S. *

Bellonci, Maria / Ceronetti, Guido / Eco, Umberto / Malerba, Luigi / Manganelli, Giorgio / Portoghesi, Paolo / Sanguineti, Edoardo
So war es! War es so?
Neue unmögliche Interviews
A. d. Ital. Marianne Schneider, Burkhart Kroeber, Barbara Villiger-Heilig
1992, *SVLTO* 30, 96 S. *

Beltramini, Guido
Palladio. *Lebensspuren*
Einf. Andreas Beyer. Mit einer biographischen Skizze von Paolo Gualdo. A. d. Ital. Victoria Lorini 2009, *SVLTO* 161, 120 S.

Ben Jelloun, Tahar
Die erste Liebe ist immer die letzte
Erzz. A. d. Franz. Christiane Kayser. 2002, WAT 439, 128 S. *

Benn, Gottfried
Das Nichts und der Herr am Nebentisch
Mit einem biogr. Essay von Joachim Dyck
OA 1986, WAT 130, 160 S. *

Bennett, Alan

– **Vater, Vater lichterloh**
Zwei Kurzromane. A. d. Engl. Ingo Herzke. 2002, Qb, 128 S. *

- **Così fan tutte**
A. d. Engl. Brigitte Heinrich
2003, *SVLTO* 114, 96 S.
NA 2006, WAT 539, 96 S. *
NA 2007, WAT 569 *
- **Così fan tutte**
Gelesen von Uwe Friedrichsen
2003, LO, CD, Laufzeit 79 Min.*
- **Die Lady im Lieferwagen**
A. d. Engl. Ingo Herzke
2004, *SVLTO* 126, 96 S. *
NA 2009, WAT 621
- **Handauflegen**
Kurzroman. A. d. Engl. Ingo Herzke. 2005, *SVLTO* 132, 96 S. *
NA 2009, WAT 606, 96 S.
- **Handauflegen**
Gelesen von Uwe Friedrichsen
2005, LO, CD, Laufzeit 158 Min. *
- **Vatertage.** *Beziehungsgeschichten*
A. d. Engl. Ingo Herzke
2007, *SVLTO* 144, 96 S.
- **Die souveräne Leserin**
A. d. Engl. Ingo Herzke
2008, *SVLTO* 155, 120 S.
NA 2012, limitierte Sonderausgabe, *SVLTO* 187
- **Ein Kräcker unterm Kanapee**
A. d. Engl. Ingo Herzke
2010, *SVLTO* 169, 144 S.
- **Miss Fozzard findet ihre Füße**
A. d. Engl. Ingo Herzke
2011, *SVLTO* 177, 144 S.
- **Schweinkram**
Zwei unziemliche Geschichten
A. d. Engl. Ingo Herzke
2012, *SVLTO* 188, 144 S.

Benni, Stefano
- **Die Bar auf dem Meeresgrund**
Unterwassergeschichten
A. d. Ital. Pieke Biermann
1999, WAT 344, 224 S. *
NA 2009, WAT 615, 208 S.
- **Baol.** *Die magischen Abenteuer einer fieberhaften Samstagnacht*
Roman. A. d. Ital. Jochen Koch
2000, WAT 390, 208 S. *
- **Komische erschrockene Krieger**
Roman. A. d. Ital. Pieke Biermann. 2000, WAT 366, 224 S.
- **Geister**
Roman. A. d. Ital. Hinrich Schmidt-Henkel. 2001, Qb, 420 S.
- **Terra!**
Roman. A. d. Ital. Pieke Biermann. 2002, WAT 427, 320 S. *
- **Der Zeitenspringer**
Roman. A. d. Ital. Moshe Kahn
2004, Qb, 336 S.
- **Der Schnellfüßige Achilles**
Roman. A. d. Ital. Moshe Kahn
2006, Qb, 272 S.
- **Brot und Unwetter**
Roman. A. d. Ital. Mirjam Bitter
2012, Qb, 288 S. *. eb.
NA 2013, WAT 714, 320 S.

Berberova, Nina
- **Das schwarze Übel**
Roman. Deutsch von Anna Kamp. 2003, WAT 486, 96 S. *
- **Der Lakai und die Hure**
Roman. Deutsch von Anna Kamp. 2003, WAT 469, 96 S. *
- **Astaschew in Paris**
Roman. Deutsch von Anna Kamp. 2006, WAT 545, 98 S. *

Berger, John
- **Das Leben der Bilder oder die Kunst des Sehens**
A. d. Engl. Stephen Tree. 1981, AP, 144 S. mit 18 Abb. *. NA 1989, Vorw. Brigitta Ashoff. *SVLTO* 15, 132 S. NA 1995, Akt, 129 S. *
NA 2009, *SVLTO* 15, 144 S.
- **Das Kunstwerk**
Über das Lesen von Bildern
Essays. A. d. Engl. Kyra Stromberg, 1992, *SVLTO* 29, 96 S.
NA 2005
- **Mit Hoffnung zwischen den Zähnen.** *Berichte von Überleben und Widerstand*
A. d. Engl. Rita Seuß. 2008, AP, 144 S.

Berggruen, Heinz
- **Monsieur Picasso und Herr Schaften.** *Erinnerungsstücke*
2001, *SVLTO* 99, 80 S. mit Abb. *
- **Spielverderber, nicht alle**
Betrachtungen
2003, *SVLTO* 120, 80 S. mit Abb.*
- **Die Giacomettis und andere Freunde.** *Erinnerungsstücke, Portraits, Schnurren*
2005, *SVLTO* 134, 96 S. mit vielen Abb. *
- **Leben ist kein Kunstwerk**
Heinz Berggruen liest seine schönsten Geschichten
2006, LO, CD, Laufzeit 65 Min. *
- **Die Kunst und das Leben**
Erinnerungen, Portraits, Schnurren
2008, *SVLTO* 156, 144 S. mit Abb.

Berlusconis Italien – Italien gegen Berlusconi
Hrsg. Susanne Schüssler
Mit einem einführenden Text von Friederike Hausmann über den Aufstieg Berlusconis
OA 2002, WAT 450, 192 S. *

Berns, Jörg Jochen
Die Herkunft des Automobils aus Himmelstrionfo und Höllenmaschine
1996, KKB 54, 96 S. mit vielen Abb.*

Bettelheim, Charles
Ökonomisches Kalkül und Eigentumsreform. *Zur Theorie der Übergangsgesellschaft*
A. d. Franz. Horst Arenz u. Roland Knaus. 1970, R 12, 168 S. *

Bettelheim, Charles / Macciocchi, Antonietta
China 1972
Ökonomie, Betrieb und Erziehung seit der Kulturrevolution
Hrsg. Dietmar Albrecht. 1972, R 42, 168 S. *

Bettelheim, Charles / Dobb, Maurice / Foa, Lisa / Hubermann, Leo / Mandel, Ernest / Robinson, Joan / Sweezy, Paul M.
Zur Kritik der Sowjetökonomie
Eine Diskussion marxistischer Ökonomen des Westens über die Wirtschaftsreform in den Ländern Osteuropas
Hrsg. Peter Strotmann. 1969, R 11, 160 S. *

Bettetini, Maria
Eine kleine Geschichte der Lüge
Von Odysseus bis Pinocchio
A. d. Ital. Klaus Ruch
Dt. EA 2003, WAT 461, 144 S.

Beyer, Andreas
Andrea Palladio / Teatro Olimpico
Triumpharchitektur für eine humanistische Gesellschaft
Veränderte und ergänzte NA 2009, WAT 625, 96 S.

Beyer, Andreas / Arrouye, Jean / Bredekamp, Horst / Lavin, Irving / Schellewald, Barbara / Settis, Salvatore
Die Lesbarkeit der Kunst
Zur Geistesgegenwart der Ikonologie
1992, KKB 37, 122 S. *

Bichsel, Peter / Biermann, Wolf / Floh de Cologne / Fuchs, Günter Bruno / Herburger, Günter / Jandl, Ernst / Lettau, Reinhard / Reinig, Christa / Rühmkorf, Peter
Warum ist die Banane krumm?
Gesch. und Lieder für Kinder
1971, Qp 7, 30 cm, 33 UpM. *

Biermann, Wolf
– **Die Drahtharfe**
Balladen, Ged., Lieder, mit Notenbeispielen des Autors
1965, Q 9, 84 S. NA 1981, Q 82 *
– **Mit Marx und Engelszungen**
Ged., Balladen, Lieder
1968, Q 31, 84 S.
– **4 neue Lieder**
1968, Qp 3, 17 cm, 33 UpM. *
– **Chausseestr. 131**
10 Lieder u. Ged.
1969, Qp 4, 30 cm, 33 UpM. *
– **Der Dra-Dra**
Die große Drachentöterschau in 8 Akten mit Musik
Mit Noten u. Illustrationen
1970, Q 45/46, 144 S. *
– **Für meine Genossen**
Hetzlieder, Ged., Balladen
1972, Q 62, 96 S. *

Biermann, Wolf / Bobrowski, Johannes / Delius, F. C. / Fried, Erich / Fuchs, Günter Bruno / Hermlin, Stephan / Lind, Jakov / Meckel, Christoph
8 Autoren lesen aus ihren Quartheften, angesagt vom Verleger
1968, Qp 1, 17 cm, 33 UpM. *

Biermann, Wolf / Heine, Heinrich
Deutschland. Ein Wintermärchen. *2 Poeme*
Mit Prolog, Epilog, Nachw. und Anmerkungen. 1972, Q 63, 72 S. *. NA 1990, WAT 185, 144 S. *

Bilder schreiben Geschichte: Der Historiker im Kino
Hrsg. Rainer Rother
OA 1991, WAT 193, 160 S. *

Bilenchi, Romano
– **Die unmöglichen Jahre.** *Eine Familiengeschichte aus der Toskana*
A. d. Ital. Karin Fleischanderl
1990, Q 173, 128 S. *
– **Anna und Bruno**
Erzz. aus der Toskana. A. d. Ital. Karin Fleischanderl. 1991, Qb, 200 S. *
– **Mein Vetter Andrea**
Gesch. aus der Toskana. A. d. Ital. Moshe Kahn. 1999, WAT 353, 128 S.

Blackburn, Simon
Wollust. *Die schönste Todsünde*
A. d. Engl. Matthias Wolf
Dt. EA 2008, WAT 601, 144 S.

Blixen, Tania
Babettes Fest
Roman. A. d. Engl. W. E. Süskind
2006, WAT 537, 80 S. *
NA 2007, WAT 575

Blume, Georg / Yamamoto, Chikako
– **Chinesische Reise**
Provinzen und Städte in der Volksrepublik
Nachw. Helmut Schmidt. OA 1999, WAT 348, 160 S. mit einer Karte *
– **Modell China**
Im Reich der Reformen
OA 2002, WAT 424, 144 S. *

Bobbio, Norberto
– **Rechts und Links**
Gründe und Bedeutungen einer politischen Unterscheidung
A. d. Ital. Moshe Kahn
Dt. EA 1994, WAT 234, 96 S. *
NA 1998, WAT 311, 96 S.
– **Vom Alter – De senectute**
A. d. Ital. Annette Kopetzki
1997, *SVLTO* 69, 128 S. *
NA 2004, aktualisierte Aufl., *SVLTO* 69, 144 S.
– **Das Zeitalter der Menschenrechte.** *Ist Toleranz durchsetzbar?*
A. d. Ital. Ulrich Hausmann
Nachw. Otto Kallscheuer
1998, AP, 128 S. *
NA 1999, WAT 358, 128 S.
– **Ethik und die Zukunft des Politischen**
Hrsg. und mit Vorw. Otto Kallscheuer. A. d. Ital. Annette Kopetzki und Otto Kallscheuer
2009, P, 144 S.

Bobrowski, Johannes
– **Mäusefest und andere Erzählungen**
1965, Q 3, 84 S. *. NA 1995, Qb, Bleisatz und Buchdruck, 80 S. *
– **Nachbarschaft**
9 Ged., 3 Erzz., 2 Schallplatten mit 2 Interviews, Lebensdaten und Bibliographie. Mit Reden von Stephan Hermlin und Hans Werner Richter. 1967, AP, 48 S. *
– **Nachbarschaft**
Ged. Klaus Wagenbachs Oktavhefte. Ausw. u. Nachw. Klaus Wagenbach. 2010, Qb, 80 S.
– **Wetterzeichen**
Ged. 1967, Q 19, 84 S. *
– **Litauische Claviere**
Roman. 1967, AP, 176 S. *
NA 1983, WAT 101, 128 S. *
– **Der Mahner**
Erzz. u. a. Prosa aus dem Nachlass 1968, Q 29, 82 S. *
– **Mäusefest / Der Mahner**
1981, Q 113, 144 S. *
– **Im Strom**
Ged. und Prosa. Ausw. u. Nachw. Klaus Wagenbach 1989, *SVLTO* 13, 96 S. *
– **Im Strom**
Gelesen vom Autor. 2001, LO, MC/CD, Laufzeit 35 Min. *

Böll, Heinrich / Dutschke, Rudi / Fried, Erich / Menzel, Klaus / Reidemeister, Hela / Schenk, Johannes / Schily, Otto / Schmid, Richard / Stiller, Klaus / Wachenfeld, Christa / Wagenbach, Klaus
Die Erschießung des Georg von Rauch. *Eine Dokumentation anläßl. d. Prozesse*
1976, Politik Sonderband, 160 S. *

Bologna und Emilia Romagna
Eine literarische Einladung
Hrsg. Carl Wilhelm Macke
2009, *SVLTO* 168, 144 S.

Borges, Jorge Luis
Lotterie in Babylon
Die schönsten Erzählungen
Ausw. Fritz Arnold
1997, *SVLTO* 68, 160 S. *

Borin, Max / Plogen, Vera
Management und Selbstverwaltung in der ČSSR
Bürokratie und Widerstand
1970, R4, 144 S. *

Born, Jürgen / Dietz, Ludwig / Pasley, Malcolm / Raabe, Paul / Wagenbach, Klaus
Kafka Symposium
1965, AP, 192 S. mit 8 Abb. und 5 Tafeln *

Borst, Arno
Computus. *Zeit und Zahl in der Geschichte Europas*
1990, KKB 28, 128 S. *. NA 2004, WAT 492, 192 S. mit zahlr. Abb.

Bose, Günter / Brinkmann, Erich
Circus
Geschichte und Ästhetik einer niederen Kunst
OA 1978, WAT 46, 208 S. *

Bourdieu, Pierre
Satz und Gegensatz
A. d. Franz. Bernd Schwibs und Ulrich Raulff
1989, KKB 20, 80 S. *

Bowles, Jane
– **Zwei sehr ernsthafte Damen**
Roman. A. d. Amerik. Adelheid Dormagen. 2001, WAT 416, 264 S. *
– **Einfache Freuden**
Erzz. A. d. Amerik. Adelheid Dormagen 2002, WAT 431, 176 S. *

Brancati, Vitaliano
Der schöne Antonio
Roman. A. d. Ital. Arianna Giachi
1999, WAT 351, 336 S. *

Brandstätter, Horst (Zus.)
– **Asperg.** *Ein deutsches Gefängnis*
OA 1978, WAT 45, 160 S. *
– **Ein Verbrecher aus verlorener Ehre.** *Eine wahre Geschichte von Friedrich Schiller*
OA 1984, WAT 117, 128 S. *

Braudel, Fernand
Modell Italien 1450–1650
A. d. Franz. Siglinde Summerer und Gerda Kurz
2003, WAT 457, 240 S. *

Braudel, Fernand / Davis, Natalie Zemon / Febvre, Lucien u.a
Der Historiker als Menschenfresser. *Über den Beruf des Geschichtsschreibers*
OA 1990, WAT 187, 128 S. *

Braun, Karl
¡Toro! Spanien und der Stier
2000, WAT 383,
240 S. mit vielen Abb. *

Bredekamp, Horst
– **Antikensehnsucht und Maschinenglauben.** *Die Geschichte der Kunstkammer und die Zukunft der Kunstgeschichte*
1993, KKB 41, 128 S. *
NA 2000, WAT 361,
128 S. mit vielen Abb.
– **Sankt Peter in Rom und das Prinzip der produktiven Zerstörung.** *Bau und Abbau von Bramante bis Bernini*
2000, KKB 63, 160 S. mit über 50 Abb.*. NA 2008, WAT 602, 192 S.
– **Florentiner Fußball**
Die Renaissance der Spiele
Überarbeitete NA 2001,
WAT 397, 240 S. mit vielen Abb.
– **Sandro Botticelli: Primavera**
Florenz als Garten der Venus
2002, WAT 446, 124 S. mit vielen Abb. und einer Farbtafel
– **Bilder bewegen.** *Von der Kunstkammer zum Endspiel*
Aufsätze und Reden. Hrsg. Jörg Probst. Dt. EA 2005, WAT 557, 256 S. mit Abb.
– **Darwins Korallen**
Frühe Evolutionsmodelle und die Tradition der Naturgeschichte
2005, KKB 73, 112 S. mit über 50 Abb. und Farbtafeln
– **Michelangelo**
Fünf Essays. Vorw. des Autors
2009, KKB 79, 128 S. mit Abb. und Farbtafeln
– **Leibniz und die Revolution der Gartenkunst.** *Herrenhausen, Versailles und die Philosophie der Blätter*
2012, KKB 83, 168 S. mit über 100, größtenteils farbigen Abb. und 2 Ausklapptafeln

Breytenbach, Breyten
Kreuz des Südens, schwarzer Brand
Ged. und Prosa. A. d. Afrikaans u. Niederl. Rosi Bussink. Zus. Pieter Zandee 1977, Q 89, 96 S. *

Brilli, Attilio
– **Als Reisen eine Kunst war**
Vom Beginn des modernen Tourismus: Die ›Grand Tour‹
A. d. Ital. Annette Kopetzki
OA 1997, WAT 274
224 S. mit 62 Abb.
– **Italiens Mitte**
Alte Reisewege und Orte in der Toskana und Umbrien
A. d. Ital. Annette Kopetzki
Dt. EA 1998, WAT 313,
192 S. mit vielen Abb. *
– **Das rasende Leben**
Die Anfänge des Reisens mit dem Automobil
A. d. Ital. Annette Kopetzki
Dt. EA 1999, WAT 354,
192 S. mit vielen Abb. *

Brödner, Peter / Krüger, Detlef / Senf, Bernd
Der programmierte Kopf
Die Sozialgeschichte der Datenverarbeitung
OA 1981, WAT 82, 192 S. *

Brown, Peter
– **Die letzten Heiden**
Kleine Geschichte der Spätantike
Vorw. Paul Veyne. A. d. Engl. Holger Fliessbach
1986, AP, 160 S. mit zahlr. Abb. *
– **Die Gesellschaft und das Übernatürliche.** *Vier Studien zum frühen Christentum*
A. d. Engl. Martin Pfeiffer
1993, KKB 40, 112 S. *

Broyelle, Claudie
Die Hälfte des Himmels
Frauenemanzipation und Kindererziehung in China
Vorw. Han Suyin. A. d. Franz. Matthias Wolf. 1973, P 49, 176 S. *

Broyelle, Claudie und Jacques / Tschirhart, Eveline
Zweite Rückkehr aus China
Ein neuer Bericht über den chinesischen Alltag
A. d. Franz. Eva Zwiauer
1977, P 77, 276 S. *

Bruck, Edith
Wer dich so liebt. Lebensbericht einer Jüdin
A. d. Ital. Cajetan Freund
1999, WAT 352, 112 S. *

Brückner, Peter
– **›... bewahre uns Gott in Deutschland vor irgendeiner Revolution!‹.** *Die Ermordung des Staatsrats v. Kotzebue durch den Studenten Sand*
Nachw.: Über die Unmöglichkeit einer Hochschulreform
OA 1975, WAT 6, 128 S. *
– **Ulrike Marie Meinhof und die deutschen Verhältnisse**
OA 1976, WAT 29, 192 S. *
NA 1995, Nachw. Klaus Wagenbach, WAT 245, 208 S. *
NA 2001, Vorw. Ulrich K. Preuß, WAT 407, 216 S.
– **Versuch, uns und anderen die Bundesrepublik zu erklären**
1978, P 81, 180 S. *
NA 1984, AP, 184 S. *
– **Über die Gewalt.** *Sechs Aufsätze zur Rolle der Gewalt in der Entstehung und Zerstörung sozialer Systeme*
1979, P 85, 144 S. *
– **Das Abseits als sicherer Ort**
Kindheit und Jugend zwischen 1933 und 1945
OA 1980, WAT 66, 160 S. *
NA 1994, Vorw. Barbara Sichtermann, Akt, 176 S. *

– **Psychologie und Geschichte** *Vorlesungen im ›Club Voltaire‹ 1980/81*
Hrsg. Axel-R. Oestmann. 1982, AP, 280 S. *
– **Selbstbefreiung.** *Provokation und soziale Bewegungen*
1983, WAT 104, 112 S. *
– **Zerstörung des Gehorsams** *Aufsätze zur Politischen Psychologie*
1983, AP, 264 S. *
– **Vom unversöhnlichen Frieden** *Aufsätze zur politischen Kultur und Moral*
1984, AP, 208 S. *
– **Freiheit, Gleichheit, Sicherheit** *Von den Widersprüchen des Wohlstands*
Vorw. Ulrich K. Preuß. OA 1989, WAT 163, 160 S. *
– **Ungehorsam als Tugend** *Zivilcourage, Vorurteil, Mitläufer*
Vorw. Barbara Sichtermann 2008, P, 144 S.

Brückner, Peter / Krovoza, Alfred
Staatsfeinde. *Innerstaatliche Feinderklärung in der BRD*
1972, R 40, 120 S. *

Brückner, Peter / Sichtermann, Barbara
Gewalt und Solidarität. *Zur Ermordung Ulrich Schmückers durch Genossen: Dokumente und Analysen*
1974, P 59, 104 S. *

Bruggemann, Heinz / Erler, Gisela / Gerstenberger, Heide / Gottschalch, Wilfried / Kipphardt, Heinar / Preuß, Ulrich K. / Schmid, Thomas / Sonnemann, Ulrich
Über den Mangel an politischer Kultur in Deutschland
1978, P 83, 120 S. *

Brunner, Bernd
Wie das Meer nach Hause kam *Die Erfindung des Aquariums*
2011, WAT 653, 144 S. mit sehr vielen Abb.

Brunotte, Ulrike
Zwischen Eros und Krieg *Männerbund und Ritual in der Moderne*
2004, KKB 70, 171 S.

Buch, Hans Christoph
– **Aus der neuen Welt**
Nachrichten und Gesch. 1975, Q 77, 96 S. *
– **Die Scheidung von San Domingo** *Wie die Negersklaven von Haiti Robespierre beim Wort nahmen*
OA 1976, WAT 20, 192 S. *
– **Tatanka Yotanka oder Was geschah wirklich in Wounded Knee?**
OA 1979, WAT 55, 160 S. *
– **Haiti.** *Nachruf auf einen gescheiterten Staat*
2010, WAT 648, 192 S.

Buddensieg, Tilmann
– **Berliner Labyrinth. Preußische Raster**
1993, KKB 43, 144 S. mit Abb.*
– **Berliner Labyrinth, neu besichtigt** *Von Schinkels Unter den Linden bis Fosters Reichstagskuppel*
1999, WAT 345, 224 S. mit vielen Abb. *
– **Nietzsches Italien. Städte, Gärten und Paläste**
2002, AP, 256 S. mit zahlr. Abb.

Bufalino, Gesualdo
Museum der Schatten *Geschichten aus dem alten Sizilien*
A. d. Ital. Maja Pflug 1982, WAT 93, 128 S. *
NA 1992, *SVLTO* 33, 96 S.

Buñuel, Luis
– **Die Erotik und andere Gespenster.** *Nicht abreißende Gespräche mit Max Aub*
A. d. Span. Barbara Böhme OA 1986, WAT 132, 208 S. mit Photos. *. NA 1992, WAT 203 *
NA 2003, WAT 459, 192 S. mit neuen Photos
– **Die Flecken der Giraffe Ein- und Überfälle**
Nachw. Carlos Rincón. A. d. Span. Fritz Rudolf Fries und Gerda Schattenberg. 1991, AP, 224 S. mit Abb.
– **›Wenn es einen Gott gibt, soll mich auf der Stelle der Blitz treffen‹**
Nachw. Carlos Rincón. A. d. Span. Gerda Schattenberg und Fritz Rudolf Fries. 1994, *SVLTO* 47, 112 S. mit vielen Abb.*
– **Objekte der Begierde**
Hrsg. und mit Vorw. Heinrich von Berenberg. Mit einer Filmographie. OA 2000, WAT 360, 192 S. mit vielen Photos. *

Burke, Peter
– **Die Renaissance in Italien** *Sozialgeschichte einer Kultur zwischen Tradition und Erfindung*
A. d. Engl. Reinhard Kaiser 1984, AP, 336 S. mit Abb. und Bildtafeln. *. NA 1992, AP *
– **Städtische Kultur in Italien zwischen Hochrenaissance und Barock**
A. d. Engl. Wolfgang Kaiser 1986, AP, 224 S. mit vielen Abb. *
– **Vico.** *Philosoph, Historiker, Denker einer neuen Wissenschaft*
A. d. Engl. Wolfgang Heuss 1987, AP, 120 S. *
NA 2001, WAT 399, 113 S. *
– **Küchenlatein.** *Sprache und Umgangssprache in der frühen Neuzeit.* A. d. Engl. Robin Cackett. 1989, KKB 14, 88 S. *
– **Die Renaissance**
A. d. Engl. Robin Cackett. 1990, *SVLTO* 21, 112 S. mit vielen Abb.
– **Offene Geschichte Die Schule der ›Annales‹**
A. d. Engl. Matthias Fienbork 1991, AP, 144 S. *. Aktualisierte NA 2004, WAT 503, 160 S.
– **Ludwig XIV. Die Inszenierung des Sonnenkönigs**
A. d. Engl. Matthias Fienbork 1993, AP, 280 S. *. NA 2001, WAT 412, mit 88 Abb. *. NA 2005
– **Reden und Schweigen.** *Zur Geschichte sprachlicher Identität*
A. d. Engl. Bruni Röhm 1994, KKB 46, 95 S. *
– **Die Geschicke des ›Hofmann‹** *Zur Wirkung eines Renaissance-Breviers über angemessenes Verhalten*
A. d. Engl. Ebba D. Drolshagen 1996, AP, 220 S. mit 8 Bildtafeln
– **Eleganz und Haltung** *Die Vielfalt der Kulturgeschichte*
A. d. Engl. Matthias Wolf 1998, AP, 288 S.
– **Papier und Marktgeschrei** *Die Geburt der Wissensgesellschaft*
A. d. Engl. Matthias Wolf 2001, AP, 320 S. *
– **Augenzeugenschaft** *Bilder als historische Quellen*
A. d. Engl. Matthias Wolf 2003, AP, 256 S. mit über 90 Abb. *. NA 2010, WAT 631, 256 S.
– **Wörter machen Leute** *Gesellschaft und Sprachen im Europa der frühen Neuzeit*
A. d. Engl. Matthias Wolf. 2006, AP, 280 S.

Burkert, Walter
Wilder Ursprung. *Opferritual und Mythos bei den Griechen*
Vorw. Glenn W. Most
1990, KKB 22, 96 S. *

Burnheim, John
Über Demokratie. *Alternativen zum Parlamentarismus*
Vorw. Thomas Schmid.
A. d. Engl. Robin Cackett
OA 1987, WAT 142, 192 S. *

Buzzati, Dino
Aus Richtung der unsichtbaren Urwälder
Erzz. Zus. und Nachbemerkung
Klaus Wagenbach. 2011
SVLTO 179, 144 S.

C

Calvino, Italo
– **Der verzauberte Garten**
Die schönsten Erzz.
Ausw. Klaus Wagenbach. 1998,
SVLTO 79, 128 S. *
– **Das Schloß, darin sich Schicksale kreuzen**
Erz. A. d. Ital. Heinz Riedt
2000, WAT 378, 144 S. *
– **Herr Palomar**
A. d. Ital. Burkhart Kroeber
2007, WAT 560, 160 S. *

Camilleri, Andrea
– **Der unschickliche Antrag**
Roman. A. d. Ital. Moshe Kahn
1999, Qb, 280 S. NA 2004, Akt, 256 S. *. NA 2007, WAT 561, 240 S. *
– **Die Mühlen des Herrn**
Roman. A. d. Ital. Moshe Kahn
2000, Qb, 224 S.
NA 2001, Akt, 224 S. *
NA 2012, WAT 683, 240 S. *. eb
– **Fliegenspiel**
Sizilianische Geschichten.
A. d. Ital. Moshe Kahn. 2000,
SVLTO 91, 96 S.
– **Fliegenspiel**
Gelesen von Udo Samel
2003, LO, CD, Laufzeit 79 Min. *
– **Der vertauschte Sohn**
A. d. Ital. Moshe Kahn
2001, Qb, 304 S.
– **Die Ermittlungen des Commissario Collura**
A. d. Ital. Moshe Kahn
Dt. EA 2003, WAT 476, 96 S.
– **Italienische Verhältnisse**
A. d. Ital. Friederike Hausmann und Moshe Kahn. Hrsg. Klaus Wagenbach
OA 2005, WAT 524, 144 S.
– **Der Hirtenkönig**
Die schönsten Geschichten aus Sizilien
Zus. Klaus Wagenbach
2007, *SVLTO* 146, 96 S. *
– **Was ist ein Italiener?**
A. d. Ital. und mit Kommentaren von Peter Kammerer
Dt. EA 2010, WAT 630, 80 S.
– **Der geraubte Himmel**
A. d. Ital. Christiane von Bechtolsheim. 2011, *SVLTO* 172, 120 S.

Cannadine, David
Die Erfindung der britischen Monarchie 1820–1994
A. d. Engl. Matthias Fienbork
1994, KKB 47, 80 S. mit Abb. *

Carlo, Antonio
Politische und ökonomische Struktur der UdSSR (1917–1975)
A. d. Ital. Burkhart Kroeber
1972, R 36, 152 S. *

Carocci, Giampiero
Kurze Geschichte des amerikanischen Bürgerkriegs
A. d. Ital. Friederike Hausmann
OA 1997, WAT 281, 160 S. mit vielen Abb.

Carrère, Emmanuel
Der Schnurrbart
Roman. A. d. Franz. Georges Hausemer. 1997, WAT 289, 160 S. *

Casanovas Venedig
Ein Reiselesebuch
Hrsg. Lothar Müller. 1998,
SVLTO 71, 128 S. mit Abb.

Castelnuovo, Enrico
Das künstlerische Portrait in der Gesellschaft
Das Bildnis und seine Geschichte in Italien von 1300 bis heute
A. d. Ital. Martina Kempter. 1988,
KKB 11, 128 S. *

Castiglione, Baldassare
Der Hofmann
Lebensart in der Renaissance.
A. d. Ital. Albert Wesselski. Vorw. Andreas Beyer
OA 1996, WAT 264, 144 S. mit Abb. *. NA 1999, WAT 357

Castoriadis, Cornelius
Sozialismus oder Barbarei
Analysen und Aufrufe zur kulturrevolutionären Veränderung
A.d. Franz. Jürgen Hoch
1980, P 86, 180 S. *

Cavazzoni, Ermanno
– **Kurze Lebensläufe der Idioten**
Kalendergeschichten
A. d. Ital. Marianne Schneider
1994, Q 188, 128 S. *. NA 1996, Akt *. NA 1998, WAT 314, 128 S. *
NA 2005, WAT 527, 144 S.
– **Kurze Lebensläufe der Idioten**
Gelesen von Sophie Rois und Alexander Scheer. 2005, LO, CD, Laufzeit 79 Min. *
– **Gesang der Mondköpfe**
Roman. A. d. Ital. Marianne Schneider. 1996, Qb, 300 S.
– **Die nutzlosen Schriftsteller**
A. d. Ital. Marianne Schneider
2003, Qb, 192 S.
– **Das kleine Buch der Riesen**
A. d. Ital. Marianne Schneider
2010, *SVLTO* 173, 144 S.

Cela, Camilo José
Neunter und letzter Wermut
28 Geschichten aus dem spanischen Leben
A. d. Span. Gisbert Haefs. 1990,
SVLTO 18, 96 S. *

Celati, Gianni
– **Erzähler der Ebenen**
30 Geschichten. A. d. Ital. Marianne Schneider. 1986,
Q 143, 144 S. *
NA 1997, *SVLTO* 70, 144 S.
– **Der wahre Schein**
4 lange Geschichten. A. d. Ital. Marianne Schneider. 1988, Q 162, 160 S.*
– **Cinema Naturale**
A. d. Ital. Marianne Schneider
2001, Qb, 240 S.
– **Fata Morgana**
Roman. A. d. Ital. Marianne Schneider. 2006, Qb, 224 S.
– **Was für ein Leben!** *Episoden aus dem Alltag der Italiener*
Erzz. Zus. des Autors
A. d. Ital. Marianne Schneider
2008, Qb, 176 S.
– **Die wilden Reisen des Otero Aloysio**
Roman. A. d. Ital. und Nachw. Marianne Schneider. 2013, Qb, 224 S.

Celestini, Ascanio
Schwarzes Schaf
Nachruf auf die elektrische Irrenanstalt. Roman. A. d. Ital. Esther Hansen. 2011, Qb, 128 S.

Cercas, Javier
Der Mieter
Roman. A. d. Span. Willi Zurbrüggen. 2003, *SVLTO* 118, 112 S. *

Césaire, Aimé
– **Im Kongo**
Ein Stück über Patrice Lumumba
Mit einem Essay von Jean-Paul Sartre. A. d. Franz. Monika Kind 1966, Q 15, 84 S. *
– **Über den Kolonialismus**
A. d. Franz. Monika Kind 1968, R 3, 80 S. *
– **Ein Sturm**
Stück für ein schwarzes Theater
A. d. Franz. Monika Kind. 1970, Q 43, 72 S. *

Chartier, Roger
Die unvollendete Vergangenheit. *Geschichte und die Macht der Weltauslegung*
A. d. Franz. Ulrich Raulff. 1989, AP, 166 S. *

Chastel, André
Die Groteske. *Streifzug durch eine zügellose Malerei*
A. d. Franz. Horst Günther. 1997, KKB 57, 104 S. mit 71 Abb. *

Chaudière, Frédéric
Geschichte einer Stradivari
A. d. Franz. Sonja Finck 2007, *SVLTO* 147, 144 S.

Chesneaux, Jean
Weißer Lotus, rote Bärte Geheimgesellschaften in China
Zur Vorgeschichte der Revolution
A. d. Franz. Walle Bengs und Uli Laukat
Dt. EA 1976, WAT 15, 192 S. *

Chesterton, G. K.
Der Mann, der Donnerstag war
Roman. A. d. Engl. Heinrich Lautensack. 2002, WAT 455, 192 S. *

Chirbes, Rafael
Mimoun
Roman. A. d. Span. Elke Wehr 1990, Q 174, 96 S. *
NA 1998, WAT 337, 96 S.

Chotjewitz, Peter O. / Jaco, Aldo de
Die Briganten. *Aus dem Leben süditalienischer Rebellen*
Dt. EA 1976, WAT 19, 192 S. *

Christ, Karl
Geschichte und Existenz
1991, KKB 34, 96 S. *

Ciaula, Tommaso di
– **Der Fabrikaffe und die Bäume**
Wut, Erinnerungen und Träume eines apulischen Bauern, der unter die Arbeiter fiel
A. d. Ital. Wolfgang S. Bauer
Dt. EA 1979, WAT 51, 160 S. *
– **Das Bittere und das Süße**
Über die Liebe, das Scherenschleifen und andere vergessene Berufe
A. d. Ital. Werner Raith
OA 1982, WAT 86, 128 S. *

Cipolla, Carlo M.
– **Geld-Abenteuer**
Extra vagante Geschichten aus dem europäischen Wirtschaftsleben
A. d. Ital. Friederike Hausmann 1995, *SVLTO* 51, 96 S.
– **Gezählte Zeit.** *Wie die mechanische Uhr das Leben veränderte*
A. d. Ital. Friederike Hausmann 1997, AP, 128 S. mit 52 Abb. *
NA 1999, WAT 343 *. NA 2011, WAT 665, 144 S.
– **Die Odyssee des spanischen Silbers**
Conquistadores, Piraten, Kaufleute
A. d. Ital. Friederike Hausmann 1998, AP, 128 S. mit zahlr. Abb. *
– **Segel und Kanonen**
Die europäische Expansion zur See
A. d. Ital. Friederike Hausmann 1999, AP, 192 S. mit vielen Abb. *
– **Allegro ma non troppo**
Die Rolle der Gewürze und die Prinzipien der menschlichen Dummheit
A. d. Ital. Moshe Kahn. 2001, *SVLTO* 98, 96 S. mit vielen Abb.

Clair, Jean
Giacomettis Nase
A. d. Franz. Hans Thill
1998, AP, 96 S. mit zahlr., meist farbigen Abb. *

Cohn-Bendit, Dany / Mohr, Reinhard
1968: Die letzte Revolution, die noch nichts vom Ozonloch wusste
OA 1988, WAT 161, 184 S. mit Abb. *

Collis, Louise
Leben und Pilgerfahrten der Margery Kempe. *Erinnerungen einer exzentrischen Lady*
A. d. Engl. Ebba D. Drolshagen
Dt. EA 1986, WAT 139, 192 S. *

Conti, Alessandro
Der Weg des Künstlers
Vom Handwerker zum Virtuosen
A. d. Ital. H.-G. Held. 1998, WAT 328, 192 S. mit vielen Abb.

Cool Britannia
Junge Literatur aus Großbritannien
Hrsg. und mit Vorw. A. L. Kennedy
OA 2006, WAT 533, 160 S.

Corbin, Alain
– **Pesthauch und Blütenduft**
Eine Geschichte des Geruchs
A. d. Franz. Grete Osterwald 1984, AP, 376 S. mit 45 Abb. *
NA 1996, AP *. NA 2005, AP *
– **Meereslust.** *Das Abendland und die Entdeckung der Küste*
A. d. Franz. Grete Osterwald 1990, AP, 416 S. mit vielen Abb. *

Cornia, Ugo
Geschichten von meiner Tante (und anderen Verwandten)
A. d. Ital. Marianne Schneider
Dt. EA 2009, WAT 618, 144 S.

Covacich, Mauro
Triest verkehrt. *Fünfzehn Spaziergänge in der Stadt des Windes*
A. d. Ital. Esther Hansen
Dt. EA 2012, WAT 696, 144 S.
2012, eb

Cozarinsky, Edgardo
– **Die Braut von Odessa**
Erzz. A. d. argentinischen Span. Sabine Giersberg. 2005, Qb, 160 S.
– **Man nennt mich flatterhaft und was weiß ich…**
Roman. A. d. argentinischen Span. Sabine Giersberg. 2007, Qb, 128 S.
NA 2010, WAT 637, 144 S.
– **Bambi am Broadway**
A. d. argentinischen Span. Timo Berger. 2009, *SVLTO* 159, 96 S.

Croissant, Claus / Groenewold, Kurt / Preuß, Ulrich K. / Schily, Otto / Stroebele, Christian
Politische Prozesse ohne Verteidigung?
Hrsg. Wolfgang Dreen, Vorw. Gerhard Manz. 1976, P 62, 112 S. *

Cutrufelli, Maria Rosa
Die verdächtige Komplizin
Roman. A. d. Ital. Dorette Deutsch. 2008, WAT 588, 176 S. *

Czechowski, Heinz
Mein Venedig
Ged. und andere Prosa. 1989, Q 169, 96 S. *

D

Daeninckx, Didier
Reise eines Menschenfressers nach Paris
Nachw. über Neukaledonien, Kafka und Kanaken von Klaus Wagenbach. A. d. Franz. Barbara Heber-Schärer. 2001, *SVLTO* 101, 144 S. mit Abb.

Darnton, Robert
Glänzende Geschäfte. *Die Verbreitung von Diderots Encyclopédie oder: Wie verkauft man Wissen mit Gewinn?*
A. d. Engl. und Franz. Horst Günther. 1993, AP, 368 S. mit vielen Abb. *

Davis, David Brion
Freiheit – Gleichheit – Befreiung
Die Vereinigten Staaten und die Idee der Revolution
A. d. Engl. Albrecht Thiemann 1993, KKB 39, 128 S. *

Davis, Natalie Zemon
- **Frauen und Gesellschaft am Beginn der Neuzeit**
Studien über Familie, Religion und die Wandlungsfähigkeit des sozialen Körpers
A. d. Amerik. Wolfgang Kaiser 1986, AP, 176 S. *
- **Der Kopf in der Schlinge**
Gnadengesuche und ihre Erzähler
A. d. Amerik. Wolfgang Kaiser 1988, AP, 176 S. mit vielen Abb. *
- **Drei Frauenleben**
Glikl. Marie de l'Incarnation. Maria Sibylla Merian
A. d. Amerik. Wolfgang Kaiser 1996, AP, 396 S. mit Abb.
- **Lebensgänge.** *Glikl. Zwi Hirsch. Leone Modena. Martin Guerre. Ad me ipsum*
A. d. Amerik. Wolfgang Kaiser 1998, KKB 61, 128 S. *
- **Metamorphosen.** *Das Leben der Maria Sibylla Merian*
A. d. Amerik. Wolfgang Kaiser 2003, WAT 484, 192 S. mit Abb. *
- **Mit Gott rechten.** *Das Leben der Glikl bas Judah Leib, genannt Glückel von Hameln*
A. d. Amerik. Wolfgang Kaiser 2003. WAT 485, 176 S. mit Abb.
- **Die wahrhaftige Geschichte von der Wiederkehr des Martin Guerre**
A. d. Franz. Ute und Wolf Heinrich Leube. 2004, WAT 498, 224 S. mit vielen Abb. *
- **Leo Africanus.** *Ein Reisender zwischen Orient und Okzident*
A. d. Amerik. Gennaro Ghirardelli. 2008, AP, 400 S.

Deck, Julia
Viviane Èlisabeth Fauville
Roman. A. d. Franz. Anne Weber 2013, Qb, 144 S. 2013, eb

Deichsel, Wolfgang
- **Frankenstein**
Aus dem Leben der Angestellten
1972, Q 57, 72 S. *
- **Zappzarapp.** *Die Panik der Clowns hinterm Vorhang*
1984, Q 126, 80 S. *

Dekker, Rudolf / Pol, Lotte van de
Frauen in Männerkleidern
Weibliche Transvestiten und ihre Geschichte
A. d. Niederl. Maria T. Leuker, Vorw. P. Burke. 1990, AP, 144 S. mit vielen Abb. *
NA 2012, WAT 678, 240 S.

Del Bosco, Paquito
'O sole mio. *Die Geschichte des berühmtesten Lieds der Welt*
A. d. Ital. Nachw. Hans Werner Henze. Dieter Richter. 2008, *SVLTO* 150, 144 S. *

Delibes, Miguel
- **Frau in Rot auf grauem Grund**
Roman. A. d. Span. Michael Hofmann. 1995, Qb, 112 S. *
- **Tagebuch eines alten Känguruhs**
Roman. A.d. Span. Michael Hofmann. 1996, Qb, 140 S. *
- **Fünf Stunden mit Mario**
Roman. A. d. Span. Fritz Rudolf Fries. 1997, WAT 284, 280 S. *
- **Der Verrückte**
Roman. A. d. Span. Fritz Rudolf Fries. 1999, *SVLTO* 80, 96 S. *

Delius, F. C.
- **Kerbholz**
Ged. 1965, Q 7, 72 S. *
- **Wir Unternehmer. Über Arbeitgeber, Pinscher und das Volksganze.** *Eine Dokumentar-Polemik anhand des CDU/CSU-Wirtschaftstages 1965 in Düsseldorf*
1966, Q 13, 96 S. *
- **Wenn wir, bei Rot**
Achtunddreißig Gedichte
Collagen von A.D. Gorella 1969, Q 37, 72 S. *
- **Unsere Siemens-Welt**
Eine Festschrift zum 125jährigen Bestehen des Hauses S.
1972, Q 59, 108 S. *

Desbordes, Michele
- **Die Bitte**
Roman. A. d. Franz. Barbara Heber-Schärer. 2000, Qb, 128 S. NA 2001, Akt, 128 S. *. NA 2012, *SVLTO* 190, 120 S.
- **Das Gebot**
Roman. A. d. Franz. Barbara Heber-Schärer. 2002, Qb, 160 S. *

Desiati, Mario
Zementfasern
Roman. A. d. Ital. Annette Kopetzki. 2012, Qb, 288 S. 2012, eb

Deutsch für Deutsche
Ein Sprachkurs für Zeitgenossen
Hrsg. Ludwig Harig und Michael Krüger. 1975, QP 14, 30 cm, 33 UpM. *

Deutsche Demokratische Reise
Hrsg. Heinrich von Berenberg und Klaus Wagenbach 1989, Q 171, 192 S. *

Deutsche Orte
Hrsg. Klaus Wagenbach 1991, *SVLTO* 23, 96 S. *

Dick, Oliver Lawson
Das Leben: ein Versuch
John Aubrey und sein Jahrhundert
A. d. Engl. Robin Cackett 1988, AP, 192 S. *

Dischner, Gisela
- **Bettina von Arnim:**
Eine weibliche Sozialbiographie aus dem 19. Jahrhundert
OA 1977, WAT 30, 192 S. *
- **Caroline und der Jenaer Kreis**
Ein Leben zwischen bürgerlicher Vereinzelung und romantischer Geselligkeit
OA 1979, WAT 61, 208 S. *

Dobner, Petra
- **Bald Phoenix, bald Asche – Ambivalenzen des Staates**
2009, ⁋, 96 S.
- **Quer zum Strom**
Eine Streitschrift über das Wasser
2013, ⁋, 96 S. 2013, eb

Dombrowski, Damian
Botticelli. *Ein Florentiner Maler über Gott, die Welt und sich selbst*
2010, *SVLTO* 171, 144 S.

Don Giovanni und der Teufel
Märchen aus Sizilien
Nach dem Volksmund, gesammelt von Laura Gonzenbach, Ausw. Laurenz Bolliger. 2003, *SVLTO* 116, 144 S.

Doolittle, Hilda
HERmione
Roman. Vorw. Kyra Stromberg
A. d. Amerik. Anja Lazarowicz
1998, WAT 312, 304 S. *

Dreckige Laken
Die Kehrseite der ›Grand Tour‹
Hrsg. Joseph Imorde und Erik Wegerhoff. OA 2012, WAT 680, 208 S. mit Abb. *

Dresden. *Eine literarische Einladung*
Hrsg. und Nachw. Detlev Schöttker. 2006, *SVLTO* 140, 144 S.

Duby, Georges
– **Wirklichkeit und höfischer Traum.** *Zur Kultur des Mittelalters*
A. d. Franz. Grete Osterwald
1986, AP, 176 S. *
– **Der Sonntag von Bouvines 27. Juli 1214.** *Der Tag, an dem Frankreich entstand*
A. d. Franz. Grete Osterwald
1988, AP, 208 S. mit Abb. *
NA 2002, AP, 208 S. mit Abb.
– **Die Frau ohne Stimme**
Liebe und Ehe im Mittelalter
A. d. Franz. Gabriele Riche und Ronald Voullié. 1989, KKB 13, 96 S. *. NA 2000, WAT 393, 96 S. *
– **Kunst und Gesellschaft im Mittelalter**
A. d. Franz. Horst Günther
1998, *SVLTO* 77,
144 S. mit vielen Abb.

Duby, Georges / Duby, Andrée
Die Prozesse der Jeanne d'Arc
A. d. Franz. Eva Moldenhauer
Dt. EA 1985, WAT 129, 192 S. *
NA 1999, WAT 350 *

Duclert, Vincent
Die Dreyfus-Affäre
Militärwahn, Republikfeindschaft, Judenhaß
A. d. Franz. Ulla Biesenkamp
Dt. EA 1994, WAT 239, 160 S. *

Duras, Marguerite
Die Pferdchen von Tarquinia
Roman. A. d. Franz. Walter M. Guggenheimer
2002, WAT 434, 208 S. *

Dürrenmatt, Friedrich
Wiederholte Versuche, die Welt auszumisten
Theater, Erzählung, Kritik
Hrsg. Winfried Stephan und Klaus Wagenbach
OA 1988, WAT 160, 240 S. *

Dutschke, Rudi
– **Versuch, Lenin auf die Füße zu stellen.** *Über den halbasiatischen und den westeuropäischen Weg zum Sozialismus. Lenin, Lukács und die Dritte Internationale*
1974, P 53, 352 S. *. NA 1984, AP *
– **Geschichte ist machbar.** *Texte über das herrschende Falsche und die Radikalität des Friedens*
Hrsg. Jürgen Miermeister
OA 1980, WAT 74, 192 S. *
NA 1991, WAT 198 *

Dyck, Joachim
Minna von Barnhelm oder: die Kosten des Glücks. *Komödie von Gotthold Ephraim Lessing*
Dossier von Joachim Dyck
OA 1981, WAT 72, 228 S. *

E

Eberle, Eugen / Fichter, Tilman
Kampf um Bosch
1974, P 50, 192 S. *

Eco, Umberto
Mein verrücktes Italien
A. d. Ital. Burkhart Kroeber
OA 2000, WAT 370, 128 S.

Edwards, Jorge
– **Der Ursprung der Welt**
Roman. A. d. chilenischen Span. Sabine Giersberg
2005, Qb, 176 S.
– **Persona non grata**
Nachw. des Autors. A. d. chilenischen Span. Sabine Giersberg und Angelica Ammar
2006, Qb, 288 S. *
– **Faustino**
Roman. A. d. chilenischen Span. Sabine Giersberg. 2008, Qb, 192 S.

Eichengreen, Barry
Vom Goldstandard zum Euro
Die Geschichte des internationalen Währungssystems
A. d. Amerik. Udo Rennert und Wolfgang Riehl. 2000, AP, 256 S. *

Der eiserne Besen. *Eine Innenansicht des heutigen England*
Hrsg. Heinrich von Berenberg
OA 1989, WAT 165, 160 S. *

El Hachmi, Najat
Der letzte Patriarch
Roman. A. d. Katalanischen Isabel Müller. 2011, Qb, 352 S.

Elliott, John H.
Die Neue in der Alten Welt
Folgen einer Eroberung 1492–1650
A. d. Engl. Christa Schuenke
1992, KKB 36, 112 S. *

Das Ende der starren Zeit
Vorschläge zur flexiblen Arbeitszeit
Hrsg. Thomas Schmid
OA 1985, WAT 120, 160 S. *

Endler, Adolf
Nackt mit Brille
Ged. 1975, Q 74, 60 S. *

Entstaatlichung
Neue Perspektiven auf das Gemeinwesen
Hrsg. Thomas Schmid
OA 1988, WAT 157, 144 S. *

Epstein, Joseph
Neid. *Die böseste Todsünde*
Dt. EA 2010, WAT 650, 128 S.

Erb, Elke
Einer schreit: Nicht!
Gesch. und Ged. 1976, Q 81, 80 S. *

Erler, Gisela Anna
Frauenzimmer
Für eine Politik des Unterschieds
OA 1985, WAT 118, 192 S. *

Ernst, Gustav
Am Kehlkopf
Vier Gesch. und ein Stück
1974, Q 64, 84 S. *

F

Fachinelli, Elvio
Der stehende Pfeil
3 Versuche, die Zeit aufzuheben
A. d. Ital. Marianne Schneider
1981, AP, 144 S. *

Falconnet, Georges / Lefaucheur, Nadine
Wie ein Mann gemacht wird
A. d. Franz. Ulrike Edschmid und Roline Schmit. 1977, P 70, 128 S. *

Farge, Arlette
Das brüchige Leben
Verführung und Aufruhr im Paris des 18. Jahrhunderts
A. d. Franz. Wolfgang Kaiser
1989, AP, 336 S. mit vielen Abb. *

Febvre, Lucien
– **Das Gewissen des Historikers**
Hrsg. und a. d. Franz. Ulrich Raulff. 1988, AP, 256 S. *

– **Der neugierige Blick.** *Leben in der französischen Renaissance*
A. d. Franz. Gabriele Ricke und Ronald Voullié. Vorw. Peter Burke. Dt. EA 1989, WAT 171, 112 S. mit vielen Abb. *
NA 2000, WAT 385, 112 S. *

Federmenschen. *Jiddische Erzählungen und Gedichte über Feuervögel, Luftreisen, Unglücksraben und gestürzte Engel*
Hrsg. Andrej Jendrusch. 1996, Qb, 240 S. *

Fenoglio, Beppe
Das Geschäft mit der Seele
Erzz. A. d. Ital. Moshe Kahn
1997, Qb, 128 S. *

Ferjancic, Nicoló
Polonia. *Ein nomadischer, nicht zufälliger Roman*
A. d. Ital. Marianne Schneider
1983, Q 122, 224 S. *

Fernández de Castro, Javier
– **In Erinnerung an einen vorzüglichen Wein**
A. d. Span. Timo Berger
2011, *SVLTO* 182, 120 S.
– **Die berauschende Wirkung von Bilsenkraut**
A. d. Span. Timo Berger
2013, *SVLTO* 198, 144 S.

Ferraris, Pino
Die 100 Tage von Reggio
Bericht über einen Aufstand in Süditalien
A. d. Ital. Christel Schenker
1972, R 35, 112 S. *

Fichter, Tilman / Schmidt, Ute
Der erzwungene Kapitalismus
Klassenkämpfe in den Westzonen 1945–1946
1971, R 27, 180 S. *

Fieberreigen. *Phantastische Geschichten aus den Niederlanden*
Hrsg. und mit Vorw. Rein A. Zondergeld. A. d. Niederländischen Holger E. Wiedenstried
2006, *SVLTO* 141, 168 S. *

Fintentisch. *Ein Almanach Geschichten, Bilder und Gedichte aus 20 Jahren*
Mit einer vollständigen Bibliographie aller 1965–1984 erschienenen Bücher. Hrsg. Klaus Wagenbach
1984, AP, 192 S. *

Fischer, Ludwig
Die Schlacht unter dem Regenbogen. *Frankenhausen, ein Lehrstück aus dem Bauernkrieg Belege, Berichte und Ansichten*
OA 1975, WAT 13, 192 S. *

Fischer-Lescano, Andreas / Möller, Kolja
Der Kampf um globale soziale Rechte. *Zart wäre das Gröbste*
2012, ¶, 96 S. 2012, eb

Fixen. Opium fürs Volk
Konsumentenprotokolle
Hrsg. Eckhard Joite
1972, R 38, 144 S. *

Flaiano, Ennio
Melampus
Roman. A. d. Ital. Ragni Maria Gschwend. 2001, WAT 402, 160 S.
NA 2011, *Allein mit Giorgio.*
Nachw. Ragni Maria Geschwend
WAT 659, 160 S.

Flašar, Milena Michiko
Ich nannte ihn Krawatte
Roman. 2012, Qb, 144 S. 2013, eb

Floh de Cologne
Profitgeier und andere Vögel
Agitationstexte, Lieder, Berichte
1971, Q 53, 84 S. *

Florenz. *Eine literarische Einladung*
Hrsg. Marianne Schneider
2002, *SVLTO* 104, 128 S. mit Abb.

Flores d'Arcais, Paolo
– **Die Linke und das Individuum**
Ein politisches Pamphlet
A. d. Ital. Roland H. Wiegenstein
1997, ¶, 112 S.
– **Die Demokratie beim Wort nehmen**
Der Souverän und der Dissident
A. d. Ital. Friederike Hausmann
Dt. EA 2004, WAT 496, 144 S.

Flores d'Arcais, Paolo / Ratzinger, Joseph
Gibt es Gott?
A. d. Ital. Friederike Hausmann
2006, WAT 531, 112 S. *
Erweiterte NA 2009, *Wahrheit, Glaube, Atheismus,* ¶, 144 S.

Fluchten vor dem Vaterland
Deutsche Geschichten
Hrsg. Bruno Preisendörfer
OA 1999, WAT 340, 192 S. *

Folliet, Luc
Nauru – Die verwüstete Insel
Wie der Kapitalismus das reichste Land der Erde zerstörte
A. d. Franz. Oliver Ilan Schulz
Dt. EA 2011, WAT 654, 144 S.

Forte, Dieter
Martin Luther & Thomas Münzer oder Die Einführung der Buchhaltung
1971, Q 48, 156 S. *

Fortunato, Mario
– **Die Kunst leichter zu werden**
Roman. A. d. Ital. Moshe Kahn
1997, Qb, 240 S. *
– **Die Entdeckung der Liebe und der Bücher**
A. d. Ital. Moshe Kahn
Dt. EA 2001, WAT 395, 128 S. *
– **Die Liebe bleibt**
Roman. A. d. Ital. Moshe Kahn
2002, Qb, 196 S.

Foucault, Michel / Geismar, Alain / Glucksmann, André u. a.
Neuer Faschismus, Neue Demokratie. *Über die Legalität des Faschismus im Rechtsstaat*
1972, R 43, 160 S. *

Fourier, Charles
Aus der Neuen Liebeswelt
Vorw. Daniel Guérin,
A. d. Franz. Eva Moldenhauer
Dt. EA 1977, WAT 32, 208 S. *

Fox, Edward
Der Mann, der zum Himmel ging
A. d. Engl. Caroline Einhäupl
2006, *SVLTO* 136, 96 S.
NA 2007, WAT 578

Frank, André Gunder / Guevara, Ernesto Che / Marini, Mauro / Vitale, Luis u. a.
Kritik des bürgerlichen Anti-Imperialismus
Entwicklung der Unterentwicklung Acht Analysen zur neuen Revolutionstheorie in Lateinamerika
Hrsg. Bolivar Echeverria u. Horst Kurnitzky. 1969, R 15, 192 S. *

Französische Liebesgeschichten
– **Wüst ist auch schön!**
Hrsg. Ludger Jorißen
1996, *SVLTO* 58, 128 S.
– **Französische Liebesgeschichten**
Gelesen von Mathieu Carrière
2004, LO, CD, Laufzeit 65 Min. *

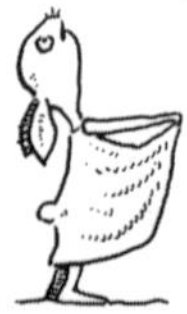

Frauenhäuser. Gewalt in der Ehe und was Frauen dagegen tun
Hrsg. Sarah Haffner
OA 1976, WAT 25, 224 S. *

FREIBEUTER
Vierteljahreszeitschrift für Kultur und Politik
1979
Hrsg. Klaus Wagenbach, Barbara Herzbruch, Thomas Schmid
– 1 **Auseinandervereinigung** *Bitte weitergehen!* *
– 2 **Frauen in Gesellschaft** *
1980
– 3 **Lust auf Städte** *
– 4 **Der aufregende Markt** *
– 5 **Verführung zum Lernen** *
– 6 **Landleben – eine Unruhestiftung** *
1981
Hrsg. Klaus Wagenbach, Barbara Herzbruch, Thomas Schmid, Barbara Sichtermann und Heinrich von Berenberg
– 7 **Überich – ohne mich?** *
– 8 **Zwanzig Jahre Mauer** *
– 9 **Angst vor Technik?** *
– 10 **Ungleichheit, Brüderlichkeit** *
1982
– 11 **Krisen des Sozialstaats** *
– 12 **Architektur.** *Avantgarde oder Massengeschmack?* *
– 13 **Dritte Pfade der ›Dritten Welt‹** *
– 14 **Die Oberfläche der Bundesrepublik** *
1983
– 15 **Das grüne Ei** *
– 16 **Franz Kafka, nachgestellt** *
– 17 **Mord und Totschlag** *
– 18 **Frisch gewendet – halb gewonnen?** *
1984
– 19 **Arbeitsplätze, an- und abgeschafft** *
– 20 **Julio Cortázar** *
– 21 **Geilheit** *
– 22 **›Befreites Wohnen‹** *
1985
– 23 **Dienstpersonal** *
– 24 **Vom Kleinschreiben der Geschichte** *
– 25 **Freibeuterei** *
– 26 **Junge Leute – rundum positiv** *
1986
Hrsg. Klaus Wagenbach, Barbara Herzbruch, Barbara Sichtermann, Heinrich von Berenberg
– 27 **Fröhliche Wissenschaft** *
– 28 **Gewalt-Monopol und Einzelhandel** *
– 29 **Vaterschaften** *
– 30 **Vom Schuldenmachen** *
1987
– 31 **Meinung und Milieu** *
– 32 **Leistung** *
– 33 **Satzspiegeleien** *
– 34 **Vom Hören neuer Töne** *
1988
– 35 **Kapitalismus auf den zweiten Blick** *
– 36 **Wie schreibt man Geschichte?** *
– 37 **Lokomotive Italien** *
– 38 **Das 19. Jahrhundert im 20.** *
1989
– 39 **1789 – Eine Exportbilanz** *
– 40 **Die Sprünge der Natur** *
– 41 **Zukunft der Bücher – ein internationales Marktgeschrei** *
– 42 **Pasolini, Freibeuter** *
1990
– 43 **Neues Deutschland** *
– 44 **Medien sehen dich an** *
– 45 **Verfassung und andere Revolutionen** *
– 46 **Zeit zum Denken** *
1991
– 47 **Die guten Sitten** *
– 48 **Frauen und ihr Bild** *
– 49 **Spanien – abseits von innen** *
– 50 **Die ungeliebte Moderne** *
1992
Hrsg. Klaus Wagenbach, Barbara Sichtermann und Heinrich von Berenberg
– 51 **Beseelte Gesellschaft** *
– 52 **Osteuropa – Eine Entgiftung** *
– 53 **Der Sozialismus und westliche Lebenslüge** *
– 54 **Der kranke Mann am Ärmelkanal** *
1993
– 55 **Kraut, Boches, Moffen, Jekkes** *
– 56 **Berlin** – *Größenwahn und Schrebergarten* *
– 57 **Anpassung und Verrat** *
– 58 **Erotik im Zeitalter der Pornographie** *
1994
– 59 **Der Wohlfahrtsausschuß tagt** *
– 60 **Kinder und Umgebung** *
– 61 **Der deutsche Sonderweg** – *eine Sackgasse* *
– 62 **Fiktionen, abgehakt und eingezäunt** *
1995
Hrsg. Klaus Wagenbach, Barbara Sichtermann und Heinrich von Berenberg. Red. Bruno Preisendörfer
– 63 **8. Mai 1945.** *Vom Wegräumen der Geschichte* *
– 64 **Rausch** *
– 65 **Kanon** *
– 66 **Mut und Ehre?** *
1996
– 67 **Wie wirtschaften?** *
– 68 **Linke Lebensläufe** *
– 69 **Warum Leute zusammenkommen** *
– 70 **Klatschgeschichten** *
1997
– 71 **Hunger** *
– 72 **Versportung** *
– 73 **Vom Verschwinden** *
– 74 **Berliner Störungen** *
1998
– 75 **Wilde Weiber** *
– 76 **Perversionen** *
– 77 **Das Ende der Ära Kohl** – *eine Schadensaufnahme* *
– 78 **Nimmt der Staat ab oder zu?** *
1999
– 79 **Mehrheiten** *
– 80 **Deutschland** *

Freibeuters Lockbuch
Hrsg. Heinrich von Berenberg, Barbara Sichtermann und Klaus Wagenbach. 1994, Akt, 240 S. *

Freyheit oder Mordt und Todt
Revolutionsaufrufe deutscher Jakobiner
Hrsg. Walter Grab
OA 1979, WAT 59, 192 S. *

Fried, Catherine
Über kurz oder lang
Erinnerungen an Erich Fried
A. d. Engl. Eike Schönfeld
2008, *SVLTO* 158, 144 S.

Fried, Erich
- **und Vietnam und …**
  41 Gedichte mit einer Chronik 1966, Q 14, 72 S. *. Erweiterte NA 1996, WAT 270, 120 S. *
- **Anfechtungen**
  Fünfzig Gedichte. 1967, Q 22, 84 S. *
  NA 2001, WAT 421, 80 S.
- **Die Beine der größeren Lügen**
  51 Gedichte. 1969, Q 35, 72 S. *
- **Unter Nebenfeinden**
  Fünfzig Gedichte. 1970, Q 44, 72 S. *
- **Die Freiheit, den Mund aufzumachen**
  Achtundvierzig Gedichte. 1972, Q 58, 72 S. *
  NA 2001, WAT 411, 80 S.
- **Gegengift**
  49 Gedichte und 1 Zyklus. 1974, Q 65, 84 S. *
- **Fast alles Mögliche.** *Wahre Geschichten und gültige Lügen*
  1975, Q 75/76, 144 S. *
  NA 2000, WAT 389
- **Die bunten Getüme**
  Siebzig Gedichte. 1977, Q 90, 80 S. *. NA 2002, WAT 447, 144 S.
- **100 Gedichte ohne Vaterland**
  OA 1978, WAT 44, 128 S. *
- **Liebesgedichte**
  1979, Q 103, 112 S. *. NA 1995, Akt, 112 S. *
  NA 1995, Qb, 112 S.
- **Liebesgedichte**
  Gelesen vom Autor. 1998, LO, MC/CD, Laufzeit 41 Min.
- **Kinder und Narren**
  Erzz. 1981, WAT 83, 160 S. *
  NA 2000, WAT 363, 192 S.
- **Lebensschatten**
  Gedichte. 1981, Q 111, 112 S. *
  NA 1996, Akt *
  NA 2001, WAT 398, 112 S. *
- **Das Nahe suchen**
  Gedichte. 1982, Q 119, 96 S. *
  NA 1998, WAT 297 *
- **Das Unmaß aller Dinge**
  Erzählungen. 1982, Q 116, 96 S. *
  NA 1990, WAT 179, 104 S. *
  NA 1998, WAT 306, 96 S.
- **Es ist was es ist.** *Liebesgedichte Angstgedichte Zorngedichte*
  1983, Q 124, 112 S. *
  NA 1994, Akt *. NA 1996, Qb
- **Beunruhigungen**
  Gedichte. 1984, Q 129, 96 S. *
  NA 1997, WAT 292
- **Verstandsaufnahme**
  61 Gedichte. Gelesen vom Autor 1984, Qp 23 *. NA 1999, LO, CD/MC, Laufzeit 52 Min. *
- **Zeitfragen und Überlegungen**
  80 Gedichte sowie ein Zyklus 1984, WAT 114, 120 S. *
- **Um Klarheit**
  Gedichte gegen das Vergessen
  1985, Q 139, 80 S. *. NA 1996, WAT 269 *. NA 1998, WAT 303
- **Mitunter sogar Lachen**
  Zwischenfälle und Erinnerungen
  1986, Q 150, 158 S. *. NA 1992, AP, 160 S. *. NA 2002, Qb *
  NA 2010, WAT 643, 192 S.
- **Mitunter sogar Lachen**
  Gelesen vom Autor. 1999, LO, CD/MC, Laufzeit 65 Min. *
- **Am Rand unserer Lebenszeit**
  Gedichte. 1987, Q 156, 80 S. *
  NA 1996, WAT 261 *
  NA 2000, WAT 386
- **Vorübungen für Wunder**
  Gedichte vom Zorn und von der Liebe
  1987, WAT 143, 128 S. *
  NA 1995, WAT 250 *
  NA 1999, WAT 356
- **Unverwundenes.** *Liebe, Trauer, Widersprüche, Gedichte*
  1988, Q 163, 80 S. *. NA 1995, WAT 251 *. NA 2004, WAT 494
- **Gründe**
  Gedichte. Ausw. a. d. Gesamtwerk Hrsg. u. mit Nachw. Klaus Wagenbach. 1989, *SVLTO* 12, 168 S.
- **Die Beine der größeren Lügen. Unter Nebenfeinden. Gegengift**
  Drei Gedichtsammlungen. 1989, Q 83, 168 S. *. 1999, WAT 346
- **Als ich mich nach dir verzehrte**
  Gedichte von der Liebe
  1990, *SVLTO* 20, 96 S.
- **So kam ich unter die Deutschen**
  Veränderte und erweiterte Ausgabe OA 1990, WAT 183, 128 S.
- **Einbruch der Wirklichkeit**
  Verstreute Gedichte 1927–1988
  1991, Q 176, 96 S. *. NA 1996, WAT 262 *. NA 2005, WAT 521
- **Gesammelte Werke**
  Gedichte und Prosa. Hrsg. Volker Kaukoreit und Klaus Wagenbach Mit Register aller Gedichttitel und -anfänge und reich bebilderten Lebensdaten. 1993, AP, 4 Bde im Schuber, 2752 S. *. NA 1998, Broschierte Ausgabe *. NA 2006, Qb
- **Anfragen und Nachreden**
  Politische Texte. Hrsg. Volker Kaukoreit. OA 1994, WAT 231, 288 S.
- **Die Muse hat Kanten**
  Aufsätze und Reden zur Literatur
  Hrsg. Volker Kaukoreit
  OA 1995, WAT 246, 240 S.
- **Erich Fried erzählt**
  Die schönsten Geschichten
  Ausw. Christiane Jessen
  1997, Akt, 128 S. *
- **Die Schnabelsau**
  Leilieder und Knüllverse
  Hrsg. Volker Kaukoreit
  1998, *SVLTO* 74, 80 S.
- **Zur Zeit und zur Unzeit**
  Gedichte. 2001, WAT 403, 144 S.
- **Wunder Kinder Zeit**
  Erzz. 2002, *SVLTO* 111, 128 S.
- **Gesammelte Liebesgedichte**
  2004, Akt, 160 S. *
- **Politische Gedichte**
  Vietnam, Israel, Deutschland
  Ausw. und Nachw. Christoph Buchwald. 2008, P, 96 S.

Briefe von und an Erich Fried
Alles Liebe und Schöne und Glück
Hrsg. mit Nachw. Volker Kaukoreit. 2009, *SVLTO* 166, 144 S.

Erich Fried
Ein Leben in Bildern und Geschichten
Hrsg. Catherine Fried-Boswell u. Volker Kaukoreit. 1996, AP, Großformat, 144 S. 350 Abb. in Duotone*

Erich Fried. Eine Chronik. Leben und Werk
Das biographische Lesebuch.
Hrsg. Christiane Jessen, Volker Kaukoreit und Klaus Wagenbach 1998, WAT 323, 128 S. mit zahlr. Photos und Texten *

Fries, Fritz Rudolf
Lazarillo von Tormes oder die Listen der Selbsterhaltung
1985, WAT 121, 128 S. *

Fuchs, Günter Bruno
- **Zwischen Kopf und Kragen**
  32 wahre Geschichten und 13 Bilder. 1967, Q 25, 72 S. *
  NA 1989, *SVLTO* 10, 96 S. *
- **Die Ankunft des Großen Unordentlichen in einer ordentlichen Zeit**
  Gedichte, Bilder. und Geschichten. OA 1978, WAT 39, 128 S. *

- **Ein Ohr wäscht das andere**
  Die schönsten Texte von Günter Bruno Fuchs
  Gelesen von ihm selbst. 1980, Qp 19 *

Fumagalli, Vito
- **Wenn der Himmel sich verdunkelt**
  Lebensgefühl im Mittelalter
  A. d. Ital. Renate Heimbucher-Bengs. Dt. EA 1988, WAT 156, 112 S. mit Abb. *
  NA 1999, WAT 332 *
- **Der lebende Stein.** *Stadt und Natur im Mittelalter*
  A. d. Ital. Renate Müller-Buck
  Dt. EA 1989, WAT 164, 136 S. mit Abb. *
- **Mensch und Umwelt im Mittelalter**
  A. d. Ital. von Walter Kögler und Dagmar Zerbst
  Dt. EA 1992, WAT 214, 104 S. *
- **Mathilde von Canossa**
  A. d. Ital. Annette Kopetzki
  Dt. EA 1998, WAT 305, 128 S. *

G

Gadda, Carlo Emilio
- **Die Wunder Italiens**
  Literarische Portraits von Landschaften und Menschen
  A. d. Ital. Toni Kienlechner
  1984, AP, 144 S. *. NA 1992, WAT 205 *. NA 1998, *SVLTO* 75, 128 S. *
- **Cupido im Hause Brocchi**
  Gesch. A. d. Ital. Toni Kienlechner
  1987, *SVLTO* 1, 96 S. *
- **List und Tücke**
  Erzz. A. d. Ital. Toni Kienlechner
  1988, Q 134, 144 S. *
- **Adalgisa**
  Erz. A. d. Ital. Toni Kienlechner
  1989, *SVLTO* 11, 96 S.
- **Vier Töchter und jede eine Königin. Mailänder Skizzen**
  A. d. Ital. Toni Kienlechner
  1991, Q 181, 144 S. *
- **Mein Mailand**
  Ein Lese- und Bilderbuch
  A. d. Ital. Toni Kienlechner
  1993, *SVLTO* 35,
  96 S. mit vielen Photos *
- **Die gräßliche Bescherung in der Via Merulana**
  Roman. A. d. Ital. Toni Kienlechner. 1998, WAT 329, 352 S.

- **Die Erkenntnis des Schmerzes**
  Roman. A. d. Ital. Toni Kienlechner. Nachw. Hans Magnus Enzensberger. 2000, WAT 371, 336 S.

Gamboa, Santiago
- **Verlieren ist eine Frage der Methode**
  Roman. A. d. Span. Stefanie Gerhold. 2000, Qb, 328 S. *
- **Das glückliche Leben des jungen Esteban**
  A. d. Span. Stefanie Gerhold
  2002, Qb, 384 S. *
- **Die Blender**
  Roman. A. d. Span. Stefanie Gerhold. 2005, Qb, 320 S. *

Garnett, Angelica
Freundliche Täuschungen
Eine Kindheit in Bloomsbury
A. d. Engl. und mit einem einführenden Essay Kyra Stromberg. 1990, AP, 176 S. mit vielen Photos *

Garro, Elena
Erinnerungen an die Zukunft
Roman. A. d. mexikanischen Span. Konrad Schrögendorfer
Nachw. Michi Strausfeld
2003, WAT 471, 336 S. *

Gauche Prolétarienne
Volkskrieg in Frankreich?
Strategie und Taktik der proletarischen Linken
A. d. Franz. Maren Sell. 1971, R 34, 144 S. *

Die Gegenwart der Zukunft
Die Serie der »Süddeutschen Zeitung« über unsere Welt im neuen Jahrhundert
Vorw. Klaus Podak
OA 2000, WAT 367, 240 S. *

Geist, Jonas
Versuch, das Holstentor zu Lübeck im Geiste etwas anzuheben. *Zur Natur des Bürgertums*
OA 1976, WAT 12, 144 S. *

Georg Forster – Weltumsegler und Revolutionär. *Ansichten von der Welt und vom Glück der Menschheit*
Zus. Ulrich Enzensberger
OA 1979, WAT 57, 192 S. *

Gerhard, Dirk
Antifaschisten. *Proletarischer Widerstand 1933–1945.*
1976, P 64, 176 S. *

Gilbert, Felix
Guicciardini, Machiavelli und die Geschichtsschreibung der italienischen Renaissance
A. d. Ital. Friederike Hausmann und a. d. Engl. Matthias Fienbork. Mit einer Einleitung von Hans R. Guggiberg. 1991, KKB 29, 88 S. *

Ginsborg, Paul
- **Berlusconi.** *Politisches Modell der Zukunft oder italienischer Sonderweg?*
  A.d. Engl. Friederike Hausmann
  Dt. EA 2005, WAT 497, 192 S. *
- **Wie Demokratie leben**
  A. d. Ital. Friederike Hausmann
  2008, **P**, 128 S.
- **Italien retten**
  A. d. Ital. Friederike Hausmann und Rita Seuß. 2011, **P**, 144 S.

Ginzburg, Carlo
- **Erkundungen über Piero.** *Piero della Francesca, ein Maler der frühen Renaissance*
  A. d. Ital. Karl F. Hauber,
  Einf. Martin Warnke
  1981, AP, 192 S. zahlr. Abb. *
- **Spurensicherung**
  Über verborgene Geschichte, Kunst und soziales Gedächtnis
  A. d. Ital. Karl F. Hauber. 1983, AP, 192 S. *. NA 1995, KKB 50
  A. d. Ital. Gisela Bonz und Karl F. Hauber. 128 S. mit Abb. *
  NA 2002, *Die Wissenschaft auf der Suche nach sich selbst*, WAT 430, 160 S. *. NA 2011, WAT 677, 176 S.
- **Hexensabbat.** *Entzifferung einer nächtlichen Geschichte*
  A. d. Ital. Martina Kempter. 1989, AP, 320 S. *
  NA 2005, WAT 506, 464 S.
- **Der Käse und die Würmer**
  Die Welt eines Müllers um 1600
  A. d. Ital. Karl F. Hauber. 1990, WAT 178, 208 S. *. NA 1993, mit Vorw. d. Autors zur dt. Nam
  WAT 223 *. NA 2002, WAT 444
- **Der Richter und der Historiker**
  Überlegungen zum Fall Sofri
  A. d. Ital. Walter Kögler, Vorw. Thomas Schmid. Dt. EA 1991, WAT 189, 128 S. *
- **Holzaugen**
  Über Nähe und Distanz
  A. d. Ital. Renate Heimbucher
  1999, AP, 288 S. mit Abb.
- **Die Wahrheit der Geschichte**
  Rhetorik und Beweis
  A. d. Ital. Wolfgang Kaiser
  2001, KKB 65, 144 S. *

– **Faden und Fährten**
wahr, falsch, fiktiv
A. d. Ital. Victoria Lorini
2013, KKB 84, 160 S.

Ginzburg, Natalia
– **Anton Čechov.** *Ein Leben*
A. d. Ital. Maja Pflug. 1990, *SVLTO* 17, 98 S. mit vielen Photos *
NA 2009, WAT 607, 112 S.
– **Nie sollst du mich befragen**
Erzz. A. d. Ital. Maja Pflug
1991, Q 180, 128 S. *
NA 2001, *SVLTO* 97, 144 S. *
– **So ist es gewesen**
Roman. A. d. Ital. Maja Pflug
1992, Q 183, 96 S. *
NA 1994, Akt *. NA 2003, WAT 470 *. NA 2008, WAT 590
– **So ist es gewesen**
Gelesen von Eva Mattes. 2005, LO, CD, Laufzeit 190 Min. *
– **Familienlexikon**
A. d. Ital. Alice Vollenweider
1993, AP, 190 S. *
NA 1996, Akt, 192 S. *
NA 2001, Qb, 190 S. *
NA 2007, mit einem Nachw. von Alice Vollenweider. WAT 563, 192 S.

– **Familienlexikon**
Gelesen von Cornelia Froboess
2001, LO, MC/CD,
Laufzeit 154 Min. *
– **Schütze**
Roman. A. d. Ital. Joachim Meinert. 1994, *SVLTO* 46, 112 S.
– **Das imaginäre Leben.** *Warum wir nicht leben wie wir träumen*
A. d. Ital. Maja Pflug
1995, *SVLTO* 52, 128 S.
– **Die kaputten Schuhe**
Sechs Erzz. A. d. Ital. Maja Pflug
Bleisatz und Buchdruck. 1996, Qb, 80 S. *. NA 1998, WAT 321 *
– **Die kaputten Schuhe**
Gelesen von Elke Heidenreich
2000, LO, MC/CD,
Laufzeit 73 Min. *
– **Die Stimmen des Abends**
Mit einem Nachw. von Italo Calvino. A. d. Ital. Alice Vollenweider. 1996, Qb, Leinen, 128 S. *
NA 1999, Akt *

– **Die Straße in die Stadt**
Roman. 1997, *SVLTO* 67, 96 S. *
NA 2001, Akt *
– **Valentino**
Ein Roman und fünf Erzz.
A. d. Ital. Maja Pflug. 1997, WAT 286, 128 S. *
– **Alle unsere Gestern**
Roman. Von Maja Pflug neu durchgesehene Übersetzung
1998, Qb, 336 S. *
– **Die Stadt und das Haus**
Roman. A. d. Ital. Maja Pflug
1999, Qb, 272 S.
– **Ein Mann und eine Frau**
Zwei Erzz. A. d. Ital. Anna Giachi, neu durchgesehen von Maja Pflug. 2000, WAT 369, 128 S. *
– **Die kleinen Tugenden**
Erzz. A. d. Ital. Maja Pflug, Alice Vollenweider und Hedwig Kehrli
2001, Qb, 144 S.
– **Die Familie Manzoni**
A. d. Ital. Maja Pflug
2001, WAT 413, 456 S.
– **›Es fällt schwer, von sich selbst zu sprechen, aber es ist schön.‹**
Natalia Ginzburgs Leben in Selbstzeugnissen
Zus. und a. d. Ital. Maja Pflug
Dt. EA 2001, WAT 414, 128 S.

Glucksmann, André
Köchin und Menschenfresser
Über die Beziehung von Staat, Marxismus und Konzentrationslager
A. d. Franz. Maren Sell und Jürgen Hoch. 1976, P 67, 192 S. *

Goeppert, Sebastian / Goeppert-Frank, Herma C.
Jean Cocteau und Pablo Picasso
Eine Künstlerfreundschaft
2005, *SVLTO* 127, 112 S. mit Abb. *

Goethe, Johann Wolfgang von
Die Leiden des jungen Werther
Neu herausgegeben mit Dokumenten und Materialien, Wertheriana und Wertheriaden von Hans Christoph Buch
OA 1982, WAT 89, 256 S. *

Der goldene Topf. *Vorschläge zur Auflockerung des Arbeitsmarktes*
Hrsg. Hans E. Maier und Thomas Schmid
OA 1986, WAT 136, 188 S. *

Göle, Nilüfer
Anverwandlungen
Der Islam in Europa zwischen Kopftuchverbot und Extremismus
2008, **P**, 160 S.

Gombrich, Ernst H.
Schatten und ihre Darstellung in der abendländischen Kunst
A. d. Engl. Robin Cackett. 1996, AP, 72 S. mit 52 meist farbigen Abb. *. NA 2009, *SVLTO* 160, 96 S. mit Farbtafeln

Gott schütze Österreich durch uns: Alexander, H. C. Artmann, Wolfgang Bauer, Jodik Blapik, Günter Brus, Ernst Jandl, Friederike Mayröcker, Hermann Nitsch, Gerhard Ruhm und Aloisius Schnedel. *Szenen, Dialektgedichte, Sprachübungen, Musiken, Urteile, Montagen*
1974, Qp 12, 30 cm, 33 UpM. *

Gottschalch, Wilfried
– **Parlamentarismus und Rätedemokratie**
Mit einem Lesebuch. 1968, R 10, 128 S. *
– **Vatermutterkind.** *Deutsches Familienleben zwischen Kulturromantik und sozialer Revolution*
OA 1979, WAT 52, 160 S. *
– **Aufrechter Gang und Entfremdung.** *Pamphlet über Autonomie*
OA 1984, WAT 115, 112 S. *

Goytisolo, Juan
Sommer in Torremolinos
Roman. A. d. Span. Gerda von Uslar. 2002, WAT 440, 160 S. *

Gozzi, Martino
Einmal Mia
Roman. A. d. Ital. Suse Vetterlein
Dt. EA 2006, WAT 535, 96 S.

Grafton, Anthony
Fälscher und Kritiker
Der Betrug in der Wissenschaft
A. d. Engl. Ebba D. Drolshagen
1991, KKB 32, 104 S. *
NA 2012, WAT 681, 176 S.

Grand Guignol
Das Vergnügen, tausend Tode zu sterben
Frankreichs blutiges Theater
Hrsg. Karin Kersten u. Caroline Neubaur. OA 1976, WAT 17, 128 S. *

Grass, Günter
– **Onkel, Onkel**
Ein Spiel in vier Akten
1965, Q 4, 96 S. *
– **Wörter auf Abruf**
77 Gedichte. Ausw. und Nachw. Klaus Wagenbach. 2002, *SVLTO* 109, 96 S.

Grasskamp, Walter
Das Cover von Sgt. Pepper. *Eine Momentaufnahme der Popkultur*
2004, KKB 71, 134 S. mit vielen, teils farbigen Abb.

Grazzini, Antonfrancesco
Feuer auf dem Arno
Renaissancenovellen aus Florenz
Einleitung von Giorgio Manganelli. Nachw. Alice Vollenweider A. d. Ital. Hanns Floerke, neu durchgesehen von Marianne Schneider. 1988, *SVLTO* 9, 2 Bände, 372 S. mit Abb. *. NA 1999, WAT 339, 368 S. mit Abb. *

Greenblatt, Stephen
– **Verhandlungen mit Shakespeare.** *Innenansichten der englischen Renaissance*
A. d. Amerik. Robin Cackett 1990, AP, 176 S. *
– **Schmutzige Riten.** *Betrachtungen zwischen Weltbildern*
A. d. Amerik. Jeremy Gaines 1991, KKB 33, 128 S. *
– **Wunderbare Besitztümer**
Die Erfindung des Fremden: Reisende und Entdecker
A. d. Amerik. Robin Cackett 1994, AP, 288 S., Abb. *
NA 1998, WAT 296 *

Greffrath, Matthias
Vom Schaukeln der Dinge
Montaignes Versuche. Ein Lesebuch
OA 1984, WAT 110, 272 S. *

Grips-Theater
– **Balle, Malle, Hupe und Artur**
Ein Stück für Kinder
1972, Qp 8, 30 cm, 33 UpM. *
– **Mannomann**
Stück für Menschen ab 8
Von Volker Ludwig, Reiner Lücker Musik von Birger Heymann
1973, Qp 9, 30 cm, 33 UpM. *
– **Die große Grips-Parade 1**
Lieder zum Mitsingen für Kinder
1973, Qp 10, 30 cm, 33 UpM. und als Kassette *
– **Ein Fest für Papadakis**
Stück für Menschen ab 8. Von Volker Ludwig, Christian Sorge Musik von Birger Heymann
1974, Qp 13, 30 cm, 33 UpM. *
– **Nashörner schießen nicht**
Stück für Menschen ab 9. Von Volker Ludwig und Jörg Friedrich. Musik von Birger Heymann
1975, Qp 15, 30 cm, 33 UpM. *
– **Mugnog Kinder!**
Stück für Menschen ab 5. Von Rainer Hachfeld. Lieder von Volker Ludwig. Musik von Birger Heymann. 1976, Qp 16, 30 cm, 33 UpM. *
– **Banana**
Hörspiel für Kinder. 1977, Qp 17 *
– **Die große Grips-Parade 2**
6 Lieder zum Mitsingen für Kinder. 1978, Qp 18 und 1982 als Kassette *
– **Die große Grips-Parade 3**
6 Lieder zum Mitsingen für Kinder. 1982, Qp 21 und 1983 als Kassette *
– **Wir werden immer größer**
Die besten Kinderlieder aus 25 Jahren Grips-Theater
2001, LO, CD/MC, Laufzeit 46 Min. *
– **Max und Milli**
Gesprochen und gesungen von Kindern. Text von Volker Ludwig, Musik von Birger Heymann
2003, LO, CD, Laufzeit 52 Min.
– **Bella, Boss und Bulli**
Gesprochen und gesungen von Kindern. Text von Volker Ludwig, Musik von Birger Heymann
2006, LO, CD, Laufzeit 74 Min.

Das Grips-Theater. *Geschichte und Geschichten, Erfahrungen und Gespräche aus einem Berliner Kinder- und Jugendtheater*
Hrsg. Wolfgang Kolneder, Volker Ludwig und Klaus Wagenbach
OA 1979, WAT 21, 192 S. *

Günther, Horst
– **Das Bücherlesebuch**
Vom Lesen, Leihen, Sammeln
Von Büchern, die man schon hat, und solchen, die man endlich haben will
OA 1992, WAT 200, 168 S.
– **Das Erdbeben von Lissabon**
OA 1994, WAT 235, 128 S. *

Gudkov, Lev / Zaslavsky, Victor
Russland. *Kein Weg aus dem postkommunistischen Übergang?*
Vorw. Lev Gudkov. A. d. Ital. Rita Seuß. 2011, AP, 208 S.

Guérin, Daniel / Mandel, Ernest
Einführung in die Geschichte des amerikanischen Monopolkapitalismus
A. d. Franz. Renate Genth und Renate Sami. 1972, R 37, 144 S. *

Guevara, Ernesto Che
– **Guerilla. Theorie und Methode**
Sämtliche Schriften zur Guerillamethode, zur revolutionären Strategie und zur Figur des Guerilleros
Hrsg. Horst Kurnitzky
1968, R 9, 160 S. *
– **Ökonomie und neues Bewußtsein**
Schriften zur politischen Ökonomie
Hrsg. Horst Kurnitzky. A. d. Span. Alex Schubert. 1969, R 8, 160 S. *
– **Politische Schriften**
Eine Auswahl
Hrsg. Horst Kurnitzky
A. d. Span. Alex Schubert, Rudi Dutschke und Gaston Salvatore
1976, P 8/9, 128 S. *

Guten Morgen, Ihr Schönen!
Deutschsprachige Autorinnen erzählen
Gesammelt von Susanne Schüssler. OA 2003, WAT 468, 144 S. *

H

Hadas-Lebel, Mireille
Massada. *Der Untergang des jüdischen Königreichs oder Die andere Geschichte von Herodes*
Mit dem Bericht von Flavius Josephus. A. d. Franz. Hans Thill
Dt. EA 1995, WAT 255, 144 S. *
NA 1997, WAT 294 *

Haerdle, Stephanie
Amazonen der Arena. *Zirkusartistinnen und Dompteusen*
2010, WAT 649, 208 S. mit zahlr. Abb.

Hamann, Christof / Honold, Alexander
Kilimandscharo
Die deutsche Geschichte eines afrikanischen Berges
2011, AP, 192 S. mit vielen Abb.

Haskell, Francis
Die schwere Geburt des Kunstbuchs
A. d. Engl. Matthias Fienbork
1993, KKB 42, 80 S. mit Abb. *

Hatero, Josan
– **Der Vogel unter der Zunge**
Roman. A. d. Span. Susanna Mende. 2004, Qb, 120 S. *
– **Dein Anteil daran**
Erzz. Dt. EA 2005, WAT 526
128 S. *

Hausmann, Friederike
- **Garibaldi**
  Die Geschichte eines Abenteurers, der Italien zur Einheit verhalf
  OA 1985, WAT 122, 192 S. *
  NA 1999, WAT 335
- **Zwischen Landgut und Piazza**
  Der Alltag von Florenz in Machiavellis Briefen
  OA 1987, WAT 150, 160 S. *
- **Kleine Geschichte Italiens seit 1943**
  OA 1989, WAT 159, 176 S. *
  NA 1994, WAT 241, 208 S. *
  Aktualisierte NA 1997, *Kleine Geschichte Italiens von 1943 bis heute*, WAT 288, 224 S. mit vielen Photos *. Aktualisierte NA 2002, *Kleine Geschichte Italiens von 1943 bis Berlusconi*, WAT 448, 240 S. mit Abb. *. Aktualisierte NA 2006, mit einem Vorw. von Friederike Hausmann, WAT 550, 256 S.
- **Die Macht aus dem Schatten Alessandra Strozzi und Lucrezia Medici.** *Zwei Frauen im Florenz der Renaissance*
  OA 1993, WAT 221, 160 S. *
- **Die deutschen Anarchisten von Chicago oder Warum Amerika den 1. Mai nicht kennt**
  OA 1998, WAT 320, 208 S. mit Abb. *

Havelock, Eric A.
Als die Muse schreiben lernte
Eine Medientheorie
Nachw. Bernhard J. Dotzler
A. d. Amerik. Ulrich Enderwitz und Rüdiger Hentschel
2007, WAT 556, 160 S.

Haymarket! 1886: Die deutschen Anarchisten von Chicago
Reden und Lebensläufe
Hrsg. Horst Karasek
OA 1975, WAT 11, 192 S. *

Heilbronn, Dieter
Heinrich Heine
Ein Land im Winter
Eine Monographie mit Ged. und Prosa. OA 1978, WAT 47, 192 S. *

Henze, Hans Werner / Lehnert Christian
Phaedra
Ein Werkbuch
2007, *SVLTO* 148, 96 S. mit Abb.

Herlihy, David
Der Schwarze Tod und die Verwandlung Europas
A. d. Amerik. Holger Fliessbach
1998, AP, 144 S. mit zahlr. Abb. *
NA 2000, WAT 391

Hermlin, Stephan
- **Gedichte und Prosa**
  1965, Q 8, 84 S. *
- **Die Zeit der Gemeinsamkeit In einer dunklen Welt**
  Zwei Erzz. 1966, Q 16, 72 S. *
- **Scardanelli**
  Ein Hörspiel. 1970, Q 42, 60 S. *
  NA 1993, *Scardanelli / Hölderlin SVLTO* 39, 80 S. *
- **Abendlicht**
  1979, Q 101, 128 S. *
  NA 1987, *SVLTO* 2, 96 S.
- **Abendlicht**
  Gelesen vom Autor. 2000, LO, MC/CD, Laufzeit 69 Min. *
- **Lebensfrist**
  Gesammelte Erzz. 1980, Q 110, 208 S. *
- **Bestimmungsorte**
  Fünf Erzz. 1985, Q 136, 80 S. *
- **Traum der Gemeinsamkeit**
  Ein Lesebuch. Hrsg. Klaus Wagenbach. OA 1985, WAT 128, 176 S. *
- **In den Kämpfen dieser Zeit**
  Reden, Gespräche, Aufsätze. 1995, Qb, Bleisatz und Buchdruck, 112 S.
- **Entscheidungen**
  Sämtliche Erzz. 1995, Qb, 412 S.
- **Lektüre**
  Über Autoren, Bücher, Leser
  1997, WAT 276, 224 S.

Hill, Christopher
Über einige geistige Konsequenzen der englischen Revolution
A. d. Engl. Matthias Fienbork
1990, KKB 23, 80 S. *

Höllerer, Walter / Mangoldt, Renate v.
Außerhalb der Saison. *Hopfengärten in 3 Ged. und 19 Photos*
1967, Q 24, 72 S. *

Hohler, Franz
- **Der Rand von Ostermundigen und andere Grotesken**
  1999, WAT 342, 96 S. *
  NA 2005, 104 S.
- **Bedingungen für die Nahrungsaufnahme**
  Gelesen und mit Cello begleitet vom Autor. 2001, LO, MC/CD, Laufzeit 69 Min. *

Honoré, Christophe
Die Sanftheit
A. d. Franz. Nathalie Mälzer-Semlinger. 2003, Qb, 112 S. *

Horowitz, David
- **Kalter Krieg.** *Hintergründe der US-Außenpolitik von Jalta bis Vietnam*
  A. d. Engl. Wilfried Sczepan. 1969, Band 1: R 13, 240 S. *
  Band 2: R 14, 208 S. *
- **Imperialismus und Revolution**
  Neue Fakten zur gegenwärtigen Geschichte
  A. d. Engl. Wilfried Sczepan
  1970, R 22, 228 S. *

Horster, Detlef / Leithäuser, Thomas / Negt, Oskar / Perels, Joachim / Peters, Jürgen
Ernst Bloch zum 90. Geburtstag: Es muß nicht immer Marmor sein
1975, P 68, 96 S. *

Houellebecq, Michel
- **Ausweitung der Kampfzone**
  Roman. A. d. Franz. Leopold Federmaier. 1999, Qb, 192 S. *
  NA 2004, Akt, 160 S. *
  NA 2006, WAT 538 *
  NA 2012, WAT 689, 176 S.
- **Ausweitung der Kampfzone**
  Hörspiel. Bearbeitung und Regie: Martin Zylka. 2001, LO, MC/CD, Laufzeit 65 Min. *

Hubermann, Leo / Dreßen, Wolfgang / Quartim, João / Sweezy, Paul M. u. a.
Focus und Freiraum. *Debray, Brasilion, Linke in den Metropolen*
A. d. Engl. u. Franz. Doris Engelke und Wolfgang Dreßen
1970, R 16, 160 S. *

Hughes, Thomas / Buddensieg, Tilmann / Kocka, Jürgen / Kuczynski, Jürgen / Lepenies, Wolf u. a.
Ein Mann vieler Eigenschaften
Walter Rathenau und die Kultur der Moderne
1990, KKB 21, 144 S. *

Huizinga, Johan
Das Problem der Renaissance
Renaissance und Realismus
2 Essays. A. d. Niederl. Werner Kaegi. Einf. Wessel E. Krul
1991, KKB 35, 96 S. *

Huster, Stefan
Soziale Gesundheitsgerechtigkeit
Sparen, umverteilen, vorsorgen?
2011, P, 96 S. 2011, eb

Hynek, Françoise / Urban-Halle, Peter
Jahreszeiten der französischen Küche. *Eine kulinarische Reise mit 77 Rezepten*
2013, *SVLTO* 197, 168 S. mit Abb.

I

Die Illusion der Exzellenz
Lebenslügen der Wissenschaftspolitik
Hrsg. Jürgen Kaube. 2009, P, 96 S.

Die Industrielle Revolution in England, Deutschland, Italien
Hrsg. Rox Porter und Mikuláš Teich. A. d. Engl. Wolfgang Kaiser
Dt. EA 1998, WAT 307, 144 S. *

Istanbul. *Eine literarische Einladung*
Hrsg. und Nachw. Börte Sagaster und Manfred Heinfeldner
2008, *SVLTO* 154, 144 S.

Italia Fantastica!
Junge italienische Literatur
Hrsg. Gabriella d'Ina
OA 1997, WAT 280, 144 S. *

Italienische Kindergeschichten
Wie der Hund und der Mensch Freunde wurden
Illustriert von Axel Scheffler
1999, *SVLTO* 82, 96 S. *

Italienische Kunst
Eine neue Sicht auf ihre Geschichte
Vorw. Willibald Sauerländer
2 Bände im Schuber. 1987, AP, 384 S. und 480 S. mit insg. 588 Illustr. *

Italienische Liebesgeschichten
Hrsg. Klaus Wagenbach
1991, *SVLTO* 26, 96 S. NA 1996, Akt *. NA 1999, Akt, 128 S. *
NA 2000, *SVLTO* 26, 128 S.
NA 2004, Akt, 144 S. *. Erweiterte NA 2010, *SVLTO* 26, 144 S.

Italienische Liebesgeschichten
Hrsg. Klaus Wagenbach
Gelesen von Otto Sander
2001, LO, CD, Laufzeit 72 Min.*

Italienische Reise
Ein literarischer Reiseführer durch das heutige Italien
Hrsg. Alice Vollenweider. 1985, Q 137, 208 S. *. Erweiterte NA 1994, Akt, 240 S. *. NA 1996, Qb *

Italienische Schriftsteller erzählen
Geschichten für große und kleine Kinder
Gelesen von Klaus Wagenbach
1998, LO, MC/CD, Laufzeit 66 Min. *

Italienische Weihnachten
Die schönsten Geschichten, gesammelt von Klaus Wagenbach
OA 2007, WAT 572, 144 S.

J

Jahrbücher 1–5: *siehe unter* **Sozialistische Jahrbücher**

Jahrbuch Politik 6
Hrsg. Wolfgang Dreßen. 1974, P 58, 160 S. *

Jahrbuch Politik 7
Hrsg. Wolfgang Dreßen. 1976, P 66, 160 S. *

Jahrbuch Politik 8
Hrsg. Barbara Herzbruch und Klaus Wagenbach. 1978, P 82, 168 S. *

Jandl, Ernst
- **Laut + Luise**
  Qp 2, 1968
- **hosi + anna**
  Qp 6, 1971
- **Laut + Luise / hosi + anna**
  1983, Qp 22 *. NA 1997, LO, CD/MC, Laufzeit 51 Min. *
- **him hanflang war das wort**
  Neue Sprechgedichte von Ernst Jandl. Gelesen vom Autor
  1980, Qp 20 *. NA 1999, LO, CD/MC, Laufzeit 51 Min. *
- **einer raus einer rein**
  Die schönsten Gedichte ausgewählt von Klaus Wagenbach
  2006, *SVLTO* 139, 96 S.

»Jean«
Elsass: Kolonie in Europa
Mit einem Vorwort über Occitanien, Korsika, Wales und Jura
1976, P 74, 144 S. *

Jeanneney, Jean-Noël
Googles Herausforderung
Für eine europäische Bibliothek
Nachw. Klaus-Dieter Lehmann
A. d. Franz. Sonja Finck und Nathalie Mälzer-Semlinger
Dt. EA 2006, aktualisiert
WAT 534, 120 S. *

Jervis, Giovanni
Grundfragen der Psychologie
A. d. Ital. Renate Heimbucher
Dt. EA 2001, WAT 415, 160 S. *

Jetzt schlägt's 13
Deutsche Literatur aus 13 Jahren
Hrsg. Klaus Wagenbach
OA 1977, WAT 40, 192 S. *

Johnson, Dominic
Afrika vor dem großen Sprung
2011, P, 108 S. *.
Aktualisierte und erweiterte NA 2013, P, 144 S. 2013, eb

Jones, Lloyd
Der Mann, der Enver Hodscha war
Roman. A. d. Engl. Yvonne Badal
1998, WAT 298, 264 S. *

Juan & Juanita
Spanische Liebesgeschichten
Zus. Marco Thomas Bosshard
2009, *SVLTO* 167, 144 S.

K

Kaleck, Wolfgang
- **Kampf gegen die Straflosigkeit**
  Argentiniens Militärs vor Gericht
  2010, P, 128 S.
- **Mit zweierlei Maß**
  Der Westen und das Völkerrecht
  2012, P, 144 S. 2012, eb

Kafka, Franz
- **In der Strafkolonie**
  Eine Geschichte aus dem Jahre 1914
  Mit Quellen, Abb., Materialien aus der Arbeiter-Unfall-Versicherungsanstalt, Chronik und Anmerkungen von Klaus Wagenbach. OA 1975, WAT 1, 96 S. *
  NA 1995, Akt, 128 S. *
  NA 1998, WAT 319
- **Ein Landarzt.** *Kleine Erzählungen*
  Mit einem Bericht über Siegfried Löwy, Landarzt in Triesch. Hrsg. und mit Nachw. Klaus Wagenbach. 1994, AP, 80 S., Bleisatz und Buchdruck, mit Abb. *. NA 1999, *SVLTO* 83, 96 S. mit Abb. *
- **Ein Landarzt und andere Erzählungen**
  Gelesen von Klaus Wagenbach
  1999, LO, CD/MC, Laufzeit 71 Min.
- **Brief an den Vater**
  Mit einem unbekannten Bericht über Kafkas Vater als Lehrherr und andere Materialien
  Hrsg. Hans-Gerd Koch
  Nachw. Alena Wagnerová
  2004, AP, 160 S. mit vielen Abb.

Franz Kafka. *Eine Chronik*
Zus. Roger Hermes, Waltraud John, Hans-Gerd Koch und Anita Widera. OA 1999, WAT 338, 192 S. mit vielen Abb.

Kaminski, Volker
Die letzte Prüfung
Novelle. 1994, Q 189, 80 S. *

Kanarische Inseln
Eine literarische Einladung
Hrsg. und mit Vorw. Gerta Neuroth. 2010, *SVLTO* 174, 144 S.

Karasek, Horst
– **Die Kommune der Wiedertäufer** *Bericht aus der befreiten und belagerten Stadt Münster 1534*
OA 1977, WAT 16, 160 S. *
– **Der Belagerungszustand!** *Reformisten und Radikale unter dem Sozialistengesetz 1878–1890*
OA 1978, WAT 50, 160 S. *
– **Der Fedtmilch-Aufstand** *Wie die Frankfurter 1612/14 ihrem Rat einheizten*
OA 1979, WAT 58, 144 S. *
– **Der Brandstifter.** *Lehr- und Wanderjahre des Maurergesellen Marinus van der Lubbe, der 1933 auszog, den Reichstag anzuzünden*
OA 1980, WAT 73, 192 S. *
– **Die Vierteilung** *Wie dem Königsmörder Damiens 1757 in Paris der Prozeß gemacht wurde.* OA 1994, WAT 230, 128 S. mit Abb. *

Karnickel, Karnickel
Handbuch für das allgemeine Kaninchenwesen anläßlich 100facher Vermehrung der Taschenbücherei
Hrsg. Klaus Wagenbach
OA 1983, WAT 100, 128 S. *

Karnickelzirkus. *Handbuch für das allgemeine Kaninchenwesen*
Hrsg. Christiane Jessen und Kora Perle. OA 2004, WAT 500, 144 S. mit zahlreichen Abb. *

Karsunke, Yaak
– **Kilroy & andere Gedichte**
1967, Q 17, 72 S. *
– **reden & ausreden**
Gedichte. 1969, Q 38, 60 S. *

Kelb, Berni
– **Betriebsfibel.** *Ratschläge für die Taktik am Arbeitsplatz*
1971, R 31, 72 S. *
– **Organisieren oder organisiert werden.** *Vorschläge für Genossen links unten*
1973, P 39, 96 S. *

Keller, Gottfried
Das Fähnlein der sieben Aufrechten
Neu entrollt und hochgehalten von Urs Widmer
OA 1989, WAT 141, 160 S. *

Kennedy, A. L.
– **Gleissendes Glück**
Roman. A. d. Engl. Ingo Herzke 2000, Qb, 192 S.
NA 2008, WAT 589, 192 S. *
– **Gleissendes Glück**
Gelesen von Mechtild Großmann 2005, LO, CD, Laufzeit 195 Min.*
– **Ein makelloser Mann**
Erzz. A. d. Engl. Ingo Herzke 2001, Qb, 176 S.
– **Ein makelloser Mann**
Gelesen von Sophie Rois 2002, LO, CD, Laufzeit 72 Min.*
– **Stierkampf**
A. d. Engl. Ingo Herzke. 2001, Qb, 160 S.
– **Alles was du brauchst**
Roman. A. d. Engl. Ingo Herzke 2002, Qb, 576 S.
– **Hat nichts zu tun mit Liebe**
Erzz. A. d. Engl. Ingo Herzke Dt. EA 2003, WAT 463, 144 S.
– **Also bin ich froh**
Roman. A. d. Engl. Ingo Herzke 2004, Qb, 288 S.
– **Paradies**
Roman. A. d. Engl. Ingo Herzke 2005, Qb, 368 S.
– **DAY**
Roman. A. d. Engl. Ingo Herzke 2007, Qb, 352 S.
– **Was wird**
Erzz. A. d. Engl. Ingo Herzke 2009, Qb, 224 S.

Kerr, Antonia
Blumen für Zoë
Roman. A. d. Franz. Jutta Schiborr Dt. EA 2011, WAT 662, 144 S. eb.

Kessel, Joseph
Belle de Jour
Roman. A. d. Franz. Karl Stransky. Durchgesehen und ergänzt Susanne Farin und Michael von Killisch-Horn 2011, WAT 658, 192 S.

Kipphardt, Heiner
Das Leben des schizophrenen Dichters Alexander M.
Ein Film. 1976, Q 78, 96 S. *

Kirsch, Rainer
Kopien nach Originalen: 4 Portraits aus der DDR
1974, Q 70, 96 S. *

Kisch, Egon Erwin
Aus dem Café Größenwahn
Berliner Reportagen
2013, *SVLTO* 195, 144 S. mit Abb.

Klaniczay, Gábor
Heilige, Hexen, Vampire
Vom Nutzen des Übernatürlichen
A. d. Engl. Hanni Ehlers und Sylvia Höfer. 1991, KKB 31, 128 S.*

Klein, Olaf Georg
Zeit als Lebenskunst
2007, Qb, 208 S. *
NA 2010, WAT 632, 240 S. 2012, eb

Klein, Robert
Gestalt und Gedanke. *Zur Kunst und Theorie der Renaissance*
A. d. Franz u. Vorw. Horst Günther. 1996, KKB 53, 127 S. *

Kleists »Kohlhaas«. *Ein deutscher Traum vom Recht auf Mordbrennerei.* Hrsg. Friedmar Apel
OA 1987, WAT 151, 160 S. *

Kluge, Alexander
– **Theodor Fontane, Heinrich von Kleist und Anna Wilde**
Zur Grammatik der Zeit
1987, *SVLTO* 4, 96 S. *
– **Fontane – Kleist – Deutschland – Büchner**
Zur Grammatik der Zeit
2004, *SVLTO* 125, 96 S.
– **Personen und Reden. Lessing – Böll – Huch – Schiller – Adorno – Habermas – Müller – Augstein – Gaus – Schlingensief – Ad me ipsum**
2012, *SVLTO* 183, 144 S.

Koch, Hans-Gerd
Kafka in Berlin
2008, *SVLTO* 153, 144 S. *

Koenigs, Tom
Machen wir Frieden oder haben wir Krieg?
Auf UN-Mission in Afghanistan
Hrsg. und mit Vorw. Joscha Schmierer. 2011, **P**, 272 S. 2011, eb

Koeppel, Matthias
- **Starckdeutsch**
  Oine Orrswuuhl dörr schtahurcköstn Gedeuchten
  1983, WAT 94, 128 S. *
- **Koeppels Tierleben in Starckdeutsch**
  Mit Zeichnungen des Autors
  1991, *SVLTO* 25, 80 S. *

Kofler, Werner
- **Guggile: Vom Bravsein und vom Schweinigeln.** *Eine Materialsammlung aus der Provinz*
  1975, Q 72, 96 S. *
- **Ida H.** *Eine Krankengeschichte*
  1978, Q 93, 160 S. *
- **Aus der Wildnis**
  2 Fragmente. 1980, Q 108, 144 S. *
- **Amok und Harmonie**
  Prosa. 1985, Q 141, 80 S. *

Köhler, Ernst
- **Arme und Irre.** *Die liberale Fürsorgepolitik des Bürgertums*
  1977, P 79, 192 S. *
- **Die Stadt und ihre Würze**
  Ein Bericht aus dem Süden unseres Sozialstaats
  OA 1983, WAT 97, 224 S. *

Köhler, Jochen
Klettern in der Großstadt
Geschichten vom Überleben zwischen 1933 und 1945
1981, WAT 85, 256 S. *

Kollektiv Hispano-Suiza
Arbeiter und Apparate
Bericht französischer Arbeiter über ihre Praxis 1945–1970
A.d.Franz. Hans- Jürgen Heckler
1972, R 30, 168 S. *

Kollektiv RAF über den bewaffneten Kampf in Westeuropa
1971, R 29, 72 S. *

Kopečný, Angelika
Fahrende und Vagabunden
Ihre Geschichte, Überlebenskünste, Zeichen und Straßen
OA 1980, WAT 68, 192 S. *

Kopfnuß 1. *Essays über Kultur und Politik*
Hrsg. Heinrich von Berenberg und Klaus Wagenbach
OA 1993, WAT 224, 192 S. *

Kopfnuß 2
Hrsg. Heinrich von Berenberg und Klaus Wagenbach
OA 1994, WAT 232, 176 S. *

Kopfnuß 3
Hrsg. Heinrich von Berenberg und Klaus Wagenbach
OA 1995, WAT 252, 176 S. *

Kopisch, August
Entdeckung der Blauen Grotte auf der Insel Capri
Hrsg. und Nachw. Dieter Richter
1997, *SVLTO* 64, 112 S. mit zahlr. Abb. *. NA 2009, WAT 609

Körner, Wolfgang Hermann
Die ägyptischen Träume
1980, Q 105, 72 S. *

Koyré, Alexandre
- **Galilei.** *Die Anfänge der neuzeitlichen Wissenschaft*
  A. d. Engl. und Franz. und mit einem Vorw. Rolf Dragstra. 1988, KKB 8, 96 S. *
- **Leonardo, Pascal und die Entwicklung der kosmologischen Wissenschaft**
  A. d. Franz. und mit einem Vorw. Horst Günther. 1994, KKB 45, 112 S. *
- **Vergnügen bei Platon**
  A. d. Franz. Horst Günther
  OA 1997, WAT 285, 160 S. *

Kramer, Fritz W.
Bikini. *Atomares Testgebiet im Pazifik*
OA 2000, WAT 380, 112 S. mit vielen Abb. *

Kraushaar, Wolfgang
Der Griff nach der Notbremse
Nahaufnahmen des Protests
OA 2012, WAT 691, 144 S.

Krüger, Michael
- **Was tun?**
  Eine altmodische Geschichte. 1984, Q 131, 80 S. *
- **Warum Peking?**
  Eine chinesische Geschichte. 1986, Q 145, 104 S. *
- **Wieso ich?**
  Eine deutsche Geschichte. 1987, Q 152, 112 S. *
  NA 2000, *Wieso ich? Drei haarsträubende Gesch.*, WAT 388, 240 S.
- **Idyllen und Illusionen.** *Tagebuchgedichte*
  1989, Q 165, 80 S. *

Kuhn, Hansmartin
Der lange Marsch in den Faschismus. *Zur Theorie der Institutionen in der bürgerlichen Gesellschaft*
1974, P 45, 128 S. *

Kurnitzky, Horst
- **Versuch über den Gebrauchswert.** *Zur Kultur des Imperialismus*
  1970, R 19, 72 S. *
- **Triebstruktur des Geldes**
  Ein Beitrag zur Theorie der Weiblichkeit
  1974, P 52, 176 S. *
- **Ödipus. Ein Held der westlichen Welt.** *Über die zerstörerischen Grundlagen unserer Zivilisation*
  OA 1978, WAT 38, 144 S. *

L

Lacenaire, Pierre-François
Memoiren eines Spitzbuben
A. d. Franz. Rudolf Wittkopf
Einf. Lothar Baier
1982, WAT 88, 192 S. *

Lacoste, Yves
Geographie und politisches Handeln
Perspektiven einer neuen Geopolitik
Vorw. Mechtild Rössler
A. d. Amerik. Matthias Wolf
1990, KKB 26, 96 S. *

Lakhous, Amara
- **Krach der Kulturen um einen Fahrstuhl an der Piazza Vittorio**
  Roman. A. d. Ital. Michaela Mersetzky. Dt. EA 2009, WAT 608, 160 S.
- **Scheidung auf Islamisch in der Via Marconi**
  Roman A. d. Ital. Michaela Mersetzky
  Dt. EA 2012, WAT 685, 240 S.

Lambert, Bernhard
Bauern im Klassenkampf
Anregungen für die vergessene Analyse einer Ausbeutung
A. d. Franz. Eva Moldenhauer
1971, R 32, 144 S. *

Lampedusa, Giuseppe Tomasi di
- **›… Ich sucht' ein Glück, das es nicht gibt …‹** *Byron – Shelley – Keats*
  A. d. Ital. Sigrid Vagt. 1993, *SVLTO* 37, 96 S. *
- **Shakespeare**
  A. d. Ital. Maja Pflug. 1994, *SVLTO* 44, 96 S. *
- **Morgenröte der englischen Moderne.** *Henry James – Joseph Conrad – George Bernard Shaw – Virginia Woolf – D. H. Lawrence – James Joyce u. a.*
  A. d. Ital. Friederike Hausmann
  1995, *SVLTO* 55, 112 S. *

Lampugnani, Vittorio Magnago
- **Die Modernität des Dauerhaften.** *Essays zu Stadt, Architektur und Design*
  A. d. Ital. Moshe Kahn. 1995, KKB 51, 104 S. mit vielen Abb. *
  NA 2011, WAT 676, 144 S.
- **Verhaltene Geschwindigkeit.** *Die Zukunft der telematischen Stadt*
  2002, KKB 66, 112 S. mit Abb.
- **Die Stadt im 20. Jahrhundert**
  Visionen, Entwürfe, Gebautes
  2010, AP, 2 Bände im Schmuckschuber, Großformat, 912 S. mit zahlr., größtenteils farbigen Abb.

Landolfi, Tommaso
Zwei späte Jungfern
A. d. Ital. Heinz Riedt
2000, WAT 376, 112 S.*

Lang, Thomas
Than
Roman. 2002, Qb, 192 S. *
NA 2005, WAT 530 , 192 S.

Lange, Hartmut
Die Ermordung des Aias oder Ein Diskurs über das Holzhacken
1971, Q 51, 72 S. *

Langer, Alexander
Die Mehrheit der Minderheiten
Hrsg. u. mit Vorw. Peter Kammerer. OA 1996, WAT 268, 144 S. *

Lavin, Irving
Picassos Stiere oder die Kunstgeschichte von hinten
A. d. Amerik. Wolfgang Heuss
1995, KKB 49, 96 S. mit 72 Abb. *
Veränderte und erweiterte NA 2007, WAT 551, 128 S.

Lavrov, Peter L.
Die Pariser Kommune vom 18. März 1871
Vorw. Klaus Meschkat. A. d. Russ. Renate Horlemann. 1971, R 25, 192 S. *

Lawrence, D. H.
- **Etruskische Orte**
  A. d. Engl. Oswalt von Nostitz
  Vorw. Anthony Burgess. 1999, WAT 359, 192 S. mit Photos *
  NA 2009, WAT 617
- **Du hast mich angefaßt**
  Die schönsten Liebesgeschichten
  Ausw. Andreas Paschedag
  2001, *SVLTO* 95, 128 S. *
- **Der Fuchs**
  Nachw. Doris Lessing. A. d. Engl. Martin Beheim-Schwarzbach
  2004, *SVLTO* 121, 98 S. *

Lay, Conrad
Das tägliche Erdbeben
Ein Bericht über die Stadt Neapel: Arbeitslosigkeit, Schmuggel, Mafia, Revolten
1980, P 88, 216 S. *

Le Goff, Jacques
- **Reims, Krönungsstadt**
  A. d. Franz. Bernd Schwibs. 1997, KKB 58, 112 S. mit vielen Abb. *
- **Kaufleute und Bankiers im Mittelalter**
  A. d. Franz. Friedel Weinert
  2005, WAT 520, 144 S.

Le Tourneur d'Ison, Claudine
Hira Mandi
Roman. A. d. Franz. Nathalie Mälzer-Semlinger. 2006, Qb, 192 S. *

Lem, Anton van der
Opstand! Der Aufstand in den Niederlanden. *Egmonts und Oraniens Opposition, die Gründung der Republik und der Weg zum Westfälischen Frieden*
A. d. Niederl. Klaus Jöken. Dt. EA 1996, WAT 259, 167 S. mit 39 Abb. und 3 Karten *

Lesebuch:
- **Deutsche Literatur der 60er Jahre**
  Hrsg. Klaus Wagenbach. Mit Lebensdaten und Quellenverzeichnis. 1968, AP, 192 S. *
  Veränderte und erweiterte NA 1972, AP, 224 S. *. NA 1994, Nachw. Klaus Wagenbach. Akt *
  NA 1996, WAT 267, 240 S. *
- **Deutsche Literatur zwischen 1945 und 1959**
  Hrsg. Klaus Wagenbach. 1980, AP, 224 S. *
  NA 1993, *Deutsche Literatur der Nachkriegszeit*, WAT 222, 232 S. *
- **Weimarer Republik. Deutsche Schriftsteller und ihr Staat von 1918–1933**
  Hrsg. Stephan Reinhardt. 1982, AP, 256 S. *. NA 1992, *Die Schriftsteller und die Weimarer Republik*, WAT 208 *
- **Deutsche Literatur der siebziger Jahre**
  Hrsg. Christoph Buchwald und Klaus Wagenbach. Mit Nachw. und Bibliographie. 1984, AP, 224 S. * NA 1995, WAT 254 *

Lessing, Doris
- **Das Leben meiner Mutter**
  Mit Bildern aus Afrika
  A. d. Engl. Adelheid Dormagen
  Dt. EA 1987, WAT 149, 112 S. *
  NA 1994, *SVLTO* 45, 80 S. *
  NA 2003, WAT 467 *. NA 2007, *SVLTO* 45, 96 S.
- **Das Leben meiner Mutter**
  Gelesen von Katharina Thalbach
  2004, LO, CD, Laufzeit 70 Min. *
- **Liebhaber meiner Phantasie**
  Erzz. A. d. Engl. Adelheid Dormagen, Manfred Ohl und Hans Sartorius. 1999, *SVLTO* 86, 128 S. *

Lessing, Gotthold Ephraim
Nathan der Weise. *Der Autor, der Text, seine Umwelt, seine Folgen*
Hrsg. Helmut Göbel. OA 1977, WAT 43, 272 S. *. NA 1993, WAT 225 *. NA 2002, WAT 426, 276 S. *

Levi, Giovanni
Das immaterielle Erbe
Eine bäuerliche Welt an der Schwelle zur Moderne
A. d. Ital. Karl F. Hauber und Ulrich Hausmann
1986, AP, 200 S. *

Levi, Primo
Der Ringschlüssel
Roman. 1997, WAT 275, 208 S. *

Levy, Deborah
Heimschwimmen
Roman. A. d. Engl. Richard Barth
2013, Qb, 168 S. 2013, eb

Liebe nach Mitternacht
Maßlose Leidenschaften
Vorgeschlagen von Hans-Gerd Koch und Susanne Schüssler
2004, *SVLTO* 124, 120 S. *

Lieber heute aktiv als morgen radioaktiv. Whyl: Bauern erzählen. Warum Kernkraftwerke schädlich sind
Wie man eine Bürgerinitiative macht und sich dabei verändert
Hrsg. Nina Gladitz. 1976, P 65, 176 S. *

Liebes-Erklärungen
Hrsg. Claudia Schmöllers
OA 1993, WAT 226, 136 S. *

Ligeti, György / Neuweiler, Gerhard
Motorische Intelligenz. *Zwischen Musik und Naturwissenschaften*
Hrsg. und Nachw. Reinhart Meyer-Kalkus. 2007, KKB 75, 112 S. mit Abb.

Lind, Jakov
– **Eine bessere Welt in fünfzehn Kapiteln**
Roman. 1966, Q 10/11, 168 S. *
– **Angst und Hunger**
2 Hörspiele. 1968, Q 26, 72 S. *
– **Selbstportrait**
A. d. Engl. Günter Danehl
1983, WAT 105, 160 S. *

Linhart, Robert
– **Eingespannt.** *Erzählungen aus dem Innern des Motors*
A. d. Franz. Grete Osterwald. 1978, P 84, 132 S. *
– **Der Zucker und der Hunger**
Reise in ein Land, wo der Zucker wächst: Brasilien
A. d. Franz. Jürgen Hoch
Dt. EA 1980, WAT 71, 112 S. *

Lissabon. *Eine literarische Einladung*
Hrsg. Gaby Wurster
2010, *SVLTO* 170, 144 S.

Löhr, Tillmann
Schutz statt Abwehr
Für ein Europa des Asyls
2010, **P**, 96 S.

London. *Eine literarische Einladung*
Hrsg. Ingo Herzke u. Hans-Gerd Koch. 2012, *SVLTO* 185, 144 S.

Longhi, Roberto
– **Masolino und Masaccio**
Zwei Maler zwischen Spätgotik und Renaissance
Einf. Andreas Beyer. A. d. Ital. Heinz Georg Held. 1992, AP, 256 S. mit 150 Abb. *
NA 2011, überarbeitete Einf. WAT 651, 296 S.
– **Venezianische Malerei**
A. d. Ital. und mit einem Vorw. Heinz Georg Held. 1995, AP, Großformat im Schuber, 216 S. mit 343 überwiegend farbigen Abb. *

Longo, Davide
Der Steingänger
Roman. A. d. Ital. Suse Vetterlein
2007, Qb, 176 S.

Löw-Beer, Peter
Industrie und Glück. *Der Alternativplan von Lucas-Aerospace*
Mit einem Beitrag von Alfred Sohn-Rethel: Produktionslogik gegen Aneignungslogik. 1981, P 89, 216 S. *

Lucke, Albrecht von
– **68 oder neues Biedermeier**
Der Kampf um die Deutungsmacht
2008, **P**, 96 S.
– **Die gefährdete Republik.**
Von Bonn nach Berlin 1949 – 1989 – 2009
2009, **P**, 112 S.

M

Macciocchi, Maria-Antonietta
Jungfrauen, Mutter und ein Führer. *Frauen im Faschismus*
A. d. Franz. Eva Moldenhauer
1976, P 73, 112 S. *

Madrid. *Eine literarische Einladung*
Hrsg. Marco Thomas Bosshard und Juan García Serrano
2008, *SVLTO* 151, 144 S.

Malerba, Luigi
– **Die nachdenklichen Hühner**
131 kurze Gesch. A. d. Ital. Elke Wehr. 1984, Q 132, 80 S. *. NA 1995, *SVLTO* 50, mit 15 neuen Eiern im Hühnerstall. A. d. Ital. Elke Wehr und Iris Schnebel-Kaschnitz. 80 S. mit Zeichnungen v. Matthias Koeppel *. NA 2009, Ausgabe letzter Hand mit neuen Hühnern v. Lena Ellermann. *SVLTO* 164, 88 S.
– **Die Schlange**
Roman. A. d. Ital. Alice Vollenweider. 1985, WAT 119, 168 S. *
NA 2000, WAT 373 *
– **Taschenabenteuer**
53 Geschichten. A. d. Ital. Iris Schnebel-Kaschnitz. 1985, Q 140, 112 S. *. NA 1998, WAT 299, 112 S. mit Zeichnungen von Matthias Koeppel *
– **Pataffio**
A. d. Ital. Moshe Kahn. 1988, Q 161, 240 S. *
NA 2006, WAT 548, 240 S.
– **Der Protagonist**
Roman. A. d. Ital. Alice Vollenweider. 1989, WAT 166, 160 S. *
NA 2002, WAT 429, 160 S. *
– **Silberkopf**
Erzz. A. d. Ital. Karin Fleischanderl. 1989, Q 168, 128 S. *
– **Wahrhaftige Gespenster**
Geschichten aus den eingebildeten Wissenschaften
1990, *SVLTO* 22, 96 S. *
– **Das griechische Feuer**
Roman. A. d. Ital. Iris Schnebel-Kaschnitz. 1991, Qb, 220 S. *
NA 2001, Akt, 224 S. *
NA 2002, WAT 437, 224 S.
– **Die fliegenden Steine**
Roman. A. d. Ital. Moshe Kahn
1992, Qb, 240 S.
– **Die Entdeckung des Alphabets**
Erz. A. d. Ital. Joachim A. Frank
1993, WAT 218, 192 S. *
– **Die nackten Masken**
Roman. A. d. Ital. Iris Schnebel-Kaschnitz. 1995, Qb, 304 S. *
NA 2004, Akt, 246 S. *. NA 2007, WAT 565, 288 S. 2013, eb
– **Närrische Welt**
Von Lustgurkenfresserinnen und der Sehnsucht nach Metall
Erz. 1997, Akt, 128 S. *
– **König Ohneschuh**
Roman. A. d. Ital. Iris Schnebel-Kaschnitz. 1997, Qb, 224 S. *
– **Elianes Glanz**
Roman. A. d. Ital. Moshe Kahn
2000, Qb, 192 S.
– **Der Traum als Kunstwerk**
A. d. Ital. Moshe Kahn
2002, *SVLTO* 112, 112 S. *
– **Der geheime Zirkel von Granada**
Roman. A. d. Ital. Iris Schnebel-Kaschnitz. 2003, Qb, 200 S.
– **Römische Gespenster**
Roman. A. d. Ital. Iris Schnebel-Kaschnitz. 2007, Qb, 240 S.

Malerba, Luigi / Guerra, Tonio
Von dreien, die auszogen, sich den Bauch zu füllen
Roman aus dem Jahre 1000
A. d. Ital. Moshe Kahn
1996, *SVLTO* 60, 192 S.

Mallorca! *Eine literarische Einladung*
Hrsg. Margit Knapp. 2000, *SVLTO* 90, 128 S. mit vielen Abb.

Malouf, David
Das Wolfskind
Roman. A. d. Engl. Helga Herborth. 1998, WAT 316, 160 S. *

Mandel, Ernest / Wolf, Winfried
Ende der Krise oder Krise ohne Ende
Bilanz der Weltwirtschaftsrezession und der Krise in der Bundesrepublik
1977, P 78, 240 S. *

Manetti, Antonio
Die Novelle vom dicken Holzschnitzer
Einf. Matteo Burioni. A. d. Ital. Marianne Schneider. 2012, *SVLTO* 189, 96 S.

Manganelli, Giorgio
- **Niederauffahrt**
A. d. Ital. Toni Kienlechner 1967, Q 20/21, 144 S. *
- **Omegabet**
A. d. Ital. Toni Kienlechner 1970, Q 40/41, 132 S. *
- **Unschluß**
A. d. Ital. Iris Schnebel-Kaschnitz 1978, Q 92, 144 S. *
- **Irrläufe. 100 Romane in Pillenform**
Mit Zeichnungen von Tullio Pericoli und einem Interview A. d. Ital. Iris Schnebel-Kaschnitz 1980, Q 107, 208 S. *
NA 1989, *SVLTO* 14, 144 S. *
NA 2000, *SVLTO* 94 *
- **Amore**
A. d. Ital. Iris Schnebel-Kaschnitz 1982, Q 118, 128 S. *
- **An künftige Götter**
6 Gesch. A.d. Ital. Toni Kienlechner. 1983, Q 123, 160 S. *
- **Manganelli furioso.** *Handbuch für unnütze Leidenschaften*
A. d. Ital. Marianne Schneider 1985, AP, 160 S. *
- **Aus der Hölle**
A. d. Ital. Iris Schnebel-Kaschnitz 1986, Q 151, 144 S. *
- **Lügenbuch**
OA 1987, mit Zeichnungen von Tullio Pericoli. Hrsg. Klaus Wagenbach. WAT 146, 160 S. *
NA 2000, WAT 374 *
- **Brautpaare und ähnliche Irrtümer**
A. d. Ital. Marianne Schneider 1988, Q 160, 144 S. *
- **Geräusche und Stimmen**
A. d. Ital. Iris Schnebel-Kaschnitz 1989, Q 166, 144 S. *
- **A und B**
Dialoge und unmögliche Interviews
A. d. Ital. Daniel dell'Agli, Renate Heimbucher, Marianne Schneider, Barbara Villiger Heilig und Alice Vollenweider. 1991, Q 178, 144 S. *
- **Der endgültige Sumpf**
Roman. A. d. Ital. Iris Schnebel-Kaschnitz. 1993, Q 185, 112 S. *
- **Das indische Experiment**
A. d. Ital. Marianne Schneider 1994, Q 190, 96 S. *
- **Kometinnen und andere Abschweifungen**
A.d.Ital. Marianne Schneider 1997, Qb, 160 S.

Mansfield, Katherine
Funkenregen. *Die schönsten Geschichten von der Liebe*
A. d. Engl. Elisabeth Schnack Ausw. Susanne Schüssler 2005, WAT 517, 144 S. *

Mantelli, Bruno
Kurze Geschichte des italienischen Faschismus
A. d. Ital. Alexandra Hausner Dt. EA 1998, WAT 300, 192 S. mit vielen Abb.

Mao Tse-Tung
Über Praxis und Widerspruch
Nachw. Hansmartin Kuhn 1968, R 5, 96 S. *

Maraini, Dacia
- **Zeit des Unbehagens**
Roman. A. d. Ital. Heinz Riedt 2000, WAT 375, 192 S. *
- **Mein Mann**
Zwölf Erzz. A. d. Ital. Gudrun Jäger. 2002, *SVLTO* 107, 144 S. *

Marat, Jean Paul
Ich bin das Auge des Volkes
Ein Portrait in Reden und Schriften
Hrsg. Aglaia Hartig. OA 1987, WAT 148, 160 S. *

Marcenaro, Pietro / Foa, Vittorio
Tempo, Tempo. *Dialog über die Zukunft der Arbeit*
A. d. Ital. Gisela Bonz. Mit einer Vorbemerkung von Thomas Schmid
Dt. EA 1983, WAT 95, 160 S. *

Marías, Javier
- **Während die Frauen schlafen**
A. d. Span. Renata Zuniga 1999, *SVLTO* 84, 160 S. *
NA 2001, Akt *
- **Während die Frauen schlafen**
Gelesen von Otto Sander. 2000, LO, MC/CD, Laufzeit 60 Min. *
- **Das Leben der Gespenster**
A. d. Span. Renata Zuniga 2001, *SVLTO* 96, 128 S. *

Marlowe, Christopher / Fried, Erich
Der Jude von Malta
Mit Essays von Stephen Greenblatt und Karl Marx sowie einem Nachw. von Friedmar Apel. 1991, WAT 190, 168 S. *
NA 2003, WAT 460 *

Marsé, Berta
Der Tag, an dem Gabriel Nin den Hund seiner Tochter im Swimmingpool ertränken wollte
A. d. Span. Angelica Ammar 2008, Qb, 176 S.

Marsé, Juan
- **Der zweisprachige Liebhaber**
Roman. Revidierte Übersetzung a. d. Span. Hans-Joachim Hartstein. 2007, WAT 571, 208 S. *
NA 2011, WAT 660, 208 S.
- **Liebesweisen in Lolitas Club**
Roman. A. d. Span. Dagmar Ploetz. 2007, Qb, 256 S.
- **Letzte Tage mit Teresa**
Roman. A. d. Span. Andrea Rösler 2008, WAT 587, 456 S.
- **Kalligraphie der Träume**
Roman. A. d. Span. Dagmar Ploetz. 2011, Qb, 352 S.

Marseille und die Provence
Eine literarische Einladung
Hrsg. Daniel Winkler 2013, *SVLTO* 194, 144 S. mit Abb.

Märtin, Ralf-Peter
Dracula
Das Leben des Fürsten Vlad Tepes
OA 1980, WAT 65, 192 S. *
NA 1996, WAT 266 *
NA 2001, WAT 396, 208 S. 2013, eb

Masi, Edoarda
Die chinesische Herausforderung. *Beiträge zu einer sozialistischen Strategie*
A. d. Ital. Christel Schenker 1970, R 17, 176 S. *

Masuccio
Novellino. *Renaissancenovellen aus Neapel und dem Süden Italiens*
A. d. Ital. Hanns Floerke Einleitung von Gianni Celati, Nachw. Alice Vollenweider 1988, *SVLTO* 8, 2 Bände, 240 S. *
NA 2000, WAT 384, 240 S.

McAdam, Colin
– **Ein großes Ding**
Roman. A. d. Engl. Eike Schönfeld. 2004, Qb, 384 S.
– **Fall**
Roman. A. d. kanadischen Engl. Eike Schönfeld. 2010, Qb, 392 S.
– **Eine schöne Wahrheit**
Roman. A. d. kanadischen Engl. Eike Schönfeld. 2013, Qb, 288 S. 2013, eb

Meckel, Christoph
– **Tullipan**
Erz. Mit 2 Zeichnungen des Autors. 1965, Q 2, 84 S. *
NA 1980, WAT 75, 144 S. *
– **Die Notizen des Feuerwerkers Christopher Magalan**
Einschließlich zahlreicher Lebenszeugnisse aus Briefen, Tagebüchern und Dokumenten sowie einer grundlegenden Einführung von C. E. McKell, samt Zeichnungen, durchkommentiert von Professor L. Kuchenfuchs 1966, Q 12, 72 S. *
– **Bei Lebzeiten zu singen**
Ged. 1967, Q 18, 84 S. *
– **Eine Seite aus dem Paradiesbuch**
Hörspiel. Mit 4 Zeichnungen des Autors. 1969, Q 36, 72 S. *

Meienberg, Niklaus
Es ist kalt in Brandenburg
Ein Hitler-Attentat
1990, WAT 186, 184 S. *

Meier, Christian
Die Welt der Geschichte und die Provinz des Historikers
3 Überlegungen. 1989, KKB 15, 104 S. *

Meier, Christian / Veyne, Paul
Kannten die Griechen die Demokratie?
2 Studien. 1988, KKB 2, 96 S. *

Meinhof, Ulrike Marie
– **Bambule. Fürsorge – Sorge für wen?**
Nachw. Klaus Wagenbach. 1971, R 24, 108 S. *. Veränderte NA 1987, WAT 147, 136 S. *
NA 1994, WAT 238 *
NA 2002, WAT 428, 144 S.
– **Die Würde des Menschen ist antastbar.** *Aufsätze und Polemiken*
OA 1980, WAT 62, 192 S. *
NA 1992, WAT 202 *. NA 1994, Akt *. NA 2004, P, 192 S.
– **Deutschland, Deutschland unter anderem**
Aufsätze und Polemiken
OA 1995, Zus. und mit Nachw. Susanne Schüssler. WAT 253, 176 S. *. NA 2012, P, 144 S.

Mein Italien, kreuz und quer
Hrsg. Klaus Wagenbach. 2004, Qb, 384 S. NA 2007, WAT 559

Melo, Patrícia
Wer lügt gewinnt
Roman. A. d brasilianischen Portug. Barbara Mesquita 2012, WAT 682, 256 S.

Memmi, Albert
Die Salzsäule
Roman. Vorw. Albert Camus A. d. Franz. G. M. Neumann 2002, WAT 435, 368 S. *

Meneghello, Luigi
– **Die kleinen Meister**
Roman. A. d. Ital. Marianne Schneider. 1990, Qb, 260 S. *
– **Wieder da!**
Roman. A. d. Ital. Marianne Schneider. 1993, Qb, 220 S. *

Mentalitäten-Geschichte
Zur historischen Rekonstruktion geistiger Prozesse
Hrsg. Ulrich Raulff. OA 1987, WAT 152, 192 S. *

Meschkat, Klaus / Rohde, Petra / Topper, Barbara
Kolumbien. *Geschichte und Gegenwart eines Landes im Ausnahmezustand*
OA 1980, WAT 67, 192 S. *

Meyer-Wehlack, Benno
Modderkrebse
Stück über einen Bau
Unter Mitarbeit von Irena Vrkljan. 1971, Q 52, 72 S. *

Meynaud, Jean
Bericht über die Abschaffung der Demokratie in Griechenland. *Analyse der griechischen Klassenstruktur von C. T. Aris*
A. d. Franz. Renate Sami 1969, R 1, 160 S. *

Moliner, Empar
Verführung mit Aspirin
Erzz. A. d. Katalanischen Theres Moser
Dt. EA 2006, WAT 544, 144 S. *

Möllers, Christoph
Demokratie – Zumutung und Versprechen
2008, P, 128 S.

Momigliano, Arnaldo
– **Die Juden in der alten Welt**
Einf. Karl Christ. A. d. Ital. und Engl. Martina Kempter. 1988, KKB 5, 96 S. *
– **Wege in die Alte Welt**
A. d Ital. Horst Günther. Einleitung Karl Christ. 1991, AP, 240 S. *

Montandon, Alain
Der Kuß
Eine kleine Kulturgeschichte
A. d. Franz. Sonja Finck. 2006, WAT 549, 144 S.

Moor, Margriet de
Der Virtuose
Roman. A. d. Niederl. Helga van Beuningen. 2005, WAT 512, 160 S. *

Morante, Elsa
– **Aracoeli**
Roman. A. d. Ital. Ragni Maria Gschwend. 1997, WAT 293, 432 S. *
– **Arturos Insel**
Roman. A. d. Ital. Susanne Hurni-Maehler. 1997, WAT 277, 424 S. *
NA 1999, Akt, 432 S. *. NA 2002, mit einem biographischen Nachw. von Maja Pflug. WAT 441 *
NA 2005, WAT 514
– **Ein frivole Geschichte über die Anmut und andere Erzählungen**
A. d. Ital. Maja Pflug 2003, *SVLTO* 117, 144 S. *
– **Das heimliche Spiel**
Erzz. A. d. Ital. Susanne Hurni-Maehler, neu durchgesehen Maja Pflug. 2005, Qb, 200 S.

Moravia, Alberto
– **Agostino**
Roman. A. d. Ital. Dorothea Berensbach. 2000, WAT 377. 128 S. *. NA 2005, WAT 511
– **Ehe Liebe**
Roman. A. d. Ital. Dorothea Berensbach. 2001, WAT 401, 144 S.
– **Ach, die Frauen**
Die schönsten Erzählungen
Ausw. Klaus Wagenbach. 2003, *SVLTO* 115, 128 S.
– **Cosma und die Briganten**
Novelle. A. d. Ital. Marianne Schneider. 2007, *SVLTO* 149, 96 S.

- **Die Verachtung**
  Roman. A. d. Ital. Piero Rismondo. 2007, WAT 570, 240 S. *
- **La Noia**
  Roman. A. d. Ital. Percy Eckstein und Wendla Lipsius. 2007, WAT 562, 336 S. *. NA 2009, WAT 612
- **Der Konformist**
  Roman. A. d. Ital. Percy Eckstein und Wendla Lipsius. 2009, WAT 620, 320 S.
- **Der Ungehorsam**
  Roman. A. d. Ital. Lida Winiewicz 2010, WAT 645, 144 S.

Mühsam, Erich
Fanal
Aufsätze und Gedichte 1905–1932
Hrsg. Kurt Kreiler
OA 1977, WAT 22, 192 S. *

Müller, Lothar
Die zweite Stimme. *Vortragskunst von Goethe bis Kafka*
2007, KKB 76,
160 S. mit Abb. und CD

Müller-Wieland, Birgit
Das neapolitanische Bett
Roman. OA 2005, WAT 522, 240 S. *

Munro, Alice
Der Bär kletterte über den Berg
Drei Dreiecksgeschichten
A. d. Engl. Heidi Zerning
2008, WAT 593, 144 S.

Münster, Arno
Chile – friedlicher Weg? *Historischer Bericht, politische Analyse*
1972, R 44, 200 S. *

Murgia, Michela
- **Accabadora**
  Roman. A. d. Ital. Julika Brandestini. 2010, Qb, 176 S. *
- **Camilla im Callcenterland**
  A. d. Ital. Julika Brandestini
  Dt. EA 2011, WAT 667, 144 S.
- **Elf Wege über eine Insel**
  Sardische Notizen
  A. d. Ital. Julika Brandestini
  2012, *SVLTO* 184, 168 S.

Mury, Gilbert
Schwarzer September. *Analysen, Aktionen und Dokumente*
Hrsg. und a. d. Franz. Wolfgang Dreßen. 1974, P 48, 128 S. *

N

Nach Italien!
Anleitung für eine glückliche Reise
Hrsg. Klaus Wagenbach. 1999, Akt, 144 S. mit vielen Abb. *
NA 2000, *SVLTO* 89, 144 S.

Nachrichten aus Berlin
Ged., Prosa u. ein Lied
1969, Qp 5, 17 cm, 33 UpM. *

Naldini, Nico
Pier Paolo Pasolini
Eine Biographie
A. d. Ital. Maja Pflug. Mit vielen unbekannten Quellen, Zeugnissen und Photos. 1991, AP, 352 S. *
NA 2012, aktualisiert und neu bebildert, WAT 679, 384 S.

Nanz, Patrizia
Wahrheit und Politik in der Mediengesellschaft
Anmerkungen zu Hannah Arendt
2013, eb

Neapel. *Eine literarische Einladung*
Hrsg. Dieter Richter. 1998, *SVLTO* 73, 144 S. mit zahlr. Photos, NA 2004, mit Illustrationen v. Franziska Neubert

Negri, Antonio
Die wilde Anomalie. *Spinozas Entwurf einer freien Gesellschaft*
A. d. Ital. Werner Raith
1982, AP, 288 S. *

Neuweiler, Gerhard
Und wir sind es doch – die Krone der Evolution
2008, KKB 77, 256 S. mit Abb. *

Nirumand, Bahman
Iran Israel Krieg
Der Funke zum Flächenbrand
2012, P, 112 S.

Nissen, Hans J. / Heine, Peter
Von Mesopotamien zum Irak
Kleine Geschichte eines alten Landes
OA 2003, WAT 483, 208 S. mit zahlr. Abb.

Nora, Pierre
Zwischen Geschichte und Gedächtnis
A. d. Franz. Wolfgang Kaiser
1990, KKB 16, 104 S. *

Nori, Paolo
Weg ist sie!
Roman. A. d. Ital. Olaf Roth
2000, Qb, 160 S. *

Northey, Anthony
Kafkas Mischpoche
1988, KKB 6, 96 S. mit Abb.

P

Onetti, Juan Carlos
Ein verwirklichter Traum
Erzz. Ausw. Jürgen Dormagen
Nachw. Heinrich von Berenberg
2001, *SVLTO* 102, 128 S. *

Orgambide, Pedro
Ein Tango für Gardel
Eine Romanbiographie
Nachw. Jorge Aravena Llanca
A. d. argentinischen Span. Carsten Regling
Dt. EA 2010, WAT 640, 160 S.

Origo, Iris
- **Byrons Tochter: Allegra**
  A. d. Engl. Gertraude Krüger
  1993, *SVLTO* 40, 96 S. *
- **›Im Namen Gottes und des Geschäfts‹**
  Lebensbild eines toskanischen Kaufmanns der Frührenaissance
  A. d. Engl. und Ital. Uta-Elisabeth Trott. 1997, WAT 290, 504 S.

Ortese, Anna Maria
Iguana. *Ein romantisches Märchen*
A. d. Ital. Sigrid Vagt
2000, WAT 372, 208 S. *

Oshima, Nagisa
Die Ahnung der Freiheit
Schriften. A. d. Franz. Grete Osterwald und Uta Goridis
1982, AP, 192 S. *

Ozouf, Mona
Das Pantheon
Freiheit, Gleichheit, Brüderlichkeit
A. d. Franz. Hans Thill. 1996, KKB 56, 94 S. *

Pagano, Emmanuelle
- **Der Tag war blau**
  Roman. A. d. Franz. Nathalie Mälzer-Semlinger. 2008, Qb, 176 S.
- **Die Haarschublade**
  Roman. A. d. Franz. Nathalie Mälzer-Semlinger. 2009, Qb, 144 S.
- **Bübische Hände**
  Roman. A. d. Franz. Nathalie Mälzer-Semlinger. 2011, Qb 144 S.

Page, Martin
- **Antoine oder die Idiotie**
  Roman. A. d. Franz. Moshe Kahn. 2002, Qb, 144 S. *
  NA 2004, WAT 489, 144 S.
  NA 2005, WAT 516, 142 S. *
- **Die Libelle des achten Jahres**
  Roman. A. d. Franz. Lis Künzli 2003, Qb, 220 S. *
- **An Weltuntergänge gewöhnt man sich**
  Roman. A. d. Franz. Marcus Seibert. 2006, Qb, 256 S. *

Palazzeschi, Aldo
Freudenschrei und Regenschirm
Roman. A. d. Ital. Charlotte Birnbaum. 1998, WAT 322, 144 S. *

Pariani, Laura
Das Schwert und der Mond
Roman. A. d. Ital. Annette Kopetzki. 1998, Qb, 240 S. *

Paris. *Eine literarische Einladung*
Hrsg. Katrin Uttendörfer und Annette Wassermann
Illustrationen von Franziska Neubert. 2007, *SVLTO* 145, 144 S.

Parise, Goffredo
- **Alphabet der Gefühle**
  A. d. Ital. Dirk J. Blask und Christiane von Berchtolsheim
  Nachw. Natalia Ginzburg. 1996, Qb, 336 S. *
  NA 1998, WAT 304, 336 S. *
  NA 2009, WAT 616
- **Alphabet der Gefühle**
  Gelesen von Peter Fitz. 2001, LO, CD/MC, Laufzeit 70 Min. *
- **Der Padrone**
  Roman. A. d. Ital. Astrid Claes und Sigrid Gori. 1997, WAT 279, 280 S. *
- **Der schöne Priester**
  Roman. A. d. Ital. Hellmut Ludwig. 1998, WAT 295, 272 S. *
- **Versuchungen**
  Erzz. A. d. Ital. Marianne Schneider. 1998, Qb, 160 S.
- **Die Frau im Sattel**
  Erotische Geschichten
  Ausw. Susanne Schüssler 2000, *SVLTO* 92, 96 S. *

Parrella, Valeria
Der erfundene Freund
Erzz. A. d. Ital. Suse Vetterlein 2006, Qb, 128 S.

Paso doble
Junge spanische Literatur
Hrsg. und Vorw. Marco Thomas Bosshard. 2008, WAT 595, 144 S.

Pasolini, Pier Paolo
- **Freibeuterschriften.** *Die Zerstörung der Kultur des Einzelnen durch die Konsumgesellschaft*
  A. d. Ital. Thomas Eisenhardt
  Mit einer Biographie und Anmerkungen von Agathe Haag sowie einem Vorw. von Maria-Antonietta Macciocchi. 1978, Q 96, 144 S. *
  NA 1988, Q 96 *. NA 1998, neu hrsg. und mit Vorw. Peter Kammerer, WAT 317, 176 S.
- **Unter freiem Himmel**
  Ausgew. Ged. A. d. Ital. Toni und Sabine Kienlechner. 1982, Q 112, 160 S. *
- **Barbarische Erinnerungen**
  A. d. Ital. Maja Pflug. 1983, Q 120, 112 S. *
- **Amado mio. Unkeusche Handlungen.** *Zwei Romane über die Freundschaft*
  A. d. Ital. Maja Pflug. 1984, Q 130, 208 S. *. NA 1997, Akt *
  NA 2002, WAT 425 *
- **Amado mio**
  Roman. A. d. Ital. Maja Pflug 2011, WAT 663, 106 S.
- **Das Herz der Vernunft**
  Ged., Gesch., Polemiken, Bilder
  Hrsg. Burkhart Kroeber
  OA 1986, WAT 134, 224 S. *
- **Literatur und Leidenschaft**
  Über Bücher und Autoren
  Nachw. Thomas Schmid
  A. d. Ital. Annette Kopetzki. 1989, AP, 160 S. *
- **Ragazzi di vita**
  Roman. A. d. Ital. Moshe Kahn 1990, Qb, 240 S. *. NA 2000, a. d. Ital. und mit einer Nachbemerkung Moshe Kahn. Nachw. Umberto Eco. WAT 392, 240 S. *
  NA 2009, WAT 614
- **›Ich bin eine Kraft des Vergangenen ...‹.** *Briefe 1940–1975*
  Hrsg. Nico Naldini. A. d. Ital. Maja Pflug. 1991, AP, 320 S. *
- **Große Vögel, kleine Vögel**
  Mit dem Drehbuch, den Prosaentwürfen, Aufs., Bildern
  Nachw. Peter Kammerer
  A. d. Ital. Karin Fleischanderl 1992, AP, 208 S. mit vielen Photos *
- **Petrolio**
  Roman. Hrsg. Maria Careri, Graziella Chiarcossi und Aurelio Roncaglia. A. d. Ital. Moshe Kahn 1994, Qb, 720 S. NA 1997, WAT 287 *
- **Wer ich bin.** *Mit einer Erinnerung von Alberto Moravia*
  A. d. Ital. Peter Kammerer und Bettina Kienlechner. 1995, *SVLTO* 56, 80 S. *
- **Geschichten aus der Stadt Gottes**
  A. d. Ital. Annette Kopetzki 1996, *SVLTO* 61, 80 S. *

Pastoureau, Michel
Blau. *Die Geschichte einer Farbe*
A. d. Franz. Antoinette Gittinger
Dt. EA 2013, WAT 718, 176 S.

Pelzer, Birgit / Reith, Reinhold
Margarine
Die Karriere der Kunstbutter
2001, AP, 192 S. mit über 70 farbigen Abb. *

Perec, Georges / Bober, Robert
Geschichten von Ellis Island oder Wie man Amerikaner macht
A. d. Franz. Eugen Helmlé. 1997, 160 S. mit 70 Photos in Duotone *

Perrignon, Judith
Kümmernisse
Roman. A. d. Franz. Karin Uttendörfer. 2011, Qb, 192 S.

Pessoa, Fernando
- **Ein anarchistischer Bankier**
  Eine Fiktion
  A. d. Portug. und mit einem Nachw. Reinhold Werner. 1986, Q 146, 80 S. *
  NA 2006, *SVLTO* 137, 96 S.
- **Ein anarchistischer Bankier**
  Gelesen von Hanns Zischler 2006, LO, CD, Laufzeit 86 Min. *
- **Ein anarchistischer Bankier/Ein ganz ausgefallenes Abendessen**
  Nachw. und a. d. Portug. und Engl. Reinhold Werner. 1988, *SVLTO* 6, 96 S. *

Das pfeifende Schwein. *Über weitergehende Interessen der Linken*
Hrsg. Thomas Schmid
OA 1985, WAT 126, 144 S. *

Pflug, Maja
Natalia Ginzburg. *Eine Biographie*
1995, AP, 192 S. *
NA 2011, WAT 674

Piglia, Ricardo
- **Brennender Zaster**
Roman. A. d. argentinischen Span. Leopold Federmair. 2001, Qb, 192 S. *. NA 2010, WAT 635
- **Künstliche Atmung**
Roman. A. d. argentinischen Span. Sabine Giersberg. 2002, Qb, 224 S.
- **Falscher Name**
Hommage an Roberto Arlt
Ein kurzer Roman A. d. Span. Sabine Giersberg. Einf. Hanns Zischler. Nachw. Leopold Federmair. 2003, Qb, 110 S.
- **Der Goldschmied**
Erzz. Ausw. Carsten Regling A. d. argentinischen Span. Carsten Regling und Sabine Giersberg 2010, *SVLTO* 175, 144 S.
- **Ins Weiße zielen**
Roman. A. d. argentinischen Span. Carsten Regling. 2010, Qb, 256 S.

Pinget, Robert
- **Monsieur Traum.** *Eine Zerstreuung*
A. d. Franz. Gerda Scheffel 1986, Q 149, 128 S. *
- **Der Feind**
Roman. A. d. Franz. Gerda Scheffel. 1989, Q 164, 144 S. *
- **Kurzschrift**
Aus Monsieur Traums Notizheften
A. d. Franz. Gerda Scheffel 1991, Q 175, 128 S. *
- **Theo oder die neue Zeit**
Roman. A. d. Franz. Gerda Scheffel. 1992, Q 182, 80 S. *
- **Ohne Antwort**
Roman. A. d. Franz. Gerda u. Helmut Scheffel. 1994, *SVLTO* 49, 112 S. *
- **Tintenkleckse**
Monsieur Traums letztes Notizheft
A. d. Franz. Gerda Scheffel. 1997, Qb, Bleisatz und Buchdruck, 64 S.
- **Befreie uns**
Roman. A. d. Franz. Gerda Scheffel. 1998, WAT 310, 256 S. *

Pintor, Luigi
- **Servabo.** *Erinnerung am Ende des Jahrhunderts*
A. d. Ital. Michael Becker und Petra Kaiser. 1992, Qb, 120 S. NA 1998, WAT 325, 120 S.
- **Der Mispelbaum**
A. d. Ital. Friederike Hausmann 2002, *SVLTO* 105, 96 S. *

Piore, Michael J. / Sabel, Charles F.
Das Ende der Massenproduktion
Über die Requalifizierung der Arbeit und die Rückkehr der Ökonomie in die Gesellschaft
A. d. Amerik. Jürgen Behrens 1985, AP, 376 S. *

Piper, Ernst
- **Der Aufstand der Ciompi**
Über den Tumult, den die Wollarbeiter im Florenz der Frührenaissance anzettelten
OA 1978, WAT 49, 128 S. *
NA 1990, WAT 175 *
- **Savonarola**
Umtriebe eines Politikers und Puritaners im Florenz der Medici
OA 1979, WAT 60, 160 S. *

Pirandello, Luigi
- **Feuer ans Stroh**
Sizilianische Novellen
1997, WAT 282, 240 S.
- **Das dritte Geschlecht**
Novellen von Frauen, Männern und Ehefrauen
1999, WAT 336, 192 S. *
- **Mattia Pascal**
Roman. A. d. Ital. Piero Rismondo. 2000, WAT 379, 288 S. *. NA 2008, überarbeitet von Michael Rössner, WAT 603
- **Die Ausgestoßene**
Roman. A. d. Ital. Johannes Thomas. 2002, WAT 443, 192 S. *
- **Einer nach dem anderen**
Novelle. A. d. Ital. Sabine Schneider. 2006, *SVLTO* 135, 120 S.

Pitol, Sergio
- **Eheleben**
Roman. A. d. mexikanischen Span. Petra Strien. Nachw. Antonio Tabucchi. 2002, *SVLTO* 106, 144 S. NA 2005, WAT 513 *
- **Eheleben**
Gelesen von Monica Bleibtreu 2006, LO, CD, Laufzeit 229 Min. *
- **Defilee der Liebe**
Roman. A. d. mexikanischen Span. Petra Strien. 2003, Qb, 272 S.
- **Die Reise.** *Ein Besuch Rußlands und seiner Literatur*
A. d. Span. Christian Hansen 2003, AP, 160 S.
- **Mephistowalzer**
Erzz. A. d. mexikanischen Span. Angelica Ammar. 2005, *SVLTO* 131, 120 S.
- **Die göttliche Schnepfe**
Roman. A. d. mexikanischen Span. Angelica Ammar. 2006, Qb, 208 S.
- **Drosseln begraben**
Die schönsten Erzählungen
A. d. mexikanischen Span. Angelica Ammar 2013, Qb, 160 S.

Plath, Sylvia
Die Glasglocke
Roman. A. d. Engl. Reinhard Kaiser. 2003, WAT 472, 192 S. *

Pohl, Friedrich Wilhelm / Turcke, Christoph
Heilige Hure Vernunft
Luthers nachhaltiger Zauber
OA 1983, WAT 102, 144 S. *

Pomian, Krzysztof
- **Der Ursprung des Museums**
Vom Sammeln
A. d. Franz. Gustav Rößler. 1988, KKB 9, 112 S. *. NA 1993, WAT 227 *. NA 1998, WAT 302, 112 S. mit vielen Abb.
- **Europa und seine Nationen**
A. d. Franz. Matthias Wolf 1990, KKB 18, 144 S. *

Popcorn unterm Zuckerhut
Junge brasilianische Literatur
Hrsg. Timo Berger
OA 2013, WAT 707, 144 S.

Porter, Roy
Kleine Geschichte der Aufklärung
A. d. Engl. Ebba D. Drolshagen Dt. EA 1991, WAT 192, 112 S. *

Preciado, Beatriz
Pornotopia
Architektur, Sexualität und Multimedia im ›Playboy‹
A. d. Span. Bettina Engels und Karen Genschow. 2012, KKB 82, 168 S. mit Farbtafeln

Preuß, Ulrich K.
- **Revolution, Fortschritt und Verfassung.** *Zu einem neuen Verfassungsverständnis*
1990, KKB 24, 104 S. *
- **Krieg, Verbrechen, Blasphemie**
Zum Wandel bewaffneter Gewalt
2002, KKB 68, 160 S. *. Erweiterte NA 2003, WAT 473, 240 S.

Prévost, Cédric
Liebesschwindel
Roman. A. d. Franz. Lis Künzli 2005, WAT 510, 144 S.

Price, Roger
1848. Kleine Geschichte der europäischen Revolution
A. d. Engl. Christa Schuenke Dt. EA 1992, WAT 210, 128 S. *

Probst, Carsten
Träumer
Roman. 2001, Qb, 152 S. *

Prose, Francine
Völlerei. *Die köstlichste Todsünde*
A. d. Amerik. Friederike Meltendorf. Dt. EA 2009, WAT 624, 96 S.

Puenzo, Lucía
– **Das Fischkind**
Roman. A. d. argentinischen Span. Rike Bolte. 2009, Qb, 160 S.
– **Der Fluch der Jacinta Pichimahuida**
Roman. A. d. argentinischen Span. Rike Bolte
Dt. EA 2010, WAT 641, 288 S.
– **Wakolda**
Roman. A. d. argentinischen Span. Rike Bolte. 2012, Qb, 192 S. *. eb
NA 2013, WAT 715, 208 S.

Q

Queiroz, Rachel de
Die drei Marias
Roman. A. d. brasilianischen Portug. Ingrid Führer. 2013, WAT 704, 176 S.

Queneau, Raymond
– **Intimes Tagebuch der Sally Mara**
A. d. Franz. Eugen Helmlé 2000, WAT 394, 240 S. *
– **Die blauen Blumen**
Roman. A. d. Franz. Eugen Helmlé. 2001, WAT 423, 240 S. *
– **Man ist immer zu gut zu den Frauen**
Roman. A. d. Franz. Eugen Helmlé. 2001, WAT 409, 144 S.
– **Vom Nutzen und Nachteil der Beruhigungsmittel**
A. d. Franz. und mit einem Nachw. Hans Thill. 2002, Qb, 144 S. *
– **Sonntag des Lebens**
Roman. A. d. Franz. Eugen Helmlé. 2003, WAT 458, 192 S.
– **Unwahrscheinliche Flausen bekehrter Sodomiten**
Die schönsten Texte. Ausw. und Vorw. Hans Thill. 2003, *SVLTO* 113, 128 S. mit Photos *

R

Raith, Werner
– **Spartacus.** *Wie Sklaven und Unfreie den römischen Bürgern das Fürchten beibrachten*
OA 1981, WAT 84, 176 S. *
– **Das verlassene Imperium**
Über das Aussteigen des römischen Volkes aus der Geschichte
OA 1982, WAT 92, 208 S. *
– **Die ehrenwerte Firma**
Der Weg der italienischen Mafia vom ›Paten‹ zur Industrie
OA 1983, WAT 99, 192 S. *
– **In höherem Auftrag.** *Der kalkulierte Mord an Aldo Moro*
OA 1984, WAT 111, 208 S. *

Ramos, Graciliano
– **Karges Leben**
Roman. A. d. brasilianischen Portug. Willy Keller. 2013, WAT 703, 144 S.
– **Kindheit**
Roman. A. d. brasilianischen Portug. Inés Koebel. Dt. EA 2013, WAT 712, 256 S. 2013, eb

Rath, Christian
Der Schiedsrichterstaat
Die Macht des Bundesverfassungsgerichts
2013, P, 96 S. 2013, eb

Rehrmann, Norbert
Simón Bolívar
Lebensgeschichte des Mannes, der Lateinamerika befreite
A. d. Franz. Nathalie Mälzer-Semlinger. 2009, AP, 240 S. mit Abb.

Reichholf, Josef H.
– **Die falschen Propheten**
Unsere Lust an Katastrophen
OA 2002, WAT 442, 144 S. *
– **Der Tanz um das goldene Kalb**
Der Ökokolonialismus Europas
2004, AP, 256 S. *
NA 2006, WAT 532, 216 S. *
Veränderte NA 2011, P, 152 S.

Reimann, Brigitte
Ankunft im Alltag
Roman. 2008, WAT 591, 264 S. *

Reinig, Christa
– **Feuergefährlich**
Gedichte und Erzählungen über Frauen und Männer
Hrsg. Klaus Wagenbach
OA 1985, WAT 125, 144 S. *
– **Feuergefährlich**
Neue und ausgewählte Ged. Klaus Wagenbachs Oktavhefte Ausw. und Nachw. Klaus Wagenbach. 2010, Qb, 80 S.

Reizpartie. *Variatonen über eindeutige Absichten*
Hrsg. Lena Luczak
OA 2011, WAT 661, 192 S.

Rey Rosa, Rodrigo
Der Henker des Friedens
Roman. A. d. guatemaltekischen Span. Erich Hack, 2003, WAT 474, 144 S.

Ribeiro, João Ubaldo
Sargento Getúlio
Roman. A. d. brasilianischen Portug. Curt Meyer-Clason 2013, WAT 706, 176 S.

Richard, Yann
Der verborgene Imam. *Die Geschichte des Schiismus in Iran*
A. d. Franz. Beate Seel. 1983, AP, 160 S. *. NA 1989, *Die Geschichte der Schia in Iran*, WAT 167, 192 S. *

Richter, Dieter
– **Carlo Collodi und sein Pinocchio**
Ein weitgereister Holzbengel und seine toskanische Geschichte
2004, WAT 495, 144 S.
– **Neapel.** *Biographie einer Stadt*
OA 2005, WAT 509, 304 S. mit Abb.
– **Der Vesuv.** *Geschichte eines Berges*
2007, AP, 224 S. mit zahlr. Abb.

– **Der Süden**
Geschichte einer Himmelsrichtung
2009, AP, 224 S. mit zahlreichen Abb.
– **Goethe in Neapel**
2012, *SVLTO* 186, 144 S. mit Abb.

Richter, Hans Werner
– **Menschen in freundlicher Umgebung**
Sechs Satiren. 1965, Q 5, 84 S. *
– **Im Etablissement der Schmetterlinge**
21 Portraits aus der Gruppe 47
2004, WAT 499, 280 S. mit Photos von Renate von Mangoldt und einer Chronik der Tagungen *

– **Ein Julitag**
Roman. Nachw. Hans Mayer
2006, WAT 543, 192 S.
– **Geschichten aus Bansin**
Nachbemerkung Klaus Wagenbach. 2008, WAT 594, 144 S.
– **Die Stunde der falschen Triumphe**
Roman. 2010, WAT 642, 128 S.

Ridgway, Keith
– **Wolkenpferde**
Roman. A. d. Engl. Jürgen Schneider. Dt. EA 2006, WAT 541, 96 S. *

– **Normalzeit**
Erzz. A. d. Engl. Jürgen Schneider
2007, Qb, 240 S. *

Riley-Smith, Jonathan
Wozu heilige Kriege?
Anlässe und Motive der Kreuzzüge
Nachw. des Autors zur dt. Ausgabe
A. d. Engl. Michael Müller
Dt. EA 2003, WAT 480, 192 S.

Rio de Janeiro
Eine literarische Einladung
Hrsg. Marco Thomas Bosshard und Marcos Machado Nunes
2013, *SVLTO* 196, 144 S.

Ritsos, Jannis
Gedichte
A. d. Neugr. Vagelis Tsakiridis
1968, Q 32, 72 S. *

Rodari, Gianni
– **Das fabelhafte Telefon**
Wahre Lügengeschichten
A. d. Ital. Marianne Schneider
1997, *SVLTO* 65, 128 S. *
NA 1999, Akt *. NA 2002 mit neuen Texten, *SVLTO* 108, 144 S. *
– **Das fabelhafte Telefon**
Gelesen von Kornelia Boje. 2002, LO, MC/CD, Laufzeit 65 Min. *

Rodney, Walter
Afrika. *Die Geschichte einer Unterentwicklung*
A. d. Engl. Gisela Walther
1975, P 56, 240 S. *

Roeck, Bernd
Gelehrte Künstler
Maler, Bildhauer und Architekten der Renaissance über Kunst
2013, AP, 240 S. mit vielen, teils farbigen Abb.

Roeck, Bernd / Tönnesmann, Andreas
Die Nase Italiens. *Federico da Montefeltro, Herzog von Urbino*
2005, AP, 240 S. mit vielen Abb.
NA 2007, WAT 558

Röhrbein, Karin / Schultz, Reinhard
Puerto Rico. Inselparadies der Wallstreet oder unabhängiger Staat? *Geschichte, Kultur, Gegenwart*
OA 1978, WAT 53, 128 S. *

Rom. *Eine literarische Einladung*
Vorw. Luigi Malerba. Hrsg. Margit Knapp. 1996, *SVLTO* 57, 144 S. NA 1999, Akt *

Romano, Giovanni
Landschaft und Landleben in der italienischen Malerei
A. d. Ital. Thomas Frank
1989, KKB 19, 112 S., Abb. *

Rosa, João Guimarães
Miguilim
Roman. A. d. brasilianischen Portug. Curt Meyer-Clason. 2013, WAT 705, 144 S.

Rosenberg, Otto
Das Brennglas
Aufgezeichnet von Ulrich Enzensberger. Vorw. Klaus Schütz. Nachw. Petra Rosenberg
2012, WAT 692, 160 S. mit Abb.

Roter Kalender 1972 für Lehrlinge und Schüler
1971, AP, 128 S. *

Roter Kalender 1973 für Lehrlinge und Schüler
1972, AP, 160 S. *

Roubaud, Jacques
– **Die schöne Hortense**
Roman. A. d. Franz. Eugen Helmlé. 2006, WAT 547, 240 S. *
– **Der verlorene letzte Ball**
Roman. A. d. Franz. Elisabeth Edl
2009, *SVLTO* 165, 120 S.
– **Der Verwilderte Park**
Erz. A. d. Franz. Tobias Scheffel
2010, Qb, 128 S.

Ruby, Christian
Einführung in die politische Philosophie
A. d. Franz. Bernd Schwibs
Dt. EA 1997, WAT 291, 160 S. *

Rücker, Günter
– **Herr von Oe**
Novelle. 1985, Q 138, 128 S. *
– **Alles Verwandte**
Acht Novellen. 1987, Q 154, 144 S. *

Rueb, Franz
Ulrich von Hutten
Ein radikaler Intellektueller im 16. Jahrhundert
OA 1981, WAT 76, 192 S. *

Rühmkorf, Peter
– **Lombard gibt den Letzten**
Ein Schauspiel. 1972, Q 54, 84 S. *
– **Der Ziegenbock im Unterrock**
111 Verse, Geschichten, Litaneien, Abzählreime und Geräusche von Kindern. 1973, Qp 11, 17 cm, 33 UpM. *
– **Die Handwerker kommen**
Ein Familiendrama
1974, Q 69, 72 S. *
– **Komm raus!**
Gesänge, Märchen, Kunststücke
Hrsg. Klaus Wagenbach
1992, WAT 207, 176 S. *

Rutschky, Katharina
Im Gegenteil. *Politisch unkorrekte Ansichten über Frauen*
Vorw. Ina Hartwig
OA 2011, WAT 675, 144 S.

S

Sabato, Ernesto
Der Tunnel
Roman. A. d. argentinischen Span. und neu durchgesehen Helga Castellannos. 2010, WAT 639, 160 S.

Sacchetti, Franco
– **Die wandernden Leuchtkäfer**
Renaissancenovellen aus der Toskana
Einl. Luigi Malerba. Nachw. Alice Vollenweider. A. d. Ital. Hanns Floerke, neu durchgesehen Marianne Schneider. 1988, 2 Bände, *SVLTO* 7, 336 S. mit Illustrationen *
NA 1991, WAT 197, 320 S. *
– **Toskanische Novellen**
Einl. Luigi Malerba. Nachw. Alice Vollenweider. 1998, WAT 308, 328 S. mit Illustr. *

Sackville-West, Vita
Zwölf Tage in Persien
Reise über die Bakhtiari-Berge
A. d. Engl. und mit Nachw. Irmela Erckenbrecht. 2011, *SVLTO* 181, 144 S.

Saer, Juan José
Die Gelegenheit
Roman. A. d. argentinischen Span. Erich Hackl. 2010, WAT 638, 208 S.

Sagan, Françoise
– **Ein gewisses Lächeln**
Roman. A. d. Franz. Helga Treichl 2011, WAT 668, 144 S.
– **Lieben Sie Brahms...**
Roman. A. d. Franz. Helga Treichl 2011, WAT 664, 144 S.

Sahlins, Marshall
Der Tod des Kapitän Cook
Geschichte als Metapher und Mythos als Wirklichkeit in der Frühgeschichte des Königreichs Hawaii
A. d. Amerik. Hans Medick und Michael Schmidt
1986, AP, 144 S. mit Abb. *

Der Salpeterer
›Freie, keiner Obrigkeit untertane Leut' auf dem Hotzenwald‹
Hrsg. Thomas Lehner. OA 1977, WAT 36, 128 S. *

SALTO! *99 Luftsprünge, Purzelbäume und andere Kunststücke*
Zus. Susanne Schüssler und Maren Arzt. 2001, *SVLTO* 100, 128 S. *

Salvadori, Massimo L.
Fortschritt – die Zukunft einer Idee
A. d. Ital. Rita Seuß. 2008, P, 128 S.

Samonà, Carmelo
– **Brüder**
A. d. Ital. Marianne Schneider 1980, Q 104, 144 S. *
– **Der Aufseher**
Roman. A. d. Ital. Marianne Schneider. 1984, Q 128, 144 S. *
– **Casa Landau**
Roman. A. d. Ital. Marianne Schneider. 1991, Q 177, 144 S. *

Sánchez, Carmen
Kunst & Erotik in der Antike
A. d. Span. Anja Lutter und Katharina Uhlig. 2013, *SVLTO* 192, 168 S. mit Abb.

Sánchez, Luis Rafael
First Dog. *Enthüllungen eines Präsidentenhundes*
A. d. puertoricanischen Span. Stefanie Gerhold. 2011, *SVLTO* 176, 144 S.

Sanyal, Mithu M.
Vulva. *Die Enthüllung des unsichtbaren Geschlechts*
2009, AP, 240 S. mit Abb.

Sardar, Ziauddin
Der fremde Orient
Geschichte eines Vorurteils
A. d. Engl. Matthias Strobel
Dt. EA 2002, WAT 451, 192 S. *

Sardinien. *Eine literarische Einladung*
Hrsg. und mit Vorw. Michela De Giorgio und Otto Kallscheuer
Fotografien von Stefan Melchior
2011, *SVLTO* 178, 144 S.

Sarthou-Lajus, Nathalie
Lob der Schulden
A. d. Franz. Claudia Hamm
2013, *SVLTO* 200, 96 S.

Sartre, Jean-Paul
Brüderlichkeit und Gewalt
Ein Gespräch mit Benny Lévy
Nachw. Lothar Baier. A. d. Franz. Grete Osterwald. Dt. EA 1993, WAT 219, 96 S. *

Savater, Fernando
Die Zehn Gebote im 21. Jahrhundert. *Tradition und Aktualität von Moses' Erbe*
A. d. Span. Sabine Giersberg
2006, AP, 160 S.
NA 2007, WAT 576, 192 S.

Scarpa, Tiziano
– **Amore®**
A. d. Ital. Olaf Roth
2001, Qb, 160 S. *
– **Venedig ist ein Fisch**
A. d. Ital. Olaf Roth. OA 2002, WAT 433, 120 S. m. Abb.
NA 2009, WAT 610 *
– **Was ich von dir will**
A. d. Ital. Olaf Roth
Dt. EA 2004, WAT 493, 160 S.
– **Körper**
A. d. Ital. Olaf Roth. 2005, Qb, 160 S.
– **Stabat mater**
Roman. A. d. Ital. Olaf Roth
2009, Qb, 144 S. *

Schenk, Johannes
– **Zwiebeln und Präsidenten**
35 Gedichte. 1969, Q 33, 60 S. *
– **Die Genossin Utopie**
30 Gedichte. 1973, Q 67, 56 S. *
– **Zittern**
45 Gedichte. 1977, Q 86, 96 S. *

Schérer, René
Das dressierte Kind
Sexualität und Erziehung: Über die Einführung der Unschuld
A. d. Franz. Carola Langmann und Uli Laukat. 1975, P 57, 128 S. *

Schiffrin, André
Verlage ohne Verleger
Über die Zukunft der Bücher
Nachw. Klaus Wagenbach
A. d. Amerik. Gerd Burger
Dt. EA 2000, WAT 387, 128 S.

Schily, Otto
Vom Zustand der Republik
OA 1986, WAT 140, 128 S. *

Schinderhannes
Kriminalgeschichte, voller Abentheuer und Wunder und doch streng der Wahrheit getreu, 1802
Wiederaufgefunden, hrsg., mit Dokumenten und Bildern versehen von Manfred Franke
OA 1977, WAT 34, 160 S. *

Schlaraffenland nimms in die Hand!
Kochbuch für Gesellschaften, Kooperativen, Wohngemeinschaften, Kollektive u. andere Menschenhaufen sowie isolierte Fresser
Hrsg. Peter Fischer
OA 1975, WAT 5, 192 S. *

Schlereth, Einar
Länderkunde Indonesien
Die Menschen, das Land, die Kultur und was die holländischen Räuber daraus gemacht haben
OA 1975, WAT 4, 128 S. *

Schmid, Sil
Freiheit heilt. *Berichte über die demokratische Psychiatrie in Italien*
OA 1977, WAT 41, 128 S. *

Schmidt, Gunnar
Weiche Displays. *Projektionen auf Rauch, Wolken und Nebel*
2011, KKB 80, 160 S. mit Farbtafeln und Abb.

Schmierer, Joscha
Keine Supermacht, nirgends
Den Westen neu erfinden
2009, P, 112 S.

Schneider, Peter
Ansprachen
Reden. Notizen. Gedichte
1970, Q 47, 80 S. *

Schnell, Robert Wolfgang
– **Die heitere Freiheit und Gleichheit.** *Vier Geschichten von der festen Bindung*
1978, Q 95, 80 S. *
– **Sind die Bären glücklicher geworden?**
15 Autobiographien. 1983, WAT 98, 128 S. *

Schoeller, Wilfried F.
Schubart. *Leben und Meinungen eines schwäbischen Rebellen, den die Rache seines Fürsten auf den Asperg brachte*
Mit einer Auswahl seiner Schriften
OA 1979, WAT 54, 192 S. *

Schubert, Alex
– **Stadtguerilla. Tupamaros in Uruguay**
Rote Armee Fraktion in der BRD
1971, R 26, 128 S. *
– **Panama**
Geschichte eines Landes und eines Kanals
OA 1978, WAT 48, 128 S. *
– **Erdöl.** *Die Macht des Mangels*
OA 1982, WAT 78, 192 S. *

Die Schülerschule von Barbiana (Scuola di Barbiana)
Brief über die Lust am Lernen
Vorw. Peter Bichsel. Nachw. Lisa Brink und Nora Thies. A. d. Ital. Alexander Langer und Marianne Andre. 1970, R 21, 166 S. *
NA 1984, WAT 113, 192 S. *

Schumacher, Joachim
Leonardo da Vinci
Maler und Forscher in anarchischer Gesellschaft
1981, AP, 288 S. mit vielen Abb. *

Das schwarze Brett
Ein Lesebuch mit Geschichten, Bildern und Gedichten anläßlich des 25. Geburtstages des Verlages
Hrsg. Klaus Wagenbach
1989, AP, 256 S. *

Das Schwein des Häuptlings
6 Aufsätze zur historischen Anthropologie. Hrsg. Rebekka Habermas und Nils Minkmar. A. d. Amerik. Robin Cackett u. Judith Elze
Dt. EA 1992, WAT 212, 192 S. *

Schweizer Reise
Hrsg. Alice Vollenweider. 1993, Q 186, 192 S. *

Schweizer, Stefan
André le Nôtre und die Erfindung der französischen Gartenkunst
2013, *SVLTO* 199, 144 S.

Sciascia, Leonardo
– **Mein Sizilien**
A. d. Ital. Martina Kempter und Sigrid Vagt. 1995, *SVLTO* 53, 144 S. mit vielen Photos
– **Der Ritter und der Tod / Ein einfacher Fall**
Zwei Kriminalromane
A. d. Ital. Peter O. Chotjewitz
1996, WAT 256, 128 S. *
– **Das weinfarbene Meer**
Erzz. A. d. Ital. Sigrid Vagt
1997, Qb, 160 S. *. NA 2003, WAT 478 *. NA 2009, WAT 611
– **Das Verschwinden des Ettore Majorana**
A. d. Ital. Ruth Wright und Ingeborg Brandt. 2003, *SVLTO* 119, 96 S. mit zahlr. Photos *
NA 2011, WAT 652, 96 S.
– **Jedem das Seine**
Ein sizilianischer Kriminalroman
A. d. Ital. Arianna Giachi
2008, WAT 597, 144 S. *
NA 2012, WAT 687
– **Der Tag der Eule**
Ein sizilianischer Kriminalroman
A. d. Ital. Arianna Giachi
2009, WAT 619, 144 S.
– **Der Zusammenhang**
Ein sizilianischer Kriminalroman
A. d. Ital. Helene Moser
2010, WAT 644, 128 S.

Scott, Paulo
Unwirkliche Bewohner
Roman. A. d. brasilianischen Portug. Marianne Gareis
2013, Qb, 256 S. 2013, eb

Sebastián, Javier
Der Radfahrer von Tschernobyl
Roman. A. d. Span. Anja Lutter
2012, Qb, 224 S. *. eb
NA 2013, WAT 711

Serna, Ramón Gómez de la
– **Die Wahrheit über Picasso und den Kubismus**
A. d. Span. Elke Wehr. 1990, *SVLTO* 16, 96 S. *
– **Madrid. Spaziergänge**
Mit Abb. Ausw. und Nachw. Fritz R. Fries. A. d. Span. Gerda Schattenberg. 1992, *SVLTO* 32, 144 S. *

Settis, Salvatore
– **Giorgiones ›Gewitter‹**
Auftraggeber und verborgenes Sujet eines Bildes in der Renaissance
A. d. Ital. Maja Pflug
1982, AP, 208 S. mit vielen Abb. *
– **Die Zukunft des ›Klassischen‹**
Eine Idee im Wandel der Zeiten
A. d. Ital. Friederike Hausmann
2005, KKB 72, 112 S.

Die sexuelle Gewalt in der Geschichte
Hrsg. Alain Corbin. A. d. Engl. und Franz. Wolfgang Kaiser, Marie-Luise Knott und Nicola Volland
Dt. EA 1992, WAT 216, 160 S. *

Shakespeare, William / Fried, Erich
– **Das Trauerspiel von König Richard dem Zweiten. Das Leben von Heinrich dem Fünften**
1969, AP, 136 S. *
– **Antonius und Kleopatra/ Perikles, Fürst von Tyrus**
1970, AP, 136 S. *
– **Ein Sommernachtstraum/Zwölfte Nacht oder Was ihr wollt**
1970, AP, 104 S. *
NA 1999, WAT 341, 144 S.
– **König Cymbelin / Zwei Herren aus Verona**
1970, AP, 128 S. *
– **Viel Getu um Nichts / Die lustigen Weiber von Windsor**
1970, AP, 128 S. *
NA 2000, WAT 382, 168 S. *
– **Hamlet / Othello**
1972, AP, 160 S. *. NA 1999, WAT 347, 192 S.
– **Maß für Maß / Romeo und Julia**
1974, AP, 128 S. *
NA 1999, WAT 355, 184 S.
– **Troilus und Cressida / Timon von Athen**
1981, AP, 132 S. *
– **Der Kaufmann von Venedig / Der Sturm**
1984, AP, 112 S. *

- **Titus Andronicus / Julius Caesar**
  1985, AP, 120 S. *
- **Kaufmann von Venedig**
  Mit einem Essay von Friedmar Apel. 1986, WAT 137, 128 S. *
  NA 2002, WAT 445, 160 S. mit vielen Abb. *
- **König Heinrich IV.**
  1986, AP, 144 S. *
- **Gesamtausgabe Shakespeare**
  27 Stücke von William Shakespeare in der Übersetzung von Erich Fried. Hrsg. Friedmar Apel Mit einem Begleitbuch: *Der Autor, die Stücke, der Übersetzer*
  Zus. Friedmar Apel
  1989, AP, 3 Bände, 1808 S. *
- **König Lear / Der Sturm**
  2003, WAT 475, 192 S. *

- **Wie es euch gefällt / Verlorene Liebesmühe**
  2004, WAT 501, 168 S.

Shelly, Mary / Foerster, Susanne
Die Geschichte des Doktor Frankenstein und seines Mordmonsters
OA 1975, WAT 8, 128 S. *

Sichtermann, Barbara
- **Vorsicht Kind**
  Eine Arbeitsplatzbeschreibung für Mütter, Väter und andere
  OA 1982, WAT 87, 216 S. *
  NA 1992, WAT 209 *
  NA 1998, WAT 315, mit einem neuen Vorw., 224 S. *
- **Weiblichkeit**
  Zur Politik des Privaten
  OA 1983, WAT 106, 128 S. *. NA 1991, WAT 194 *
- **FrauenArbeit**
  Über wechselnde Tätigkeiten und die Ökonomie der Emanzipation
  OA 1987, WAT 144, 144 S. *
- **Wer ist wie?** *Über den Unterschied der Geschlechter*
  OA 1987, WAT 153, 112 S. *
- **Der tote Hund beißt**
  Karl Marx, neu gelesen
  OA 1990, WAT 184, 176 S. *
- **Fernsehen**
  OA 1994, WAT 228, 144 S. *

Siena. *Eine literarische Einladung*
Hrsg. Donatella Germanese
2011, *SVLTO* 180, 144 S. mit vielen Abb.

Signora, Signorina
24 Geschichten über Italiens Frauen
Zus. Susanne Schüssler und Hans-Gerd Koch. 2005, *SVLTO* 129, 144 S.
- **Signora, Signorina**
  10 Geschichten über Italiens Frauen
  Gelesen von Hanns Zischler
  2005, LO, CD, Laufzeit 70 Min. *

Sigrist, Christian / Guha, Amalendu / Hauck, Gerhard / Sarma, Maria V.
Indien. *Bauernkämpfe: Die Geschichte einer verhinderten Entwicklung von 1757 bis heute*
1976, P 71, 160 S. *

Silone, Ignazio
Der Fuchs und die Kamelie
Roman. A. d. Ital. Hanna Dehio, überarbeitet von Marianne Schneider. 1998, WAT 301, 160 S. *

Simmel, Georg
- **Philosophische Kultur**
  Über das Abenteuer, die Geschlechter und die Krise der Moderne
  Gesammelte Essays. Nachw. Jürgen Habermas. 1983, AP, 256 S. *. NA 1986, WAT 133 *
  NA 1998, WAT 324 *
- **Das Individuum und die Freiheit**
  Essays. 1984, AP, 224 S. *

Sitwell, Edith
Englische Exzentriker
Eine Galerie höchst merkwürdiger und bemerkenswerter Damen und Herren
A. d. Engl. mit einem Vorw. und Nachbem. von Kyra Stromberg
1987, AP, 176 S. mit vielen Abb. *
NA 1991, WAT 188 *. NA 1995, Akt *. NA 2000, *SVLTO* 93 *
NA 2009, *SVLTO* 93, 160 S.

Sizilien und Palermo
Eine literarische Einladung
Hrsg. Katharina Bürgi
Photographien von Enzo Sellerio
2008, *SVLTO* 152, 144 S.

Smith, James
Biotreibstoff
Eine Idee wird zum Bumerang
A. d. Engl. Hans-Gerd Koch
Überarbeitete Ausgabe
2012, P, 144 S. 2013, eb

Soboul, Albert
Kurze Geschichte der französischen Revolution
Mit einem Nachw. zum deutschen Jakobinismus. A. d. Franz. Bernd Schwibs und Joachim Heilmann. Dt. EA 1977, WAT 23, 160 S. *. NA 1996, WAT 265, 160 S. mit Abb. *
NA 2000, WAT 365, 144 S.

Sohn-Rethel, Alfred
- **Das Geld, die bare Münze des Apriori**
  Vorw. Jochen Hörisch. 1990, KKB 27, 88 S. *
- **Industrie und Nationalsozialismus.** *Aufzeichnungen aus dem ›Mitteleuropäischen Wirtschaftstag‹*
  Hrsg. und eingeleitet von Carl Freytag. OA 1992, WAT 204, 192 S. *

Soldati, Mario
- **Briefe aus Capri**
  Roman. A. d. Ital. Herbert Schlüter. 1999, WAT 330, 320 S.
- **Die amerikanische Braut**
  Roman. A. d. Ital. Heinz Riedt
  1999, WAT 349, 224 S.
- **Die grüne Jacke**
  Erz. A. d. Ital. Fritz Jaffé
  2000, WAT 381, 128 S.
- **Die Fälle des Maresciallo**
  A. d. Ital. Catherine Rückert
  2006, *SVLTO* 138, 120 S.

Sombart, Werner
Liebe, Luxus und Kapitalismus
Über die Entstehung der modernen Welt aus dem Geist der Verschwendung
1983, WAT 103, 208 S. *
NA 1992, WAT 215 *

Sozialistisches Jahrbuch 1
Hrsg. Wolfgang Dreßen
1970, R 20, 272 S. *
Sozialistisches Jahrbuch 2
Gegen den Dogmatismus in der Arbeiterbewegung
1970, R 23, 240 S. *
Sozialistisches Jahrbuch 3
1971, R 28, 204 S. *

Sozialistisches Jahrbuch 4
1972, R 41, 192 S. *
Sozialistisches Jahrbuch 5
1973, P 47, 176 S. *
Jahrbücher 6–8: *siehe unter* **Jahrbuch Politik**

Spanische Liebesgeschichten
Hrsg. Heinrich von Berenberg
1993, *SVLTO* 36, 144 S. *
– **Spanische Liebesgeschichten**
Gelesen von Max Tidof
2005, LO, CD, Laufzeit 79 Min. *

Spanische Reise. *Literarischer Führer durch das heutige Spanien*
Hrsg. Heinrich von Berenberg / Iguscio Echeverria / Claudio Lopez de Lamadrid. 1987, Q 155, 192 S. *. NA 1995, Akt, 208 S.
NA 1998, Qb *

SPD und Staat. *Geschichte, Reformideologie, ›Friedenspolitik‹*
Hrsg. von Mitarbeitern der ›Darmstädter Studentenzeitung‹. 1974, P 51, 192 S. *

Spence, Jonathan D.
Die Geschichte der Frau Wang
Leben in einer chinesischen Provinz des 17. Jahrhunderts
A. d. Engl. und Chin. Sabine Peschel und Edgar Wang
1987, AP, 176 S. mit vielen Abb. *

Spielplatz 1. Jahrbuch für Theater 71/72
Hrsg. Karlheinz Braun und Klaus Völker. 1972, Q 60/61, 216 S. *

Stajano, Corrado
Der Staatsfeind. *Leben und Tod des Anarchisten Franco Serantini*
A. d. Ital. Peter O. Chotjewitz
Dt. EA 1976, WAT 26, 160 S. *

Staritz, Dietrich
Sozialismus in einem halben Lande
Zur Programmatik und Politik der KPD/SED in der Phase der antifaschistisch-demokratischen Umwälzung in der DDR
1976, P 69, 200 S. *

Stelzer, Franco
Das erste, merkwürdige, feierliche Weihnachten ohne sie
Roman. A. d. Ital. Marianne Schneider
Dt. EA 2004, WAT 502, 128 S.

Stiller, Klaus
Tagebuch eines Weihbischofs
1972, Q 56, 84 S. *

Strachey, Lytton
– **Das Leben, ein Irrtum**
Acht Exzentriker
A. d. Engl. Robin Cackett. 1999, *SVLTO* 87, 96 S. mit Abb. *
– **Französische Paradiese.** *Voltaire, Madame du Deffand, Mademoiselle de Lespinasse und Stendhal*
A. d. Engl. Hans Reisiger und Helene Weyl. Nachw. Heinrich v. Berenberg. 2002, *SVLTO* 110, 96 S. *

Stroczan, Katherine
Der schlafende DAX oder das Behagen in der Unkultur
Die Börse, der Wahn und das Begehren
2002, KKB 67, 112 S.

Strohmeyer, Klaus
Warenhäuser. *Geschichte, Blüte und Untergang im Warenmeer*
OA 1980, WAT 70, 192 S. *

Stromberg, Kyra
Djuna Barnes. *Leben und Werk einer Extravaganten*
Mit vielen Photos und unveröffentlichten Texten. 1989, AP, 168 S. *. Überarb. NA 1999, AP, 192 S.

Südliches Afrika
Geschichte, Befreiungskampf und politische Zukunft. Ein kritisches Handbuch
Hrsg. Peter Ripken. 1978, P 76, 286 S. *

Svevo, Italo
– **Der alte Herr und das schöne Mädchen**
A. d. Ital. Barbara Kleiner. 1998, *SVLTO* 76, 112 S.
– **Der alte Herr und das schöne Mädchen**
Gel. von Kornelia Boje
2003, LO, CD, Laufzeit 79 Min. *
– **Ein Mann wird älter**
Roman. A. d. Ital. Piero Rismondo. Vorw. Daniele Del Giudice. 2000, WAT 368, 312 S. *

Swiss Made. *Junge Literatur aus der deutschsprachigen Schweiz*
Hrsg. Reto Sorg und Andreas Paschedag.
OA 2001, WAT 419, 192 S. *

T

Tabori, George
– **Autodafé.** *Erinnerungen*
A. d. Amerik. Ursula Grützmacher-Tabori. 2002, Qb, 112 S. *
NA 2007, WAT 573, 96 S.
– **Autodafé.** *Der Autor erzählt aus seinem Leben*
2003, LO, CD, Laufzeit 64 Min. *
– **Meine Kämpfe**
A. d. Amerik. Ursula Grützmacher-Tabori. 2002, WAT 449, 160 S.
– **Mein Kampf**
Hörspiel. Mit George Tabori in der Rolle des Schlomo Herzl
2002, LO, CD, Laufzeit 78 Min. *
– **Mutters Courage**
Zwei Prosafarcen. A. d. Amerik. Ursula Grützmacher-Tabori
2003, WAT 462, 96 S.
– **Mutters Courage**
Gelesen von Senta Berger. 2006, LO, CD, Laufzeit 70 Min. *
– **Son of a bitch**
Roman eines Stadtneurotikers
A. d. Amerik. Ursula Grützmacher-Tabori. 2003, WAT 482, 96 S.
– **Der Spielmacher**
Gespräche mit George Tabori
Hrsg. und mit Vorw. W. Kässens
OA 2004, AP, 160 S. mit vielen Photos in Duotone
– **Bett & Bühne**
Über das Theater und das Leben
Essays, Artikel, Polemiken
Hrsg. und mit Vorw. Maria Sommer. 2007, AP, 192 S. *

Tabucchi, Antonio
– **Die Frau von Porto Pim.** *Geschichten von Liebe und Abenteuer*
A. d. Ital. Karin Fleischanderl
1993, *SVLTO* 38, 80 S.
– **Piazza d'Italia**
Roman. A. d. Ital. Karin Fleischanderl. Nachw. des Autors
1998, Qb, 192 S.
NA 2007, WAT 567, 192 S.

Terkel, Studs
Der amerikanische Traum
44 Gespräche mit Amerikanern
A. d. Amerik. Andreas Hamburger und Wolfgang Heuss
Dt. EA 1981, WAT 80, 288 S. *

Thelen, Sibylle
Die Armenierfrage in der Türkei
2010, **P**, 96 S.

Thomas, Keith
Vergangenheit, Zukunft, Lebensalter. *Zeitvorstellungen im England der frühen Neuzeit*
A. d. Engl. Robin Cackett. Vorw. Peter Burke. 1988, KKB 10, 112 S.

Tintenfisch 1
Jahrbuch für Literatur
Hrsg. Michael Krüger und Klaus Wagenbach. 1968, Q 27, 120 S. *
Tintenfisch 2
Hrsg. Michael Krüger und Klaus Wagenbach. 1969, Q 34, 128 S. *
Tintenfisch 3
Hrsg. Michael Krüger und Klaus Wagenbach. 1970, Q 39, 128 S. *
Tintenfisch 4
Hrsg. Michael Krüger und Klaus Wagenbach. 1971, Q 49, 128 S. *
Tintenfisch 5
Hrsg. Michael Krüger und Klaus Wagenbach. 1972, Q 55, 128 S. *
Tintenfisch 6
Hrsg. Michael Krüger und Klaus Wagenbach. 1973, Q 66, 128 S. *
Tintenfisch 7
Hrsg. Michael Krüger und Klaus Wagenbach. 1974, Q 68, 128 S. *
Tintenfisch 8
Hrsg. Michael Krüger und Klaus Wagenbach. 1975, Q 73, 128 S. *
Tintenfisch 9
Hrsg. Michael Krüger
1976, Q 79, 128 S. *
Tintenfisch 10. Regionalismus
Hrsg. Lars Gustafsson
1976, Q 80, 128 S. *
Tintenfisch 11
Hrsg. Klaus Wagenbach. 1977, Q 85, 128 S. *
Tintenfisch 12. Natur. *Oder: Warum ein Gespräch über Bäume heute kein Verbrechen mehr ist*
Hrsg. Hans Christoph Buch
1977, Q 87, 128 S. *
Tintenfisch 13.
Alltag des Wahnsinns
Hrsg. Hans Jürgen Heinrichs, Michael Krüger und Klaus Wagenbach. 1978, Q 91, 128 S. *
Tintenfisch 14. Jahrbuch: Deutsche Literatur 1978
Hrsg. Michael Krüger. 1978, Q 94, 128 S. *
Tintenfisch 15. Deutschland
Das Kind mit den 2 Köpfen
Hrsg. Hans Christoph Buch
1978, Q 97, 144 S. *
Tintenfisch 16. Literatur in Österreich. *Rot ich Weiß Rot*
Hrsg. Gustav Ernst u. Klaus Wagenbach. 1979, Q 99, 128 S. *
Tintenfisch 17. Jahrbuch: Deutsche Literatur 1979
Hrsg. Michael Krüger und Klaus Wagenbach. 1979, Q 102, 128 S. *
Tintenfisch 19. Jahrbuch: Deutsche Literatur 1980
Hrsg. Michael Krüger und Klaus Wagenbach. 1980, Q 109, 128 S. *
Tintenfisch 20. Jahrbuch: Deutsche Literatur 1981
Hrsg. Michael Krüger und Klaus Wagenbach. 1981, Q 114, 128 S. *
Tintenfisch 21. Jahrbuch: Deutsche Literatur 1982
Hrsg. Michael Krüger und Klaus Wagenbach. 1982, Q 117, 128 S. *
Tintenfisch 22. Jahrbuch: Deutsche Literatur 1983
Hrsg. Michael Krüger und Klaus Wagenbach. 1983, Q 121, 128 S. *
Tintenfisch 23. Jahrbuch: Deutsche Literatur 1984
Hrsg. Michael Krüger und Klaus Wagenbach. 1984, Q 127, 128 S. *
Tintenfisch 24. Jahrbuch: Deutsche Literatur 1985
Hrsg. Michael Krüger und Klaus Wagenbach. 1985, Q 135, 128 S. *
Tintenfisch 25. Jahrbuch: Deutsche Literatur 1986
Hrsg. Michael Krüger und Klaus Wagenbach. 1986, Q 148, 160 S. *
Tintenfisch 26. Jahrbuch: Deutsche Literatur 1987
Hrsg. Michael Krüger und Klaus Wagenbach. 1987, Q 153, 128 S. *
Tintenfisch. 10 Jahrbücher zur deutschen Literatur
Neudruck in 2 Bänden
Hrsg. Klaus Wagenbach
Band 1: 1967–1971. Band 2: 1972–1976. 1981, AP, 1248 S. *

Todorov, Tzvetan
– **Abenteuer des Zusammenlebens.** *Versuch einer allgemeinen Anthropologie*
A. d. Franz. Wolfgang Kaiser
1996, AP, 190 S. *
– **Einführung in die fantastische Literatur**
A. d. Franz. Karin Kersten, Senta Metz und Caroline Neubaur
2013, WAT 698, 224 S. 2013, eb

Tomeo, Javier
– **Der Marquis schreibt einen unerhörten Brief**
Roman. A. d. Span. Elke Wehr
1984, Q 125, 128 S. *
NA 1991, *SVLTO* 24, 104 S. *
– **Mütter und Söhne**
Roman über Monster
A. d. Span. Elke Wehr
1986, Q 144, 128 S. *
NA 1997, *SVLTO* 66, 128 S.
– **Mütter und Söhne**
Sprecher: Ulrich Wildgruber, Gustl Halenke, Fritz Schediwy
2000, LO, MC/CD, Laufzeit 73 Min. *
– **Der Löwenjager**
Roman. A. d. Span. Elke Wehr
1988, Q 158, 112 S. *
– **Der Mensch von innen und andere Katastrophen**
In vier Abteilungen. A. d. Span. Elke Wehr. Nachw. Raphael Conte. 1989, Q 167, 96 S. *
NA 1998, WAT 318
– **Zoopathologie**
Mit Zeichnungen des Autors
Ausgew. u. a. d. Span. Heinrich v. Berenberg. 1789 numerierte Exemplare. 1994, AP, 64 S. *
– **Die Taubenstadt**
A. d. Span. Peter Schwaar. 1991, Q 179, 80 S. *
– **Das umstrittene Testament des Gaston de Puyparlier**
A. d. Span. Peter Schwaar
1992, Q 184, 128 S. *
– **Unterhaltung in D-Dur**
Roman. A. d. Span. Heinrich v. Berenberg. 1995, Qb, 144 S. *
– **Das Verbrechen im Orientkino**
Roman. A. d. Span. Heinrich v. Berenberg. 1996, Qb, 160 S.
– **Der Gesang der Schildkröten**
Roman. A. d. Span. Fritz Rudolf Fries. 1999, Qb, 192 S.
– **Napoleon VI.**
Roman. A. d. Span. Fritz Rudolf Fries. 2000, Qb, 128 S. *
– **Hotel der verlorenen Schritte**
Erzz. A. d. Span. und Nachw. Heinrich von Berenberg. 2007, *SVLTO* 142, 96 S.
– **Die Silikonliebhaber**
Roman. A. d. Span. Heinrich v. Berenberg. 2010, Qb, 144 S.

Tönnesmann, Andreas
- **Monopoly**
  Das Spiel, die Stadt und das Glück
  2011, KKB 81, 144 S. mit Farbtafeln und vielen Abb.
- **Pienza**
  Städtebau und Humanismus
  2013, WAT 717, 288 S. mit Quellen, Plänen, einer Ausklapptafel und vielen Photos von Gerhard Weiss

Törne, Volker von
- **Wolfspelz**
  Gedichte, Lieder, Montagen. Mit 5 Graphiken von Peter Schwandt 1968, Q 30, 72 S. *
- **Kopfüberhals**
  48 Gedichte. Mit Graphiken von Natascha Ungeheuer. 1979, Q 98, 80 S. *
- **Im Lande Vogelfrei**
  Gesammelte Gedichte. Mit einem Nachw. von Christoph Meckel. 1981, Q 115, 224 S.

Tour de France
Junge französische Literatur
Hrsg. Annette Wassermann
OA 2005, WAT 508, 192 S.

Tozzi, Federigo
Mit geschlossenen Augen
Roman. A. d. Ital. Ragni Maria Gschwend. 2011, WAT 669, 192 S.

Traditionen deutscher Justiz
Große politische Prozesse der Weimarer Zeit
Hrsg. Kurt Kreiler. 1978, P 80, 312 S. *

Trempler, Jörg
Katastrophen
Ihre Entstehung aus dem Bild
2013, KKB 85, 160 S. mit vielen, teils farbigen Abb.

Triest. *Eine literarische Einladung*
Hrsg. Gaby Wurster
2009, *SVLTO* 163, 144 S.

Triolet, Elsa
Die Frau im Nerz
Zwei Romane. A. d. Franz. Lydia Babilas. 2003, WAT 464, 96 S. *

Trotha, Hans von
Der Englische Garten
Eine Reise durch seine Geschichte
1999, *SVLTO* 81, 128 S. mit vielen Abb.

Turckheim, Émilie de
Im schönen Monat Mai
Roman. A. d. Franz. Brigitte Große. Dt. EA 2012, WAT 688, 112 S. *. NA 2013, WAT 702

Turin. *Eine literarische Einladung*
Hrsg. Margit Knapp und Maria Carmen Morese
2005, *SVLTO* 133, 120 S.

Tusquets, Esther
Aller Sommer Meer
Roman. A. d. Span. Monika López. 2002, WAT 436, 192 S. *

U

Ullrich, Wolfgang
- **Uta von Naumburg.**
  Eine deutsche Ikone
  1998, KKB 59, 144 S. mit zahlr. Abb. *. NA 2005, WAT 523, 192 S.
- **Mit dem Rücken zur Kunst**
  Die neuen Statussymbole der Macht
  2000, KKB 64, 128 S. mit zahlr. Abb.
- **Die Geschichte der Unschärfe**
  2002, KKB 69, 160 S. mit 72 Abb. *. Veränderte und ergänzte NA 2009, WAT 626, 192 S.
- **Tiefer hängen**
  Über den Umgang mit Kunst
  OA 2003, WAT 479, 192 S.
- **Bilder auf Weltreise**
  2006, KKB 74, 144 S. mit zahlr. Abb.
- **Gesucht: Kunst!**
  Phantombild eines Jokers
  OA 2007, WAT 577, 304 S. mit Abb.
- **Raffinierte Kunst**
  Übung vor Reproduktionen
  2009, KKB 78, 160 S. mit zahlreichen, teilweise farbigen Abb.
- **An die Kunst glauben**
  OA 2011, WAT 673, 176 S. mit Abb.
- **Alles nur Konsum.** *Kritik der warenästhetischen Erziehung*
  OA 2013, WAT 699, 208 S.

Vom Umschreiben der Geschichte
Neue historische Perspektiven
Hrsg. Ulrich Raulff
OA 1986, WAT 131, 160 S. *

Unger, Roberto Mangabeira
Wider den Sachzwang
Für eine linke Politik
A. d. Amerik. Matthias Wolf
Dt. EA 2007, WAT 555, 176 S. *

Das Unvermögen der Realität
Beiträge zu einer anderen materialistischen Ästhetik
Hrsg. von Peter Brückner, Chris Bezzel, Gisela Dischner, Michael Eckelt, Peter Gorsen, Alfred Krovoza, Gabriele Ricke, Matthias Sell, Alfred Sohn-Rethel
1974, P 55, 208 S. *

Uslucan, Hacı-Halil
Dabei und doch nicht mittendrin. *Die Integration türkeistämmiger Zuwanderer*
2011, P, 112 S. 2011, eb

V

Vasari, Giorgio
- **Kunstgeschichte und Kunsttheorie**
  Eine Einführung in die Lebensbeschreibungen berühmter Künstler
  Hrsg. Alessandro Nova
  Bearb. Matteo Burioni u. Sabine Feser. Dt. EA 2004, Kt., 288 S. mit zahlr., z.T. farbigen Abb. Erweiterte und aktualisierte NA 2010, Kt., 312 S.
- **Das Leben des Parmigianino**
  Bearb. Matteo Burioni
  Neue Übers. Victoria Lorini u. Katja Burzer. Dt. EA 2004, Kt., 96 S. mit 20, z.T. farbigen Abb.
- **Das Leben des Raffael**
  Bearb. Hana Gründler. Dt. EA 2004, Kt., 192 S. mit 30, z.T. farbigen Abb. NA 2011, Hrsg. Alessandro Nova, Matteo Burioni, Katja Burzer, Sabine Feser, Hana Gründler. Erweitert und aktualisiert. Kt., 224 S.
- **Das Leben des Jacopo Pontormo**
  Neue Übers. u. Bearb. Katja Burzer. Dt. EA 2004, Kt., 144 S. mit 20, z.T. farbigen Abb.
- **Das Leben des Sebastiano del Piombo**
  Bearb. Christina Irlenbusch
  Dt. EA 2004, Kt., 96 S. mit vielen, z.T. farbigen Abb.
- **Das Leben des Rosso Fiorentino**
  Bearb. Sabine Feser. Dt. EA 2004, Kt., 96 S. mit vielen, z.T. farbigen Abb.

- **Mein Leben**
  Bearb. Sabine Feser Dt. EA 2005, Kt., 192 S. mit vielen, z.T. farbigen Abb. NA 2011, Hrsg. Alessandro Nova, Matteo Burioni, Katja Burzer, Sabine Feser, Hana Gründler. Erweitert und aktualisiert. Kt., 208 S.
- **Das Leben des Tizian**
  Bearb. Christina Irlenbusch Dt. EA 2005, Kt., 144 S. mit vielen, z.T. farbigen Abb.
- **Das Leben des Giulio Romano**
  Bearb. Matteo Burioni. Neue Übers. Victoria Lorini undMatteo Burioni. Dt. EA 2005, Kt., 96 S. mit vielen, z.T. farbigen Abb.
- **Das Leben des Andrea del Sarto**
  Bearb. Sabine Feser Dt. EA 2005, Kt., 144 S. mit vielen, z.T. farbigen Abb.
- **Das Leben der ausgezeichneten Steinschneider, Glas- und Miniaturmaler Valerio Belli, Guillaume de Marcillat und Giulio Clovio**
  Hrsg. Alessandro Nova mit Sabine Feser, Matteo Burioni und Katja Lemelsen. Bearb. Anja Zeller Dt. EA 2006, Kt., 224 S. mit vielen, z.T. farbigen Abb.
- **Das Leben des Leonardo da Vinci**
  Bearb. Sabine Feser. Dt. EA 2006, Kt., 144 S. mit vielen, z.T. farbigen Abb. NA 2011, Hrsg. Alessandro Nova mit Matteo Burioni, Katja Burzer, Sabine Feser und Hana Gründler. Erweitert und aktualisiert. Kt., 152 S.
- **Einführung in die Künste der Architektur, Bildhauerei und Malerei**
  Die künstlerischen Techniken der Renaissance als Medien des disegno
  Bearb. Matteo Burioni Dt. EA 2006, Kt., 176 S. mit vielen, z.T. farbigen Abb. NA 2012, Hrsg. Alessandro Nova mit Sabine Feser, Matteo Burioni, Katja Burzer und Hana Gründler Verbessert. Kt., 184 S.
- **Sodoma und Beccafumi**
  Bearb. Katja Lemelsen und Jessica Witan. Dt. EA 2006, Kt., 160 S. mit vielen, z.T. farbigen Abb.
- **Das Leben der Bildhauer des Cinquecento**
  Bearb. Sabine Feser, Martina Minning, Christina Irlenbusch, Katja Lemelsen, Daniel Mädler. Neue Übers. Sabine Feser und Victoria Lorini. Dt. EA 2007, Kt., 320 S. mit vielen, z.T. farbigen Abb.
- **Das Leben des Sansovino und des Sanmicheli mit Ammannati, Palladio und Veronese**
  Bearb. Katja Lemelsen und Jessica Witan. Neue Übers. Katja Lemelsen und Sabine Feser. Dt. EA 2007, Kt., 272 S. mit vielen, z.T. farbigen Abb.
- **Das Leben des Bramante und des Peruzzi**
  Bearb. Sabine Fese Dt. EA 2007, Kt., 160 S. mit vielen, z.T. farbigen Abb.
- **Die Künstler der Raffael-Werkstatt**
  Bearb. Sabine Feser, Hana Gründler, Christina Irlenbusch, Anja Zeller. Neue Übers. Victoria Lorini und Sabine Feser Dt. EA 2007, Kt., 256 S. mit vielen, z.T. farbigen Abb.
- **Das Leben des Giorgione, Correggio, Palma il Vecchio und Lorenzo Lotto**
  Bearb. Sabine Feser und Hana Gründler. Neue Übers. Victoria Lorini und Hana Gründler Dt. EA 2008, Kt., 176 S. mit vielen, z.T. farbigen Abb.
- **Das Leben des Piero di Cosimo, Fra Bartolomeo und Mariotto Albertinelli**
  Bearb. Christina Irlenbusch und Katja Lemelsen. Neue Übers. Victoria Lorini und Sabine Feser Dt. EA 2008, Kt., 160 S. mit vielen, z.T. farbigen Abb.
- **Das Leben des Perino del Vaga**
  Bearb. Christina Irlenbusch Dt. EA 2008, Kt., 128 S. mit vielen, z.T. farbigen Abb.
- **Das Leben des Montorsoli und des Bronzino sowie der Künstler der Accademia del Disegno**
  Bearb. und neue Übers. Hana Gründler und Katja Lemelsen Dt. EA 2008, Kt., 256 S. mit vielen, z.T. farbigen Abb.
- **Das Leben des Francesco Salviati und des Cristofano Gherardi**
  Bearb. Sabine Feser. Dt. EA 2009, Kt., 240 S. mit vielen, z.T. farbigen Abb.

- **Das Leben des Daniele da Volterra und des Taddeo Zuccaro**
  Bearb. Christina Irlenbusch Dt. EA 2009, Kt., 200 S. mit vielen, z.T. farbigen Abb.
- **Das Leben des Baccio Bandinelli**
  Hrsg. Alessandro Nova mit Matteo Burioni, Katja Burzer und Sabine Feser. Bearb. Hana Gründler Dt. EA 2009, Kt., 160 S. mit vielen, z.T. farbigen Abb.
- **Das Leben des Michelangelo**
  Bearb. Caroline Gabbert. Dt. EA 2009, Kt., 512 S. mit vielen, z.T. farbigen Abb.
- **Das Leben des Sandro Botticelli, Filippino Lippi, Cosimo Rosselli und Alesso Baldovinetti**
  Bearb. Damian Dombrowski, Michael Hoff und Anja Zeller Dt. EA 2010, Kt., 208 S. mit vielen, z.T. farbigen Abb.
- **Das Leben des Tribolo und des Pierino da Vinci**
  Bearb. Sabine Feser und Christina Irlenbusch Dt. EA 2010, Kt., 192 S. mit vielen, z.T. farbigen Abb.
- **Das Leben der Sangallo-Familie**
  Bearb. Matteo Burioni und Daniel Mädler. Dt. EA 2010, Kt., 224 S. mit vielen, z.T. farbigen Abb.
- **Das Leben des Jacopo della Quercia, Niccolò Aretino, Nanni di Banco und Luca della Robbia**
  Hrsg. Alessandro Nova mit Matteo Burioni, Katja Burzer, Sabine Feser und Hana Gründler Bearb. Johannes Myssok Dt. EA 2010, Kt., 144 S. mit vielen, z.T. farbigen Abb.
- **Das Leben der Bellini und des Mantegna**
  Bearb. Rebecca Müller Dt. EA 2010, Kt., 176 S. mit vielen, z.T. farbigen Abb.
- **Das Leben des Perugino und des Pinturicchio**
  Bearb. Rudolf Hiller von Gaertringen. Dt. EA 2011, Kt., 192 S. mit vielen, z.T. farbigen Abb.

– **Das Leben des Masolino, des Masaccio, des Gentile da Fabriano und des Pisanello**
Bearb. Christina Posselt
Dt. EA 2011, Kt., 144 S. mit vielen, z.T. farbigen Abb.
– **Das Leben des Lorenzo Ghiberti**
Bearb. Birgit Witte. Dt. EA 2011, Kt., 96 S. mit vielen, z.T. farbigen Abb.
– **Das Leben des Lippi, Pesello und Pesellino, Castagno, Veneziano und des Fra Angelico**
Bearb. Jana Graul und Heiko Damm. Dt. EA 2011, Kt., 248 S. mit vielen, z.T. farbigen Abb.
– **Das Leben des Verrocchio und der Gebrüder Pollaiuolo**
Bearb. Katja Burzer. Dt. EA 2012, Kt., 112 S. mit vielen, z.T. farbigen Abb.
– **Das Leben des Brunelleschi und des Alberti**
Bearb. Matteo Burioni
Dt. EA 2012, Kt., 144 S. mit vielen, z.T. farbigen Abb.
– **Das Leben des Giuliano da Maiano, Antonio und Bernardo Rossellino, Desiderio da Settignano und Benedetto da Maiano**
Bearb. Sabine Feser und Christina Irlenbusch. Dt. EA 2012, Kt., 168 S. mit vielen, z.T. farbigen Abb.
– **Das Leben des Paolo Uccello, Piero della Francesca, Antonello da Messina und Luca Signorelli**
Bearb. Hana Gründler und Iris Wenderholm. Dt. EA 2012, Kt., 200 S. mit vielen, z.T. farb. Abb.
– **Das Leben des Donatello und des Michelozzo**
Bearb. Ulrich Pfisterer
Dt. EA 2013, Kt., 168 S. mit vielen, z.T. farbigen Abb.
– **Die Leben der Sieneser Maler**
Bearb. Wolfgang Loseries
Dt. EA 2013, Kt., 280 S. mit vielen, z.T. farbigen Abb.

* Sofern nicht anders angegeben, wurden alle Titel der EDITION GIORGIO VASARI von Victoria Lorini neu übersetzt.

Giorgio Vasari. Jeder nach seinem Kopf. *Die verrücktesten Künstlergeschichten der italienischen Renaissance*
Ausw. und Zus. Klaus Wagenbach und Susanne Müller-Wolff
2008, *SVLTO* 157, 96 S.

Vaterland, Muttersprache. *Deutsche Schriftsteller und ihr Staat seit 1945*
Hrsg. Klaus Wagenbach, Michael Krüger, Winfried Stephan. Vorw. Peter Rühmkorf. 1979, Q 100, 352 S. *. Veränderte und wesentlich erweiterte NA 1994, unter Mitarbeit von Susanne Schüssler Qb, 480 S. NA 2004, Akt *

Vātsyāyana
Kāmasūtra
Neu übersetzt und kommentiert sowie Vorw. Wendy Doniger und Sudhir Kakar. A. d. Engl. Robin Cackett. 2004, AP, 320 S. mit farb. Abb.

Vázquez Montalbán, Manuel
– **Robinsons Überlegungen angesichts einer Kiste Stockfisch**
A. d. Span. Michael Hofmann
1997, *SVLTO* 63, 96 S. mit Abb. *
NA 2006, WAT 536, 96 S.
– **Das Quartett**
Roman. A. d. Span. Theres Moser
1998, Qb, 112 S. *. NA 2001, Akt *
NA 2012, WAT 686, 96 S.
– **Kaiser oder nichts**
Roman. A. d. Span. Theres Moser
1999, Qb, 360 S. *
– **Marcos. Herr der Spiegel**
Der Subcomandante trifft den Autor von Pepe Carvalho im Urwald von Chiapas
A. d. Span. Gerda Schattenberg-Rincón. 2000, AP, 224 S. Aktualisierte NA 2001, WAT 422, 240 S. *
– **Der Pianist**
Roman. A. d. Span. Maralde Meyer-Minnemann
2001, WAT 408, 384 S. *
– **Die lustigen Jungs von Atzavara**
Roman. A. d. Span. Willi Zurbrüggen. 2002, WAT 452, 320 S.
– **Hof der Lust**
Roman. A. d. Span. Theres Moser
2003, Qb, 290 S. *
NA 2005, WAT 518, 288 S.
– **Laura und Catalina.** *Zwei Liebesgeschichten des Pepe Carvalho*
A. d. Span. Theres Moser
2005, *SVLTO* 130, 120 S.
– **Carvalho und das Mädchen, das Emmanuelle sein sollte**
Ein Kriminalroman aus Barcelona
A. d. Span. Carsten Regling
Dt. EA 2012, WAT 695, 176 S. 2012, eb
– **Carvalho und die tätowierte Leiche**
Ein Kriminalroman aus Barcelona
A. d. Span. und neu durchgesehen Bernhard Straub
2012, WAT 694, 208 S. 2012, eb

– **Carvalho und der einsame Manager**
Ein Kriminalroman aus Barcelona
A. d. Span. Bernhard Straub und Günter Albrecht. Neu überarbeitet Bernhard Straub. 2013, WAT 701, 272 S. 2013, eb
– **Carvalho und die Meere des Südens**
Ein Kriminalroman aus Barcelona
A. d. Span. und neu bearbeitet Bernhard Straub
2013, WAT 713, 240 S. 2013, eb

Verga, Giovanni
Mastro-Don Gesualdo
Roman. A. d. Ital. Marlis Ingenmey. 1998, WAT 327, 416 S. *

Vernant, Jean-Pierre
– **Der maskierte Dionysos**
Stadtplanung und Geschlechterrollen in der griechischen Antike
Mit einem Vorw. und a. d. Franz. Horst Günther. 1996, KKB 55, 104 S. *
– **Zwischen Mythos und Politik**
Eine intellektuelle Autobiographie
A. d. Franz. Lis Künzli und Horst Günther. 1997, AP, 288 S. *

Viale, Guido
Die Träume liegen wieder auf der Straße
Offene Fragen der deutschen und italienischen Linken nach 1968
Nachw. Thomas Schmid. A. d. Ital. Susanne Schoop und Michaela Wunderle. 1979, P 87, 216 S. *

Vian, Boris
– **Die Ameisen**
Sieben Erzz. A. d. Franz. Irmgard Hartig und Klaus Völker. 1967, Q 23, 84 S. *. NA 1991, *SVLTO* 27, 168 S. *
– **Der Deserteur**
Chansons, Satiren und Erzz. Mit einer Biographie von Klaus Völker. OA 1978, WAT 42, 144 S. *. NA 1989, WAT 169 *. NA 1992, WAT 21 * NA 2001, WAT 400

– **Herbst in Peking**
A. d. Franz. Eugen Helmlé. 1983, WAT 96, 264 S. *. NA 1994, Akt, 272 S. *. NA 1996, WAT 271, 296 S. *. NA 2005, WAT 519 *
– **Der Voyeur** *13 unanständige Geschichten*
Hrsg. Klaus Völker. A. d. Franz. Asma Semler, Frank Heiberg und Klaus Völker. 1985, WAT 123, 144 S. *. NA 2001, WAT 418 *
– **Der Herzausreißer**
Roman. A. d. Franz Wolfgang Sebastian Baur. 1988, WAT 158, 192 S. *. NA 1992, WAT 201 *
NA 1996, WAT 257, 216 S. *
NA 2001, Akt, 224 S. *
– **Das rote Gras**
Roman. A. d. Franz. Eugen Helmlé 1994, WAT 233, 152 S. *
– **Der Schaum der Tage**
Roman. A. d. Franz. Antje Pehnt Neu durchgesehen von Klaus Völker. 1994, AP, 180 S. *
NA 1996, Akt, 192 S. *
NA 1997, WAT 273 *
NA 1998, *SVLTO* 78, 180 S. *
– **Ich werde auf eure Gräber spucken.** *Ein ›amerikanischer‹ Roman*
A. d. Franz. Eugen Helmlé 1994, WAT 240, 136 S. *
NA 2006, WAT 540, 130 S. *
– **Aufruhr in den Ardennen**
Roman. A. d. Franz. Wolfgang Sebastian Baur
1995, WAT 243, 96 S. *
– **Drehwurm, Swing und das Plankton**
Roman. A. d. Franz Eugen Helmlé 1995, WAT 249, 184 S. *
– **Faule Zeiten**
Sämtliche Erzz. Band 1.
A. d. Franz. Frank Heibert, Irmgard Harting und Klaus Völker
1995, WAT 247, 208 S. *
– **Liebe ist blind**
Sämtliche Erzz. Band 2.
A. d. Franz. Frank Heibert und Klaus Völker. 1995, WAT 248, 240 S. *
– **Tote haben alle dieselbe Haut**
Ein ›amerikanischer‹ Roman
A. d. Franz. Asma Semler
1995, WAT 244, 128 S. *
– **Wir werden alle Fiesen killen**
Ein ›amerikanischer‹ Roman
A. d. Franz. Eugen Helmlé
1995, WAT 242, 192 S. *
NA 2001, WAT 406 *
– **Sprengt die Bank!**
Satiren, Balladen, Projekte
A. d. Franz. Eugen Helmlé u. a. 1996, WAT 272, 128 S. *
– **Die kapieren nicht**
A. d. Franz. Hanns Grössel
1996, WAT 258, 136 S. *
– **Heiratet nicht. Laßt es sein!**
Lose Lieder und lockere Geschichten
1997, Akt, 128 S. *
– **Tu mir weh**
Erzz. und Chansons
Gelesen von Michael Maertens, gesungen von Boris Vian
2002, LO, CD, Laufzeit 76 Min. *

Vickers, Brian
Francis Bacon
Zwei Studien. A. d. Engl. Reinhard Kaiser. 1988, KKB 3, 80 S. *

Viel, Tanguy
– **Unverdächtig**
Roman. A. d. Franz. Hinrich Schmidt-Henkel. 2007, Qb, 128 S.
– **Das absolut perfekte Verbrechen**
Roman. A. d. Franz. Hinrich Schmidt-Henkel. 2009, Qb, 160 S. *. NA 2012, WAT 684, 144 S.
– **Paris-Brest**
Roman. A. d. Franz.
Hinrich Schmidt-Henkel
2010, Qb, 144 S.

Vilar, Pierre
– **Kurze Geschichte zweier Spanien Der Bürgerkrieg 1936–1939**
A. d. Franz. Wolfgang Kaiser
Dt. EA 1987, WAT 145, 144 S. *
NA 1999, *Der Spanische Bürgerkrieg*. WAT 334, 144 S. mit vielen Abb.
– **Spanien.** *Das Land und seine Geschichte von den Anfängen bis zur Gegenwart*
A. d. Franz. Wolfgang Kaise
Dt. EA 1990, WAT 176, 160 S. *
Überarb. NA 1992,
WAT 217, 160 S. *
NA 1998, WAT 309, 192 S.

Vincent, Bernard
›Das Jahr der Wunder.‹
Spanien 1492: Die Vertreibung der Juden und Mauren und die Einführung der Grammatik
A. d. Franz. Una Pfau
1992, AP, 200 S. *

Vittorini, Elio
– **Gespräch in Sizilien**
Roman. A. d. Ital. Trude Fein
1999, WAT 333, 184 S. *
NA 2007, WAT 566 *
NA 2011, WAT 671
– **Erica und ihre Geschwister**
Roman. A. d. Ital. Joachim A. Frank. 2001, WAT 417, 128 S. *
– **Die rote Nelke**
Roman. Deutsch und Nachw. Barbara Kleiner. 2008, WAT 592, 240 S.

Völker, Klaus
– **Faust. Ein deutscher Mann**
Die Geburt einer Legende und ihr Fortleben in den Köpfen
OA 1975, WAT 2, 192 S. *
NA 1991, erweiterte Ausgabe, WAT 195, 208 S. *. NA 1999, WAT 331, 208 S. mit Abb. *
– **Päpstin Johanna**
Ein Lesebuch mit Texten vom Mittelalter bis heute
OA 1977, WAT 31, 128 S. *
– **Boris Vian: Der Prinz von Saint-Germain**
Ein Lese- und Bilderbuch
1989, AP, 160 S. mit vielen Abb. *
Überarbeitete NA 2006, WAT 529, 192 S.

Völker, Werner
Als die Römer frech geworden …
Die Schlacht im Teutoburger Wald
OA 1981, WAT 77, 176 S. *

Vollenweider, Alice
– **Italiens Provinzen und ihre Küche.** *Eine Reise und 88 Rezepte*
1990, *SVLTO* 19, 168 S. mit vielen Abb. NA 1999, Akt, 160 S. *
– **Die Küche der Toskana**
Eine Reise durch ihre Regionen mit passenden Rezepten
2000, *SVLTO* 88, 144 S. mit vielen Abb.

W

Wagenbach, Klaus
– **Franz Kafka**
Bilder aus seinem Leben
1983, AP, Großformat, 192 S. mit über 500 Abb. *. Veränderte und erweiterte NA 1989, mit vielen neuen Photos, AP, 224 S. *
NA 1994, erweitert, AP, 240 S. *
Erweiterte und veränderte NA 2008, AP, 256 S.

– **Kafkas Prag.** *Ein Reiselesebuch*
1993, *SVLTO* 42, 128 S. mit Photos
– **Franz Kafka.** *Biographie seiner Jugend 1883–1912*
Vorw. des Autors. 2006, AP, 328 S. mit 108 Abb.
– **Die Freiheit des Verlegers.** *Erinnerungen, Festreden, Seitenhiebe*
Hrsg. Susanne Schüssler
2010, AP, 352 S. mit Abb.

Wallerstein, Immanuel
Die Barbarei der anderen
Europäischer Universalismus
A. d. Amerik. Jürgen Pelzer
2007, P, 112 S.

Warburg, Aby
Schlangenritual
Ein Reisebericht. Nachw. Ulrich Raulff. 1988, KKB 7, 96 S. mit Abb. *
NA 1995, Akt *. NA 1996, WAT 263 *. NA 2011, Nachw. Claudia Wedepohl, WAT 672, 144 S.

Warum *so* verlegen? *Über die Lust an Büchern und ihre Zukunft*
Almanach anläßlich des 40jährigen Jubiläums. Mit einem Verzeichnis aller erschienenen Bücher
Hrsg. Klaus Wagenbach. 2004, WAT 487, 160 S. mit zahlr. Abb. *

Was kommt nach den Kinderläden?
Erlebnis-Protokolle. Hrsg. Lutz von Werder. 1977, P 75, 192 S. *

Watt, William Montgomery
– **Der Einfluß des Islam auf das europäische Mittelalter**
A. d. Engl. Holger Fliessbach, Vorw. Ulrich Haarmann. 1988, KKB 4, 96 S. *. NA 1992, WAT 199, 128 S. *. NA 2001, WAT 420
– **Kurze Geschichte des Islam**
A. d. Engl. Gennaro Ghirardelli
Dt. EA 2002, WAT 454, 144 S. *

Wawrzyn, Lienhard
– **Der Automaten-Mensch.**
E.T.A. Hoffmanns Erzählung vom ›Sandmann‹
OA 1976, WAT 24, 160 S. *
NA 1990, WAT 177 *
NA 1994, WAT 236 *
– **99 romantische Gedichte**
Liebesleid und Natursehnsucht: Die Antiträume des Bürgers
Mit einem Essay und Kurzbiographien. OA 1978, WAT 37, 192 S. *. NA 1989, WAT 172 *
Überarb. NA 2002
– **Romantische Gedichte**
Natursehnsucht und Liebesleid
2002, WAT 453, 208 S. mit vielen Abb. u. Illustrationen von Franziska Neubert
– **Der Blaue**
Das Spitzelsystem der DDR
OA 1990, WAT 180, 168 S. *

Wegerhoff, Erik
Das Kolosseum
Bewundert, bewohnt, ramponiert
2012, AP, 240 S. mit Abb.

Weinstock, Nathan
Das Ende Israels? *Nahostkonflikt und Geschichte des Zionismus*
Hrsg. und eingeleitet von Eike Geisel u. Mario Offenberg
1975, P 61, 272 S. *

Die weite Reise
Mittelmeergeschichten
Hrsg. Klaus Wagenbach
OA 2002, WAT 432, 160 S. *

Wex, Michael
Die Abenteuer des Micah Mushmelon, kindlicher Talmudist
Ein Comic-Strip-Epos in Prosa
A. d. Engl. Heiko Lehmann
OA 2005, WAT 505, 96 S. *

Widerstand in Chile
Aufrufe, Interviews und Dokumente des M.I.R.
Hrsg. Volker Petzold
1974, P 54, 128 S. *

Wie komme ich über die Alpen? Nach Italien!
Zus. und gelesen von Klaus Wagenbach. 2001, LO, MC/CD, Laufzeit 76 Min. *

Wie Geschichte geschrieben wird
Mit Beiträgen von Fernand Braudel, Natalie Zemon Davis, Lucien Febvre, Carlo Ginzburg, Jacques Le Goff, Reinhart Koselleck, Arnaldo Momigliano
1998, WAT 326, 128 S. mit Abb. *

Wiedeking, Wendelin
Das Davidprinzip
Macht und Ohnmacht der Kleinen
Zusammengetragen von Anton Hunger und Horst Brandstätter
2003, WAT 481, 192 S. mit farbigen Bildern von Johannes Vennekamp

Wieder lügt Odysseus. *Geschichten aus dem neuen Griechenland*
Zus. Annette Wassermann
OA 2002, WAT 438, 144 S. *

Wieder vereinigt
Neue deutsche Liebesgeschichten
Hrsg. Margit Knapp. 2005, WAT 515, 160 S. *

Wien. *Eine literarische Einladung*
Hrsg. Margit Knapp
2004, *SVLTO* 123, 120 S. mit vielen Illustrationen von Franziska Schaum

Wieso Bücher? Wie und mit welchen Absichten überlebt man gute Bücher, Zimmerbrände, deutsche Umgebung? *Oder: Anstiften von Denken und Laune*
Hrsg. Klaus Wagenbach
Mit Beiträgen von Inge Feltrinelli, Michael Krüger, Rainer Nitsche, Lothar Baier u. v. a.
1994, AP, 144 S. *

Willkomm und Abschied
Gedichte des jungen Goethe
Kommentiert und mit Materialien
Hrsg. Peter Fischer
OA 1984, WAT 116, 192 S. *

Willst du dem Sommer trauen?
Deutsche Naturgedichte aus den letzten hundert Jahren
Hrsg. Hanns Zischler
2004, *SVLTO* 122, 120 S.

Witte, Wilfried
Tollkirschen und Quarantäne
Geschichte der Spanischen Grippe
Vorw. des Autors 2008, AP, 128 S.*. NA 2010, , WAT 633, 142 S.

Wolf, Ror
Raoul Tranchirers Taschenkosmos
Zus. und Nachw. Günter Kämpf
OA 2005, WAT 525, 130 S. mit 24 Collagen

Wolff, Kurt
Autoren/Bücher/Abenteuer
Betrachtungen und Erinnerungen eines Verlegers
1965, Q 1, 120 S. *
NA 2004, WAT 488, 144 S.

Woolf, Virginia
– **London.** *Bilder einer großen Stadt*
A. d. Engl. und m. einem Nachw. Kyra Stromberg. 1992, *SVLTO* 31, 96 S. mit vielen Photos *

– **Die schmale Brücke der Kunst**
A. d. Engl. und m. einem Nachw. Kyra Stromberg. 1994, *SVLTO* 43, 112 S. mit Abb. *

Wünsche, Konrad
Bauhaus: Versuche, das Leben zu ordnen
1989, KKB 17, 128 S. mit vielen Abb. *

Y

Yates, Frances A.
Giordano Bruno in der englischen Renaissance
A. d. Engl. u. mit einem Vorw. Peter Krumme. 1989, KKB 12, 112 S. *

Yerushalmi, Yosef Hayim
– **Zachor: Erinnere dich.** *Jüdische Geschichte und jüdisches Gedächtnis*
A. d. Amerik. Wolfgang Heuss 1988, AP, 144 S. *
NA 1996, WAT 260 *
– **Freuds Moses.** *Endliches und unendliches Judentum*
A. d. Amerik. Wolfgang Heuss 1992, AP, 192 S. *
– **Ein Feld in Anatot**
Versuche über jüdische Geschichte
A. d. Amerik. Wolfgang Heuss und Bruni Röhm. 1993, KKB 44, 96 S.

Yu, Cheung-Lieh
Der Doppelcharakter des Sozialismus. *Zur politischen Ökonomie der Volksrepublik China*
1. Teil: Die Revolution auf dem Land
1975, P 60, 96 S. *
2. Teil: Die Revolution in der Stadt
1975, P 63, 96 S. *

Z

Zanker, Paul
Eine Kunst für die Sinne
Zur Bilderwelt des Dionysos und der Aphrodite
1998, KKB 62, 128 S. mit vielen Abb. *

Zapperi, Roberto
Annibale Carracci
Bildnis eines jungen Künstlers
A. d. Ital. Ingeborg Walter 1990, AP, 160 S. mit vielen Abb. *

Zarbo, Viviana
Die wahre Geschichte des Wilden Westen
A. d. Ital. Moshe Kahn. OA 1997, WAT 278, 128 S. mit vielen Abb. *

Zaslavsky, Victor
– **In geschlossener Gesellschaft**
Gleichgewicht und Widerspruch im sowjetischen Alltag
A. d. Amerik. Rosemarie Farkas 1982, AP, 180 S. *
– **Das russische Imperium unter Gorbatschow.** *Seine ethnische Struktur und ihre Zukunft*
A. d. Amerik. Holger Fliessbach 1991, KKB 30, 96 S. *
– **Klassensäuberung**
Das Massaker von Katyn
A. d. Ital. Rita Seuß
Dt. EA 2007, WAT 579, 144 S.
– **Der Sprengprofessor**
Lebensgeschichten
A. d. Ital. Rita Seuß, Judith Elze und Sylvia List. 2013, *SVLTO* 193, 144 S.

Zeppelin, Ilka v.
Dieses Gefühl, daß etwas nicht stimmte. *Eine Kindheit zwischen 1940 und 1948*
2005, Qb, 160 S.
NA 2006, WAT 542, 144 S. *

Zöllner, Frank
Leonardos Mona Lisa. *Vom Portrait zur Ikone der freien Welt*
2006, veränderte und aktualisierte NA, WAT 552, 112 S. mit zahlr. Abb.

Zum Glück gibt's Österreich
Junge Autorinnen und Autoren aus Österreich erzählen
OA 2003, WAT 456, 144 S. *

Zwetajewa, Marina
– **Gedichte**
A. d. Russ. Christa Reinig
Mit Biographie und Materialien
1968, Q 28, 72 S. *
– **Vogelbeerbaum**
Ausgewählte Ged. Hrsg. und mit einem Nachw. Fritz Mierau
A. d. Russ. Christa Reinig, Adolf Endler, Rainer Kirsch, Karl Mickel und Richard Pietraß. Mit einer Lebensbeschreibung und vielen Photos
OA 1986, WAT 135, 128 S. *
NA 1993, *SVLTO* 41 *

Über den Verlag und das Büchermachen:

Klaus Wagenbach Die Freiheit des Verlegers
Erinnerungen, Festreden, Seitenhiebe

Der Band sammelt Texte Klaus Wagenbachs über Italien (einschließlich Kunstgeschichte), Politik und die deutschen Verhältnisse, das Leben und die Zukunft der Bücher und über einzelne Autoren. Ein Großteil der Texte ist bisher nicht veröffentlicht, wichtige Zeitdokumente wie die Grabrede für Ulrike Meinhof wurden jedoch ebenfalls aufgenommen.

Und schließlich erst jüngst entstandene biographische Geschichten: Vom gegen die Nazis rebellierenden Großvater, der reformbewegten Mutter, dem Vater, der nur Latein, Griechisch und Hebräisch konnte; darüber, wer und wie nach dem Krieg die Demokratie aufbaute, warum Kollektive träumen und Frauen besser kommunizieren können.

Herausgegeben von Susanne Schüssler
352 Seiten. Gebunden mit Schildchen

Autoren-und Quellenverzeichnis:
Johannes Bobrowski (S. 19) Die Erzählungen, Vermischte Prosa und Selbstzeugnisse.
Gesammelte Werke in sechs Bänden, Vierter Band.
© 1999, Deutsche Verlags-Anstalt, München, in der Verlagsgruppe Random House GmbH
Ernst Jandl (S. 36) Poetische Werke in 10 Bänden, herausgegeben von Klaus Siblewski.
© 1997, Luchterhand Literaturverlag, München, in der Verlagsgruppe Random House GmbH
Peter Schneider (S. 49) Ansprachen. Reden, Notizen, Gedichte.
Verlag Klaus Wagenbach, Berlin 1970 © Peter Schneider
Jurek Becker (S. 110) Mein Vater die Deutschen und ich.
Aufsätze, Vorträge, Interviews, herausgeben von Christine Becker
© 2007, Suhrkamp Verlag Frankfurt am Main.
Alle Rechte vorbehalten durch Suhrkamp Verlag Berlin
Richard Leising (S. 165) Gebrochen Deutsch.
© Verlag C. H.Beck oHG, München, vormals Langewiesche-Brandt, ISBN: 978 3406 60938 1

Bildnachweis:
Heinz Ohff/Der Tagesspiegel, Berlin: S. 8; Toni Richter: S. 10 (links), S. 15; Leonore Mau: S. 10 (rechts); Charles Leirens: S. 11; Karin Voigt: S. 12; Boris Spahn: S. 13; Bernd Oeburg: S. 14 (unten); Nelly Hämig: S. 24; Günter Bruno Fuchs: S. 27 (oben, 2. von links), S. 33; Isolde Ohlbaum: S. 27 (oben, 3. von links), S. 29 (oben), S. 65 (Mitte), S. 66, S. 96, S. 100 (unten links), S. 103, S. 121 (unten rechts), S. 135 (unten rechts); Tullio Pericoli: S. 27 (oben rechts), S. 120 (2. von links); Roger Melis (Mathias Bertram): S. 28; Alfred Hrdlicka: S. 32; Atelier Lilo Berger: S. 35 (oben); Werner Bern: S. 36; Arwed Gorella: S. 37; Carla Cerati: S. 43; Frank Roland-Beeneken, GRIPS-Archiv: S. 45 (rechts); Stefan Moses: S. 47; Uwe Rau: S. 58; Peter M. Sokol: S. 61; Reinhard Stangl: S. 65 (links); Libero Grandi: S. 73 (oben); Marla Mulas: S. 74 (oben); Brigitte Friedrich: S. 81 (oben links); Effigie: S. 81 (oben rechts), S. 83 (unten rechts), S. 107, S. 120 (3. von links), S. 121 (oben rechts und unten links); Antonio Gálvez: S. 83 (oben rechts); Roland Allard: S. 83 (2. Zeile rechts); Marianne Fleitmann (Dimitrios Orlof): S. 90; Werner W. Wittke: S. 92; Arpad Bondy: S. 95; Cecil Beaton: S. 97; Oneworld Publications: S. 100 (unten 2. von links); Claus Gretter: S. 102 (links); Jaques Robert Gallimard: S. 102 (rechts); Enno Kaufhold: S. 114; The Author's League: S. 115 (oben); Djuna Barnes: S. 115 (unten); Susanne Schleyer/autorenarchiv.de: S. 118, S. 152; Axel Scheffler: S. 125; Rossa (Postkarte) Verlag Schnell & Steiner München: S. 129; Ekko v. Schwichow: S. 131; Cordula Giese: S. 132; J. Moriarty: S. 135 (oben links); Anne-Marie Adda: S. 135 (oben Mitte); Basso Cannarsa: S. 135 (oben rechts), S. 136 (oben links), S. 168; Sebastian Maiwind: S. 135 (2. Zeile Mitte); David Farrel: S. 135 (unten links); Eduardo Grossman: S. 135 (3. Zeile rechts); Ulrich Weichert: S. 136 (oben rechts); Barbara Herrenkind: S. 136 (unten); Grazia Neri: S. 137 (oben 3. von links); Ezzelino v. Wedel: S. 137 (oben rechts); Franco Bottini: S. 142; Picture Alliance/efe: S. 145; Wolfgang Jahnke: S. 149; Staatsbibliothek München: S. 151; Tobias Bohm: S. 157 (unten rechts); S. Krajci: S. 159 (rechts); Olivier Metzger: S. 163; Laura Ortego: S. 164 (oben); Knut Mueller: S. 171; Daniela Renzo: S. 173. Die Karnickel zeichnete Horst Rudolph.

Wir bedanken uns herzlich bei Cordier Spezialpapier und der Papierfabrik Schleipen für das Inhaltspapier, bei Peyer graphic GmbH, Leonberg, für das Bezugsmaterial und bei der Druckerei Kösel, Krugzell, für die jahrelange gute Zusammenarbeit und die großzügige Unterstützung dieser Publikation.

50 Jahre Wagenbach. Verlagsgeschichte

Umschlaggestaltung: Julie August. Gesetzt aus der Futura und Garamond von Julie August und Anne Hackenberg. Bezugsmaterial von peyer graphic GmbH, Leonberg. Gedruckt auf chlor- und säurefreiem Papier (Schleipen) und gebunden bei Kösel, Krugzell.

ISBN 9 783 8031 3650 3

50 Jahre Wagenbach
Verlagsgeschichte